KB271017

성서 그리고 도마복음 Ⅱ

말씀 29-70

The Bible
and
The Gospel of Thomas

Vol Ⅱ
Logion 29-70

김창호

도서출판 예랑

성서 그리고 도마복음 Ⅱ *말씀 29-70*

The Bible and The Gospel of Thomas Vol Ⅱ Logion 29-70

지은이 _ 김창호
초판 1쇄 _ 2025.07.10.
발행처 _ 도서출판 예랑
발행인 _ 김창호
등록번호 _ 제 11-390 호 1994년 7월 22일

주소 _ 경기도 의왕시 왕곡로 55. 103-1102호
전화 _ 010-2211-4111
E-mail _ thailo@hanmail.net
총판 _ 하늘유통 031-947-9753

Youtube.com/@biblelogos
http://cafe.daum.net/entebiblo

종이책 ISBN 978-89-88137-29-1 03230
E-book 978-89-88137-30-7 05230 pdf

정가 _ **22.000원** ⓒ김창호 2025

안에 있는 존재의 탄생

안에 있는 존재의 탄생

들어가는 말

도마복음은 범신론Pantheism 을 말하는 책이 아니다. 도마복음은 범재신론Panentheism 을 말하는 책도 아니다. 로기온 30-2 "돌을 들고 나무를 베라. 그곳에 내가 있다"는 것은 비유다. 마치 돌에 하나님의 신성이 깃들어 있고 나무에 하나님이 있다고 하는 범신론적 해석은 비유 언어를 실재로 판단하는 오류다. 도마복음은 분명히 한다. 왕국은 하늘에 없고, 바다에도 없다고 서술한다. 만일 하늘에 있고 바다에 있다면, 새와 물고기가 먼저 왕국에 들어가지 않겠느냐고 반문한다. 거기에 범신론의 여지는 엿볼 수 없다.

왕국은 네 안에도 있고 또 밖에도 있다는 번역은 오류다. '왕국은 네 안에 있고 네 눈에 있다.'로 바로 잡아야 한다. 콥트어로 기록된 원문의 의미는 네 눈ϩⲁⲗ, eye 에 있다는 것, 이를 왕국이 네 밖에outside, outer 있다고 다수가 그렇게 번역하고 또 해설한다. 말씀 3은 밖에 없다는 것을 먼저 말하고 시작한다. 하늘과 바다는 안이 아니라 밖이다. 즉, 하늘과 바다에는 왕국이 없다고, 밖에는 없다고 전제하고 어록을 시작한다. 뒤에서 이를 뒤집을 이유가 없다. 밖이 아니라, 눈ϩⲁⲗ이다. 즉 안에 있고 네 눈ϩⲁⲗ에 있다는 것이 논지다.

그러므로 도마복음은 범신론이나 범재신론과는 상관없는 책이다. 범신론은 만물에 신성이 깃들어 있다는 뜻이고, 범재신론은 만물은 하나님 안에 있다는 것이 그 본래 의미다. 도마복음은 하늘과 바다에는 왕국이 없다고 하지 않는가. 하늘과 바다는 만물에 포함되지 않는가. 전통의 신관에 따르면 하늘과 바다도 하나님 안에 있는 것, 유신론이나 범재신론으로 판단해야 신앙적이라고 할 것이다. 그러나 도마복음은 이를 단호히 부인한다.

본서는 도마복음 어록 29-70의 해설서다. 콥트어 텍스트를 중심으로 해설하고, 각종 번역을 참고했다. 성서와 도마복음 Vol 2로 출간한다. 부제는 '안에 있는 존재의 탄생'이다. 왕국은 네 안에 있고, 그리고 네 눈에 있다는 것. 도마복음 전체를 관통하는 키워드다. 왕국은 안에 있다는 것, 그것은 복음서의 관점과도 일치하고 예수와 바울의 성전과도 일치한다. 그것은 동학의 인내천이나 시천주 사상과도 맞닿는다.

그러나 다수 해설서가 본래의 주제에서 이탈하는 것은, 왕국이 네 안에 있고 또 밖에도 있는 것으로 확장하는 것은, 일종의 물타기다. 양시론은 비겁하다. 내재와 초월의 신 모두를 포괄하고 양쪽으로부터 비난받지 않겠다는 심리도 숨어 있다. 밖에 있다는 것을 부정하는 도마복음을 왜곡하는 것이고, 안에 있는 왕국을 은연중 희석시킨다. 밖에도 있다는 것으로 논점을 흐리고 시선을 분산시킨다.

도마복음의 주제는 '안에 있는 존재의 탄생'에 있다. 그렇다고 돌이나 나무 안에 있다는 것을 말하려는 게 아니다. 안을 들여다보면 왕국은커녕, 미움과 분노와 시기와 질투, 그리고 아픈 기억으로 점철된 온갖 트라우마가 마음을 어지럽히고 있을 뿐,

거기 어디 왕국이 있다는 말인가. 다른 말로 하면 안에 똥밖에 더 있는가.

그래서 왕국이 안에 있다는 것을 믿을 수 없다. 그러나 경전에 하나님 나라는 여기 있거나 저기 있는 것이 아니라, 네 안에 있다고 하니 이를 부인할 수도 없는 처지고, 억지로 그저 교리를 따라 동의하는 것뿐 아닌가. 어쨌든 그래서 밖에도 있어야 하는가. 범재신론이 지지를 받는 까닭이겠으나 나는 그것에 동의하지 않는다.

도마복음은 '안에 있는 존재의 탄생'을 줄기차게 말하고 있다. 안에는 '아무것도 없음'으로 있다. 없이 계신 하나님이 안에 있다. 성서는 없이 계신 존재를 법궤로 상징한다. '감추인 만나'와 '아론의 싹난 지팡이'와 '증거판'으로 없이 있는 '있음'을 비유한다. 없음 가운데 피어나는 있음, 그것이 불꽃으로 피어나는 것, 유대 신비주의 카발라에서는 생명나무에 피어나는 열 개의 세피라로 형상화하기도 한다.

다만, 안에 미움과 질투와 탐욕과 분노와 트라우마로 가득해서 없이 있는 존재의 숨결은 추방당하고, 있는 것이라곤 위에 열거한 것들만 가득하다는 사실이 당황스럽고 곤혹스러운 지점이다. 선지자는 배설물을 바라보지 않는다. 그 너머 존재의 숨결을 바라본다. 도마복음 로기온 29-70을 해설하는 본서가 '안에 있는 존재의 탄생'을 주목하며 독자들과 더 깊이 호흡하는 계기가 되기를 희망한다.

2025년 6월

성서와 도마복음 2권 목차

말씀 29 육이 영 때문에 존재에 들어온다면

예수가 말했다. "만일 육$_{CAP3}$이 영$_{ΠΝΑ}$ 때문에$_{ΕΤΒΕ,\ because\ of,\ concerning}$ 존재로 들어왔다면 $_{ϢϢΠΕ,}$ 그것은 놀라운 $_{ϢΠΗΡΕ}$ 것이다. 그러나 만일 몸$_{CϢΜΑ}$으로 인해 영$_{ΠΝΑ}$이 존재하게 되었다면 나 자신에게는 이보다 더 놀라운 일이 있을 수 있을까. 참으로 경이롭다. 나는 어떻게 빈곤$_{ϩΗΚΕ,\ 헤케,\ poverty}$의 사람이 다스리던 곳에 크고 풍요한 사람$_{PΜΜΑΟ,\ 렘마오}$의 통치가 찾아왔는지 놀랍기만 하다."

육이 영 때문에 존재하게 된다면

사르크와 소마 그리고 프뉴마$_{CAP3,\ CϢΜΑ,\ ΠΝΕΥΜΑ}$

대개 한글 역본들은 사르크와 소마를 정확히 구분하지 않고 있다. 영어 역본들은 flesh 와 body 와 spirit 으로 구분하고 있다. 사르크와 소마의 개념을 어떻게 명확히 이해할 것인가. 옛사람들은 분명 구분해 사용하고 있다. 성서 역시 구분하여 사용한다. 한글 성서는 사르크와 소마를 혼돈해서 번역하고 있다. 여기에 푸쉬케까지 가세하게 되면 혼란이 더해진다. 도마복음의 한글 번역에도 이 같은 혼선은 그대로 반영된다.

사르크와 소마를 '육신'으로 번역하게 되면, 말씀 29의 해석을 발견하는 일은 오리무중이 되고 만다. 짙은 안개가 오리에 걸쳐 가득 차 있으니 앞이 보이지 않는다. 안개를 걷어내야 비로소 말씀 29를 밝히 볼 수 있을 것이다. 말씀 29의 해석과 이해를 위해 용어 정리해 놓은 자료 참고하기를 희망한다.1)

헬라어로 푸쉬케 ψυχή, 히브리어로 네페쉬 נפש 는 성서에 자주 등장하는 개념이다. 서양철학에서는 흔히 오성悟性, Verstand, Under-standing 으로 칭해진다. 인식능력, 혹은 의식 활동 그 자체를 일컫는다. 카발라에서 말하는 비나 בינה 곧 총명과는 차이가 있는 이해력이다. 동양에선 깨달을 오悟를 사용해 오성悟性으로 번역한다. 즉, 인식능력이요 의식 활동하는 소프트웨어 그 자체를 오성이라고 한다.

소프트웨어 '아래아 한글'에는 다양한 워드 프로세스의 기능이 있다. 그 같은 기능을 탑재하고 있는 의식의 활동성, 대상으로 있는 사물의 감성적인 질료가 눈을 통해, 감각기능을 통해 의식의 마당場에 포착되었을 때 그를 구별하고 나누고 분별하고 종합할 수 있는 의식의 주관적 소프트웨어를 오성이라고 한다. 그리스어로 푸쉬케다. 히브리어로는 네페쉬다.

푸쉬케는 '프로스 톤 코스몬' πρὸς τὸν κόσμον 세상을 향해을 향해 작동할 수 있다. 의식은 무엇인가를 향해 있고, 그것을 통해서 활성화된다. 인식론에서는 단지 대상 세계의 수많은 사물과 오성이 만났을 때, 활성화되고 의식의 기능이 작동되는 다양한 원리에 대해 탐색한다. 의식이 무엇인가를 향해 있는 것, 이를 일컬어

---

1) 김창호, '카발라와 생명나무' 도서출판 예랑 2023. pp. 282-299 참조.

의식의 지향성 intentionality, 指向性이라 한다.

그런데, 의식의 지향성 intentionality, 指向性은 동시에 지향성志向性이기도 하다. 무엇인가를 향해 서 있는 의식의 지향성은 동시에 프로스 톤 코스몬 πρὸς τὸν κόσμον 을 향해 서 있기도 하고, 프로스 톤 데온 πρὸς τὸν Θεόν 을 향해 서 있기도 하다. 이때 프로스 톤 코스몬을 향해 의식의 지향성志向性이 활동하여 형성하고 있는 것, 그것을 일컬어 성서는 사르크CAP3라 한다. 프로스 톤 데온을 향해 의식의 지향성志向性이 작동하고 거기서 활성화되는 활동을 일컬어 프뉴마ΠΝΕΥΜΑ라 한다.

인생은 그가 누구든, 처음에는 프로스 톤 코스몬 πρὸς τὸν κόσμον 을 향해 의식 활동이 이루어진다. 이것이 로기온 28에서 언급하고 있는 술 취함이다. 모든 인생은 큰 자를 향해서 의식의 활동이 이뤄진다. 그 정점에 예수가 있고, 하나님이 있고, 부처님이 있고, 큰 자가 되려는 것에 빛을 비춰주는 그 무엇인가가 있다.

인간이 낳고 키우는 '신'은 본래부터 내가 낳기보다는 전승되어 온 것을 받아들이면서 시작된다. 인류의 집단 무의식이 낳고 키운 신이다. 내가 합세하여 나의 지향성에 따라 나도 그를 새롭게 낳고 더 완벽한 신으로 도금하고 덧입힌다. 신을 낳고 키우고 새로운 옷을 입히는 연금술사가 된다.

마술사가 만든 종이호랑이가 도리어 마술사를 잡아먹는 형국에서 종이호랑이는 더는 가상이거나 유희 혹은 오락이 아니라, 사람들을 지배하고 다스리는 실체 없는유령, 허깨비 실체가 된다. 존재하지 않는데 마치 실재하는 것처럼 영향을 미친다. 그들의 상상 속 이미지로 형성된 것을 향하여 제발 잡아먹지 말라고 두려움에 떤다거나 혹은 내게 은총을 베푸셔서 나에게 마을에서 제일 큰 자가 되게 해주소서 하며 은혜를 구하는 대상으로 삼는다. 이때 그들의 의식에 형성된 이미지가 곧 정신의 몸^{Physical body} 이니 이를 사르크^{ⲤⲀⲢⲜ}라 하고 육체라 한다. 이는 소마가 아니다.

처음 예수는 제자들에게 자신들의 욕망을 성취해 줄 세상 임금으로 나타난다. 예수의 의도와는 상관없이 어느덧 제자들에게 그렇게 등장한다. 세상 임금 예수에게 취해 있다. 들떠 있고, 목숨을 바칠 각오를 펼친다. 일사각오의 사명감으로 오직 예수를 부르며 용맹정진한다. 이때의 세상 임금으로 온 예수는 제자들의 정신에 형성된 그들의 '사르크'라는 말이다. 제자들은 예수를 향해 서 있지만, 예수는 그들에게 프로스 톤 코스몬의 대상일 뿐이다. 이때의 싸르크는 '존재'와 무관하다. 단지 종이 호랑이 일 뿐. 자신들의 의식을 지배하며 형성한 환호^{幻虎}일 뿐이다. 자신의 욕망을 성취해 줄 세상 임금 예수일 뿐이다. 사망이 지배하고 있을 뿐, 거기에는 끝없는 희망 고문과 절망이 기다리고 있다. 들떠 있는 희망 회로는 돌아가도 존재의 경이로움이 찾아오지 않는다.

그런데 만일 이 육^{ⲤⲀⲢⲜ}이 영^{ⲠⲚⲀ} 때문에 존재로 들어왔다면, 얼마나 놀라운 일인가. 이때 영이란 푸쉬케가 '프로스 톤 데온^{πρὸς τὸν Θεόν}'을 향해 활성화될 때 나타나는 것을 일컬어 프나2)라 한다. 오성이 자기 자신의 본질과 마주하여 자신의 정체성을 향해

---

2) ⲠⲚⲀ프나는 ⲠⲚⲈⲨⲘⲀ프뉴마의 약자, 신약성서는 단축형이 발견되지 않으나, 콥트어 도마복음 텍스트에는 단축형 '프나'를 사용한다. '예수스'의 경우도 단축형 '이스', 혹은 '이사'를 사용한다.

서서 그 의식 활동푸쉬케이 자신에 관해 묻고 타자 자아의 속박에서 벗어나 존재 자아를 향해 서서 활동하는 것, 프나의 활동이다. 성리性理는 우주의 이치와 심성의 이치에 밝아짐이다. 아니 우주론에 앞서 본성론이고 심성론에 눈뜸이 성리학에서 묻는 물음이다. 자신에 관해 묻고 자신에 대해 의식 활동이 자각해 가는 것, 프뉴마의 활동이고 비로소 존재를 향해 나아감이다. 성서의 이야기로 말하면 광야에서 '이 뭣고?' 곧 만나를 먹는 활동이다. 이 뭣고?의 물음 뒤에는 반드시 해답이 찾아온다. 묻고 또 묻다 보면 달콤한 답이 주어지는 활동이 오성을 넘어, 프뉴마 곧 영성의 반짝임이다. 타자 자아에서 존재 자아를 향하게 될 때 나타나는 현상이다. 한국 교회는 프뉴마를 보이지 않는 어떤 제 삼의 영적 존재가 자신에게 들어와 활동하는 영물로 혹은 천사처럼 받아들이고 해석하려 한다. 참으로 안타까운 일이다. 단언컨대 그런 게 아니다. 오성과 이성의 반짝이는 활동의 어떤 요소를 일컫는 옛사람들의 개념이다.

비로소 존재에 눈뜨기 시작하는 것, 옛사람들은 이를 일컬어 '하나님의 신' 곧 루아흐의 활동으로 표현한다. 밤하늘에 반짝이는 별과 같이 인식의 혼돈 가운데서 스스로 자신의 존재 빛을 향해 서 있는 활동이다. 이것이 가능하게 하려면 '프로스 톤 코스몬'에서 '프로스 톤 데온'으로 대전환이 있어야 한다.

성서의 이야기로 하면 '프로스 톤 코스몬'의 정점에 '예수'가 있다. 예수는 세상 임금, 사르크의 궁극으로 서 있다. 사르크는 사망의 원리다. 존재 부재의 정점에 연금술사가 만든 환호幻虎 종이호랑이인 예수가 서 있다. 제자들의 싸르크가 거기 있다. 싸르크는 밀림의 왕자 사자의 형상을 하고 있다. 인생은 모두 예수에게 취해 있다. 좌의정과 우의정에 대한 복권 당첨 판타지에 흠뻑 취해 있다. 만취해 있다.

마치 한국 사회 일부 세력이 부정선거 음모론환호에 취해 모든 정치와 사회 현상에 대해 부정선거를 지렛대 삼아 해석하는 것과 같다. 특정 유투브 마술사가 그럴듯한 논리를 동원해 주장하고 자신들의 욕망인 권력이 좌절된 원흉은 부정선거에서 비롯되었다는 것을 유포하며 악의 근원을 부정선거에 둔다. 연금술사, 마술사에 의해 만들어진 종이 호랑이가짜 뉴스는 이제 확신을 넘어 신념이 되고, 이데올로기가 되고 부정선거를 입증하기 위해 모든 지성과 감성과 에너지를 그곳에 몰아넣는다. 하나의 견해가 아니라 광포한 도그마로 변모한다. 이 의견에 반대하는 사람들은 모두 빨갱이가 되고 만다. 부정선거를 입증하여 선거부정을 해결하는 것이 구국이고 애국이고 정의며 하나님을 향한 사명이 된다.

얼마든지 있을 수 있는 사실이지만, 그러나 존재하지 않는 사실을 사실로 만들어 놓고 마술사는 돈벌이(?)한다. 처음에는 그런가 하는 의구심으로 시작하여 나중에는 사실보다 더 큰 이데올로기로 변모한다. 자신이 투표한 표가 나의 의사와 상관없이 다른 표로 변모했을 거라는 의심에 의심을 덧붙여 부르르 떤다. 의처증이 되고 의부증에 노출되듯, 모든 사회 현상을 부정선거를 지렛대 삼아 해석한다. 환호가 마술사를 잡아먹는다. 마술사는 자신이 만들어 놓은 환호에 잡아 먹히고 만다. 술에 흠뻑 취해 있다. 그에 반하는 모든 이는 척결의 대상이 되어버리고 만다.

그들의 언어는 광포하다. 사망의 언어로 가득하다. 유령이 지배하는 사회가 되어버린다. 유령이 곧 사르크다. 자신의 욕망을 그곳에 투영시킨다. 의부증, 의처증이 자신을 갉아먹듯 의疑선관증선거관리위원회 의심증이 자신은 물론 사회를 광포 사회로 몰아간다. 집단에 자리하고 있는 의처증이요 의부증이다.

이것은 사회 현상의 단면만이 아니다. 종교현상이다. 예수 현상이고 엘로힘 현상이고 부디즘 현상이고, 꾸란 현상이다. 한경직 현상이고, 조용기 현상이고, 옥한흠 현상이고, 전광훈 현상이고, 이만희 현상이다. 다른 예수, 세상 임금 예수가 유령이고 싸르크다. 속히 세상 임금 예수의 술에서 깨자.

그런데 극단에서, 세기말에서 살불살조殺佛殺祖가 시작된다. 곧 프뉴마의 활동이 전개된다. 그들 모두는 아무리 훌륭해도, 내가 잠시 나의 욕망을 투사시켜 그들에게 현혹되었더라도 살불과 살조의 시기가 도래하면서 사르크는 프뉴마를 낳는다. 아니 싸르크는 프나에 의해 존재에 편입된다.

네부카드네자르의 형상을 하고 있는 싸르크는 하나님의 형상과 모양의 사람으로 존재의 싸르크가 된다. 이 얼마나 놀라운 일인가. '프로스 톤 코스몬'에서 '프로스 톤 데온'으로 새로운 지향이 이뤄진다. 성리에 눈뜨고 오성은 비로소 이성性理의 빛에 의해 자신의 본성을 향해 서게 된다. 향벽向壁에서 향아向我로 지향指向하고 지향志向한다. 거기 천주와 신성이 자리하고 있음을 알게 된다. 시천주侍天主가 만사지萬事知요, 야웨를 경외하는 것이 지식의 근본임을 알게 된다.

야웨란 내가 나인 하나님이니, 내가 서 있어야 할 그곳, 모든 앎과 깨달음과 지식은 모두 자신의 존재를 향해 있음을 알게 된다. 자신의 존재와 무관한 지식은 아는 것이 병이요, 아는 것이 감옥일 뿐이다. 그 같은 앎은 앎이 아니다. 아는 만큼 두려움을 가져다줄 뿐. 그러므로 이때 야웨를 경외하는 것이 지식의 근본이고 시천주가 만사지라는 뜻은 만물 박사가 된다는 의미가 아니다. 삶의 도리와 자신의 길이 무엇인지를 알게 된다는 뜻이다. 자신의 됨됨이존재를 향해 있는 것, 그것이 프뉴마의 앎이 지향하는 것이니 생명과 평안에 이르게 한다.

사망을 향해 있던 싸르크는 프뉴마에 의해 존재에 편입된다. 대변혁이고 혁명이며 메타노이아 곧 회개다.

29-2 그러나 만일 몸σῶμα으로 인해 영πνεῦμα이 존재하게 되었다면 나 자신에게는 이보다 더 놀라운 일이 있을 수 있을까. 참으로 경이롭다. 나는 어떻게 빈곤ἥκε, 헤케, poverty 의 사람이 다스리던 곳에 크고 풍요한 사람πλμαο, 렘마오의 통치가 찾아왔는지 놀랍기만 하다.”

다수의 주석가는 영πνεῦμα과 육σάρξ을 분석하여 말하기를 영은 우월하고 육은 그 하위에 있다고 해석하려 한다. 그렇다면 몸σῶμα은 그 밑에, 더 하위에 있는 것일까. 아니다. 우열이거나 높고 낮음을 말하는 게 아니다. 이는 마치 위와 간과 폐의 기능이 무엇은 열등하고 무엇은 우월한가 묻고 답하는 것과 같다. 그들은 각각의 기능과 속성이 다르다. 정신의 세계도 마찬가지다. 무엇은 열등하고 무엇은 우월한 것이 아니다. 다만, 육σάρξ에 속해 있을 때가 있고 영πνεῦμα으로 인해 육이 존재에 편입될 때가 있음을 통찰해 볼 수 있을 뿐이다. 푸쉬케가 ‘프로스 톤 코스몬’으로 활성화될 때 육신의 생각에 빠지게 되고 그곳엔 생명과 평안은커녕 사망과 갈등과 전쟁이 있을 뿐이라는 정신의 상태에 대한 진단이 있을 뿐이다. 무엇은 우월한 것이어서 그것을 택할 수 있는 것이 아니다. 인생은 누구나 생존의 위협에서 벗어나기 위해 육체의 생존을 도모하여야 살 수 있다. 정신은 육체의 생존 욕망을 위해 먼저 활성화되고 그것에 최적화된다. 그래야 우선 육체의 생존이 보전되기 때문이다. 정신은 육체의 모습을 닮는다. 정신은 육체의 십이 계통과 육체의 십이 경락의 모습을 띠고 형성된다. 그래서 육체의 모습을 닮고 형성한 정신이어서 피지컬 바디라고 표현하는 것이다. 약육강식과 생존 전략에 따라 그의 정신이 형성되기 때문이고, 적자생존의 정글의 법칙에서 살아남아야 하는 형태로 정신의 모양이 만들어진다는 의미다.

예수를 둘러싼 제자들의 메시아 대망이 그런 토대 위에서 형성되었고, 예수를 둘러싼 제자들의 처음 정신의 모양이 그렇게 형성된다. 그러한 정신의 피지컬 바디의 모양을 한 유형을 일러 육CAP3에 속해 있다고 말하는 것이다.

이를 명확히 해주는 그림은 다니엘서에 나오는 네부카드네자르의 신상이다. 네부카드네자르의 꿈속에서 이상으로 그리고 있는 신의 형상이 사람의 모양인데 그 머리와 가슴과 배와 다리의 형상을 조합하면 사람의 바디 모양을 한 것에서 명확히 알 수 있다. 신상은 정신이 지어내고 꿈꾸고 이상으로 삼는 것의 정점이다. 그러므로 정신의 모양이 신상이고 그것은 사람의 육체로 그려지고 있다.

사람이 보고 듣고 만지고 느끼는 것의 가장 가까운 것이 육체를 통해서이기 때문에 정신이 형성되는 것도 육체의 모양을 반영하지 않을 수 없다. 정신도 숨을 쉬어야 하고 정신도 먹어야 하고 정신도 소화해야 하고 정신도 먹을 수 없는 것을 먹으면 체하고 소화시키지 못하면 육체가 그것에 반응하여 육체도 체한다. 정신의 모양도 육체를 반영한다는 점을 알지 못하면 옛 사람들의 개념을 이해하기 어렵다.

몸으로 인해 영이 존재하게 된다면

만일 몸ⓐⓤⓜⓐ으로 인해 영Ⓟⓝⓐ이 존재하게 되었다면 나 자신에게는 이보다 더 놀라운 일이 있을 수 있을까. 참으로 경이롭다.

몸ⓐⓤⓜⓐ으로 인해 영Ⓟⓝⓐ이 존재할 수 있다는 말이 무슨 뜻일까. 이때의 몸은 도대체 어떤 몸인가. 29-1에서는 영으로 인해 육이 존재에 이르게 되는 경우의 놀라움이었다면, 몸으로 인해 영이 존재할 수 있는 경우는 도대체 어떤 경우일까. 참으로 수수께끼가 아닐 수 없다.

앞서 언급했듯, 몸ⓐⓤⓜⓐ은 정신의 형상도 몸ⓐⓤⓜⓐ이고 실제로는 우리의 육체가 몸ⓐⓤⓜⓐ이다. 정신을 담고 있는 바디body를 몸이라 한다. 이 몸이 어떻게 영을 존재하게 할 수 있다는 말인가.

29-1의 이야기는 프뉴마로 인해 사르크가 존재에 이르게 된다는 것의 놀라움에 대해 말했다. 창세기 에덴 이야기에 의하면 하아다마 האדמה 황무지, 야웨의 비가 내리지 않고 안개만 자욱한 땅 하아다마는 싸르크에 비유된다. 이 곳으로부터 아담 아파르가 나온다. 아담 아파르가 되었을 때, 그 코에 네사마 נשמת חיים 니스마

트 하임, 살아있는 숨의 생명의 숨결이 불어 넣어지는데, 푸쉬케, 곧 네페쉬는 '프로스 톤 데온'πρὸς τὸν Θεόν 곧 레네페쉬 하야 לנפש חיה 가 된다. 생명을 향한 의식 활동이 시작되어 이를 일러 사람그 아담이 레네페쉬 하야가 되었다고 기록한다. 70인역은 이를 다음과 같이 번역한다. 에게네토 호 안드로포스 에이스 푸쉬켄 조산 ἐγένετο ὁ ἄνθρωπος εἰς ψυχὴν ζῶσαν. 이것은 분명 사르크가 프뉴마에 의해 존재에 편입되는 사건이다. 황무지인 하아다마싸르크가 아파르 아담이 되어 살아있는 푸쉬케가 되었기 때문이다. 비로소 생명으로 숨 쉬고 생명 곧 살아있는 것을 향해 의식 활동이 작동하는 산 혼이 된 것이다. 깨인 의식 활동, 존재 자아의 의식이 시작된다는 것. 이것은 매우 놀라운 일이고 경이로운 일이다.

성서는 산 자와 살리는 자의 이야기가 자주 반복된다. 에덴 이야기에 산 자와 살리는 자의 이야기가 나오고 바울은 이를 인용하여 역시 산 자와 살리는 자의 이야기를 한다.

도마복음 말씀 29는 단지 산 혼의 이야기로 멈추지 않는다. 한 걸음 더 나아가 몸으로 인해 영이 존재하게 되는 경우를 말한다. 도무지 이해할 수 없는(?) 이야기다. 이 텍스트에 대해 주석가들은 주석을 달 엄두를 내지 못한다. 두 번째 이야기이기 때문이다. 에덴의 이야기에서는 아벨의 죽음 뒤에 가인이 광야로 쫓겨나고 난 후 셋을 잉태하는 이야기이기 때문이다. 비유컨대 몸은 죽음을 통해 영을 살린다. 영을 존재케 한다. 아벨의 몸σῶμα이 죽음으로 텅 빈 곳에서 셋πνα 프나이 태어난다.

예수는 처음 제자들의 세상 임금으로 등장한다. 제자들의 욕망의 투사체인 세상 임금이니 싸르크요, 죄를 짊어진 형태가 된다. 예수 자신이 생각하는 자신의 몸과는 아무런 상관없이 제자들의 욕망이 예수에게 투사되고 예수는 제자들의 욕망을 짊어지는 어린 양의 모습으로 나타난다.

바울이 말하는 대로 첫 사람 아담은 산 혼이 되었지만, 마지막 아담은 살려주는 영 ὁ ἔσχατος Ἀδὰμ εἰς πνεῦμα ζωοποιοῦν. 이 되었다는 것과 같다. 마지막 아담은 살려주는 영 곧 에이스 프뉴마 조포이운인데, 이것과 소마로 인해 프뉴마를 존재케 한다는 말과 무슨 상관인가. 모든 프뉴마는 소마의 희생으로 살아난다. 그러므로 몸이 영을 살린다는 말은 산 혼을 일컫는 것에서 한참을 지나 살려주는 영의 관계에서 나타나는 표현이다.

예수는 주옥같은 산상수훈을 말했다. 영이요 생명인 말씀, 산떡의 말씀으로 제자들 정신의 허기를 채워줬다. 그들은 들었다. 보고 듣고 만지고. 그러나 그들은 예수를 이스라엘을 로마로부터 구원할 메시아, 곧 세상 임금으로 삼으려 한다. 그렇게 열망하고 있다. 그들의 메시아관觀이 그러하다. 보고도 보지 못하고 듣고도 듣지 못하고 만져도 예수의 정신을 제대로 만지지 못했다. 도리어 예수를 임금 삼는 데 앞장섰다. 오병이어의 경험을 하고 난 유대 민중들이 예수를 임금 삼고자 하여 산으로 도망한 것과는 다른 차원이다. 제자들의 마음속에는 이미 그들의 임금이 되어 있었다. 들끓는 여론은 언제든 조변석개할 것이어서 여론을 등에 업고 움직일 수는 없다. 예수의 주옥같은 생명의 말씀을 듣고 나타난 현상을 보라. 예수를 통해 제자들은 이스라엘 회복의 날에 예수를 통해 누가 좌의정이 될 것인지, 누가 우의정이 될 것인지를 길 가운데에서 토론한다. 서로 누가 크냐를 다툰다.

그들은 여전히 사르크에 머물러 있다. 예수를 자신의 욕망을 실현할 수단으로 삼고 있다. 그들의 눈을 뜨게 할 방법은 달리 없다. 그들이 예수로부터 독립하여 자기 자신으로 살게 할 다른 방도가 없다. 그들이 스스로 생각하고 얼 사람이 되게 하려면 육체 예수σωμα, 그 몸σωμα을 십자가에 다는 수밖에 달리 없다. 그들을 살리기 위해서는, 몸을 희생하여 그들의 영을 눈뜨게 하는 것, 이것이 성서의 위대한 이야기다. 살려주는 영이 되려면 몸을 희생하여 제자들의 프뉴마πνα를 일깨우는 것 그것밖에는 도리가 없다는 게 성서 이야기의 요체다.

그러므로 "몸σωμα으로 인해 영πνα이 존재하게 되었다면 나 자신에게는 이보다 더 놀라운 일이 있을 수 있을까. 참으로 경이롭다."는 말씀은 이 위대한 예수의 발자취에서 이해가 가능하다. 그것은 단지 예수의 사건에서만이 아니다. 예수의 발자취는 그를 따르는 이들에게 달을 가리키는 손가락이다. 에덴 이야기에서 처음 사람 아담, 곧 산 자는 우여곡절을 겪는다. 선악을 알게 하는 나무의 열매를 먹고 죽는 과정을 겪는다. 산 자ἕ가 겪는 영지주의의 유혹 그리고 찾아오는 죽음θάνατος 다나토스으로 사는 것, 사망의 법을 좇아 사는 것, 죽음을 맛보며 사는 것에서 다시 죽어야 산다. 이를 일컬어 죽은 자ἐκ νεκρῶν 에크 네크론로부터 부활한다는 부활의 도가 전파된다.

죽는 자가 살아난다는 생명의 도가 면면히 전해지고 있는 까닭이다. 첫 사람 아담은 산 혼이요, 마지막 아담은 살려주는 영이다. 첫 사람의 산 혼의 경험도 놀라운 일이지만 그는 결국 바벨론의 포로가 되었다가 거기서 죽음을 맛보며 살다가 다시 귀

가나안 해야 살려주는 영이 될 수 있다.3)

그러므로 몸과 육과 영은 우열이나 높고 낮으므로 논할 문제가 아니라 인생의 여로에서 그 정신이 겪는 다양한 길목에 있는 장치로 이해하는 것이 옳다. 아니 우리 정신의 여러 속성이다. 무엇을 선택하고 무엇을 피하고의 문제가 아니다. 인생의 순례길이고 천로역정이다. 길목마다 있는 것을 극복해가면서 마침내 정신이 살려주는 영이 될 때 그는 누군가의 프뉴마를 일깨우기 위해 자신의 몸쏘마를 기꺼이 부정할 수 있다.

여기서 죽는다는 것은 육체의 죽음이기도 하려니와 그의 선생으로 있다거나 멘토로 있는 것의 죽음이다. 더는 선생이거나 존경받는 누군가의 희망의 자리에 서 있는 것을 멈춘다. 부득불 잠시 누군가의 멘토가 되었더라도 부정되지 않으면 안 된다. 그 몸이 부정되는 것을 통해 그들의 판타지타인에게 투사시킨 헛된 욕망를 깨뜨리는 것이다.

예수의 몸의 부정은 제자들의 싸르크 곧 예수에게 투영된 자신의 욕망과 함께 그들의 정신에 자리하고 있는 우상인 세상 임금을 부정하는 가장 강력한 최후 수단이다. 주옥같은 능변으로 가능하지 않다. 주옥같은 설교는 도리어 세상 임금의 상을 더욱 강화한다. 예수는 자신의 몸을 십자가에 달아매어 제자들의 판타지를 산산조각낸다. 그것이 얼마나 헛된 꿈인지를 들통 내고 허무에 빠지게 한다. 예수 몸의 죽음은 곧 제자들의 판타지가 함

---

3) 선악을 알게하는 지식의 나무 열매를 먹는 것과 영지주의에 사로잡히는 것은 병행을 이룬다. 바벨론의 포로가 되는 것 또한 북방 민족이 상징하는 지식의 노예가 되는 것과도 병행을 이룬다.

께 죽는 것이다. 우상으로 세웠던 예수가 죽어버리고, 금단현상으로 잠시 허무에 빠져 혼돈이 찾아오지만, 사망의 터널을 지나서야 예수의 정신이 그들의 정신 안에 새롭게 깃든다. 비로소 프나가 일깨워지는 것이다. 몸으로 인해 영이 존재하게 되는 놀라운 창조가 일어난다.

도마복음은 114개의 어록이다. 어록은 어느 날 갑자기 하늘에서 떨어지는 것이 아니다. 예수의 어록이라고 해서 다를까(?) 수많은 삶의 이야기에서 아포리즘은 탄생한다. 그러므로 도마복음은 성서의 이야기 속에서 그 주옥같은 어록의 의미를 찾아내야 한다. 성서의 이야기 속에서 도마복음을 읽으면 어록이 더 잘 읽힌다는 나의 견해는 그런 점에서 여전히 유효하다고 여긴다.

"나는 어떻게 빈곤ἀΗΚΕ, 헤케, poverty 의 사람이 다스리던 곳에 크고 풍요한 사람ΡΜΜΑΟ, 렘마오의 통치가 찾아왔는지 놀랍기만 하다."

존재 부재의 자리가 헤케ἀΗΚΕ, 헤케, poverty 다. 풍요의 사람이란 비로소 존재의 사람이 깃들었음을 일컫고 없이 계신 하나님, 진공묘유眞空妙有와 고상무욕이관기묘요 상유욕이관기요故常無欲以觀其妙 常有欲以觀其徼(노자의 도덕경 1장)의 묘법이 지배하는 원리에 머무는 사람을 일컬음이다. 풍요란 아무것도 없으나 모든 것이 있음이요, 빈과 부, 귀와 천의 분별이 없어 그 어디에도 머물 수 있는 풍요의 사람을 일컫는다. 비로소 존재의 사람이요, 하나님의 형상과 모양의 사람이다. '프로스 톤 데온'하는 사람이다. 프로스 톤 데온πρὸς τὸν Θεόν 의 사람은 향아向我에 머무는 천주를 지향指向 한다.

말씀 30 옥시링쿠스 본문의 논란들

말씀 30의 옥시링쿠스 본문은 P.Oxy. 1.23-30다.4)

콥트어 본문 로기온 77의 후반부 텍스트가 옥시링쿠스 로기온 30번의 뒷부분에 붙어있다. "돌을 들어보라. 거기서 나를 발견할 것이다. 나무를 쪼개보라. 거기 내가 있다."라는 콥트어 본문이 옥시링쿠스 로기온 30에 함께 나온다. 이 부분은 편의상 77b 로 표기한다.

옥시링쿠스 본문의 경우 많은 논란이 있다. 학자들 간에는 본문 고증과 분석의 결과 θεοί 앞에 부정 접두어 ἀ 가 있다고 보는 견해가 있는가 하면 그렇지 않다고 보는 견해가 있다. 파피루스 조각본의 훼손으로 여러 의견이 있다. 콥트어 본문과 일치시키려면 ἀ 가 없는 것으로 보아야 한다. ἀθεοί 는 without God 의 의미가 된다. 그에 따른 영어 번역은 대개 다음과 같다.

1. [Jesus said], 'Where there are [three], gods are

---

4) 30.1 [λέγ]ει [ις· ὅπ]ου ἐὰν ὦσιν [τρ]ε[ῖς], ε[ἰσὶν] θεοί· 30.2 καὶ [ὅπ]ο [υ] ε[ῖς] ἐστιν μόνος, [λέ]γω· ἐγώ εἰμι μετ’ αὐτ[οῦ]. 30.3/77.3 ἔγει[ρ] ον τὸν λίθον. κἀκεῖ [ε]ὑρήσεις με· 30.4/77.2 σχίσον τὸ ξύλον κἀγὼ ἐκεῖ εἰμι.

there. And where there is one alone, [I say] that I am with him.'

1. [예수께서 말씀하셨다], '신이 [셋]이 있는 곳에는 신들이 있고, 홀로 하나인 곳에는 내가 그와 함께 있다고 말한다.'

θεοί 앞에 부정 접두어 ἀ 가 있다고 할 때,

2. [Jesus sa]id, ["Wh]ere there are [th]r[ee] t[hey ar]e [without] God. And [w]here there is only o[ne], I say, I am with hi[m]. Li[f]t the stone and there you will find me. Split the wood and I am there."

[예수께서] 말씀하셨다. ["세 사람이 있는 곳에는 하나님이 없다. 그리고 오직 한 사람만 있는 곳에 내가 그와 함께 있다. 돌을 들어 올리면 거기에서 나를 찾을 수 있다. 나무를 쪼개면 거기에 내가 있다."

서로 정반대의 뜻이 된다.

그러나 콥트어 텍스트5)에 따른 번역본들은

30.1 Jesus said, 'Where there are three gods, they are gods. 30.2 Where there are two or one, I am with him.' [cf. 77.2 Split wood, I am there; 77.3 lift the stone and you will find me there.]

예수께서 말씀하셨다. '세 신이 있는 곳에서 그들은 신이다.

---

5) 30.1 ΠΕΧΕ Ī̄C ΧΕ ΠΜΑ ΕΥΝ̄ ϢΟΜΤ Ν̄ΝΟΥΤΕ Μ̄ΜΑΥ ϨΝ̄ΝΟΥΤΕ ΝΕ 30.2 ΠΜΑ ΕΥΝ̄ CΝΑΥ Η ΟΥΑ ΑΝΟΚˋ ϯϢΟΟΠˋ ΝΜΜΑϤˋ [cf. 77.2 ΠΩϨ Ν̄ΝΟΥϢΕ ΑΝΟΚˋ ϯΜ̄ΜΑΥ 77.3 ϤΙ Μ̄ΠΩΝΕ ΕϨΡΑϊ ΑΥΩ ΤΕΤΝΑϨΕ ΕΡΟΕΙ Μ̄ΜΑΥ]

30:2 둘 혹은 홀로 있으면 나는 그와 함께 있다.' [77:2 나무를 쪼개라. 내가 거기에 있고, 77:3 돌을 들어 올려라. 그러면 내가 거기에 있을 것이다.]

이에 따라 옥시링쿠스 텍스트를 콥트어 본문에 역으로 꿰어 맞춰 조각 본의 훼손된 부분을 추론하기도 한다.6)

Coptic:Jesus said, 'Where there are three gods, they are gods.'

Guillaumont: [λέγ]ει ['Ι(ησοῦ)ς· ὅπ]ου ἐὰν ὦσιν [γ´ θ]ε [οί], ε[ἰσὶν] θεοί·

Attridge:[λέγ]ει ['Ι(ησοῦ)ς· ὅπ]ου ἐὰν ὦσιν [τρ]ε[ῖς], ε[ἰσί ν] ἄθεοι·

SG:[λέγ]ει ['Ι(ησοῦ)ς· ὅπ]ου ἐὰν ὦσιν [··· τρ]ε[ῖς], ε[ἰσὶν] θεοί·

γ´ 감마는 숫자 3을 나타낸다. 이에 따르면 "세 신이 있는 곳에 그들은 신이다."로 번역할 수 있다. 콥트어 텍스트와 헬라 어 텍스트를 일치시켜 옥시링쿠스 텍스트의 애매한 부분들을 재 구성하려는 견해라고 할 것이다.7)

---

6) S.J. Gathercole, The Gospel of Thomas Introduction and Commentary,(Brill, Leiden)2014, p 339 참조.

7) D. DeConick, The original gospel of thomas in translation-With a Commentary and new english translation of the Complete gospel-T&T Clark International A Continuum imprint. 2006. pp.135-137.
이에 대한 D. DeConick 의 의견을 일부 번역해서 옮겨본다.
해럴드 애트리지 Attridge 의 도마복음 그리스어 단편에 대한 표준 비판에서 그 는 ε[ἰσὶν] ἄθεοι 라는 판독을 제공한다. 그는 θ 의 왼쪽에 있는 첫 번째 글 자가 '문자 공간의 왼쪽 위에서 오른쪽 아랫부분으로 기울어진 선'으로 구성된 것으로 보인다고 말한다. 그는 또한 이 선의 아래와 왼쪽에 곡선 획의 흔적을 본다. 그는 이 곡선 획이 경사선을 교차할 때까지 대각선 위로 계속될 수 있다고 생각한다. 따라서 그는 이 글자가 A(ὰ)라고 결론 내린다. 이 의견은 B. 그린필과 A. 헌트가 이 글자가 A, X 또는 Λ 일 수 있지만 A 가 선호된다는 진술과 일치한다.

이 글자의 바로 왼쪽에서 애트리지는 H, I, N, Π, Γ, T 및 Ψ 와 일치하는 수직 획을 설명한다. 애트리지는 N 을 선호한다. 애트리지를 포함한 학자들은 이 글자의 왼쪽에 있는 글자 공간에 두 글자가 들어갈 공간이 있다는데 동의했다. 그러나 애트리지의 재구성에서는 세 글자가 나오지만 그 중 두 글자는 이오타다. 따라서 애트리지가 24행의 마지막 부분을 재구성한 것은 F. Blass 를 따르고 Grenfell 과 Hunt 는 이를 받아들였다. 그래서 'ε[ἰσὶν] ἀ θεοί.'로 재구성하게 된다.

하지만 Blass 와 Grenfell, Hunt 는 재구성에 도움이 되는 콥트어를 앞에 두지 않았다. 만약 있었다면, 콥트어는 ⲈⲚⲚⲞⲨⲦⲈ ⲚⲈ(헨누테 네)라고 읽히기 때문에 재구성이 그리스어와 콥트어 텍스트를 폄하하는 것을 우려했을 것이다. 콥트어를 가지고 있었던 애트리지가 왜 이 사본에서 상반되고 논란이 되는 판독을 영속시키는 방식으로 그리스어를 번역했을까?

이런 이질적인 재구성을 계속하는 이유는 콥트어가 말도 안 되는 소리라고 여겼기 때문인 듯하다. '신이 세 명 있는 곳은 신입니다.' 그들에 의하면 콥트어는 분명히 손상된 텍스트라고 여긴 듯하다. 애트리지가 그리스어를 재구성한 것은 A 가 개인적인 실수로 우연히 손실된 콥트어 번역 수준에서 손상이 있었다는 주장을 한다.

그런데 이런 추론 방식의 문제점은 그리스어 재구성이 콥트어보다 더 합리적이지 않다는 것이다. '신이 세 명 있는 곳에 신은 없습니다.'

옥스퍼드의 열망하는(그리고 영감을 주는) 탑과 웅장한 보들리언으(옥스포드에 있는 도서관)로 여행하는 동안 이 재구성을 내 마음속에서 의심스럽게 만들었다. 그런 재구성이 불가능한 것은 아니겠지만 의심의 여지가 없는 것도 아니라는 말이다.

문제의 지역에 있는 원고는 침식되어 일부 글자의 흔적만 남았다. θ은 명확하다. θ 왼쪽의 글자 공간에는 뚜렷한 패턴의 잉크 흔적이 있다. 눈에 보이는 흔적은 왼쪽 위 모서리에서 대각선으로 오른쪽 아래 모서리로 이동한다. 왼쪽 아래 모서리에 잉크 점이 있고 오른쪽 위 모서리에 흔적이 있는 것 같다. 잉크 흔적이 연결되면 필사자의 필체에 따르면 유일한 글자는 X

또는 N이다. 이 글자의 왼쪽, 문자 공간 중앙에 수직 획이 거의 절반을 채우고 있다. 획이 수평 교차 획의 흔적 없이 공간 중앙에 나타나므로 글자는 T 또는 I 중 하나여야 한다. 이 글자의 왼쪽에 있는 글자 공간은 어떨까? 이 사본은 극도로 침식되고 깨지기 쉽지만, 이 공간은 애트리지의 재구성에서처럼 세 글자가 아니라 두 글자를 나타낸다.

이렇게 하면 어떤 재구성이 남을까? 단 하나뿐이며, 콥트어와 일치하는 ε[ἰσὶν] θεοί 다. 이는 그리스어가 '세 사람이 있는 곳에는 신이 있다'로 읽었음을 시사한다. 그렇다면 콥트어 텍스트와 마찬가지로 말도 안 된다콥트어 텍스트가 말도 안 된다고 한다면. 콥트어 필사자조차도 '세'를 '신'에 대한 구체적인 언급으로 해석하여 어떤 의미를 부여하려고 했기 때문에 혼란스러웠다. 그래서 그는 ϢOMTϣ옴티 뒤에 N̄NOYTε엔누테를 추가한다.

하지만 이것은 분명히 그리스어의 의미가 아니었다. 그리스어를 어떻게 설명할까? 아주 간단하다. 그리스어 번역 θεοί 는 '엘로힘'의 셈족어 복수형을 잘못 번역한 것으로 보인다. 그 속담은 '세 명사람이 있는 곳에 엘로힘이 있다'는 뜻이었을 것이다. 그런 속담은 유대 문학에서 완전한 유사점을 가지고 있으며 이 역사적 맥락에 속한다참조 메킬타, 바호데쉬 U; 피르케아보트 3.2,6-7; 출생 베르카코트 6a. 그리스어 번역자는 신의 히브리어 이름인 엘로힘을 θεοί 로 착각했기 때문에 부주의했다.

A. Guillaumont 는 50년 전인 1958년에 콥트어 사본에 대한 설명으로 이를 제안했다. 하지만 Guillaumont, J. Fitzmyer, T. Akagi 가 각각 내가 원래 사본을 물리적으로 조사한 후 제시한 것과 동일한 재구성을 상상했음에도 불구하고 24행의 수용된 재구성을 감안할 때 진지하게 받아들여지지 않은 것으로 보인다. 그리스어 파피루스에 대한 내 재검토는 Guillaumont 의 오래된 통찰력에 더욱 신빙성을 부여한다. 그것은 난해한 로기온, 어려운 해석 및 텍스트적 역사에 대한 간단한 해결책을 제공한다. 간단히 말해서, 토마스 복음서 P. Oxy. 1.24에 대한 비판적 독해의 그리스어 재구성은 ε[ἰσὶν] θεοί 로 수정되어야 한다.

말씀 30에 대한 이 분석은 복음서가 셈족 방언으로 작성된 다음 그리스어와 콥트어로 번역되었다는 강력한 증거다.

말씀 30.1 홀로 하나

율법에 무엇이라 기록되었으며 너는 어떻게 읽느냐? Ἐν τῷ νόμῳ τί γέγραπται; πῶς ἀναγινώσκεις; 눅 10:26

누가복음에 등장하는 예수와 어느 율법사의 대화에 등장하는 위의 규칙은 해석과 관련 매우 중요한 단서를 제공한다. 1. 무엇이라 기록되었느냐 τί γέγραπται;? 2. 어떻게 읽느냐? πῶς ἀναγινώσκεις; 무엇이라 기록되었는지는 본문 비평의 문제요, 어떻게 읽느냐는 해석의 문제다.

예수와 율법사에게는 무엇이라 기록되었는지가 서로 일치하였으나 두 번째 해석의 문제는 전혀 달랐다. 율법의 대의인 '하나님을 사랑하고 네 이웃을 네 몸과 같이 사랑하라'에서 '누가 내 이웃이냐'라는 율법사의 물음에 대한 예수의 해석은 율법사와 전혀 다른 차원이다. 예컨대, 율법사의 관점은 강도 만난 자가 율법사의 이웃이라고 해석하는 데 반해, 예수는 강도 만난 자의 관점에서 이웃이 누구인가 묻고 그에 대해 해석한다.

도마복음 로기온 30의 옥시링쿠스 텍스트는 파피루스의 침하된 부분 때문에 무엇이라 기록되었는지에 대한 논란이 많다. 물론 콥트어 본문은 선명해서 이견이 없다. 헬라어 텍스트의 중요 부분에 대한 이견에 바탕을 두고 콥트어로 번역된 부분조차 오염되었을 가능성을 제기하는 학자들이 있다. 무엇이라 기록되었는지에 대한 이견이 존재하고 있는 본문이다. 앞서 살펴본 대로 두 가지 형태로 재구성할 수 있다. 서로는 정반대의 뜻이 된다. 독자는 둘 중 하나를 선택해야 한다.

Guillaumont: [λέγ]ει ['Ι(ησοῦ)ς· ὅπ]ου ἐὰν ὦσιν [γ΄ θ]ε[οί], ε[ἰσὶν] θεοί:

Attridge:[λέγ]ει ['Ι(ησοῦ)ς· ὅπ]ου ἐὰν ὦσιν [τρ]ε[ῖς], ε[ἰσὶν] ἄθεοι:

콥트어 본문과 일치하도록 재구성된 헬라어 텍스트는 기요몬트Guillaumont 의 텍스트다. 그런데도 애트리지의 재구성 또한 나름의 이유와 근거가 있으니파피루스 침하된 부분에 있는 잉크의 흔적 그냥 무시할 수만은 없다. 그러나 우선 부득불 기요몬트의 텍스트를 기록된 텍스트로 삼으려 한다. 그것을 토대로 '어떻게 읽을 것이냐'를 논해보고 애트리지의 텍스트는 보충적으로 살펴보자.

예수께서 말씀하셨다. 만일 세 신이 있는 곳이라면, 그들은 신들이다. 데오이를 신들이라 번역할 수도 있지만, 신성으로 번역할 수도 있다. 만일 셋이 거룩하면 그들은 거룩하다. 홀로 있는 곳에 내가 그와 함께 있다καὶ [ὅπ]ο[υ] εἷς] ἐστιν μόνος, [λέ]χω· ἐγώ εἰμι μετ' αὐτ[οῦ].

숫자 3을 나타내는 γ΄ 는 [τρ]ε[ῖς]로 치환하여 본문을 재구성할 수도 있으나 그 뜻에는 영향을 미치지 않는다. τρεῖς 는 three 를 뜻한다.

로기온 30.1을 우리는 어떻게 읽어야 할까πῶς ἀναγινώσκεις?8)

29에서 정신의 속성인 푸쉬케와 싸르크와 프뉴마를 논했었다.

이 셋은 우리 안에 있는 의식 활동의 다양한 속성이다. 베드로전서 1장 9절은 다음과 같은 말씀이 있다. 너희 믿음의 궁극텔로스은 푸쉬케 ψυχή의 구원을 받음이라고 한다. 이때 푸쉬케는 결국 그 안에 있는 그리스도의 영 πνεῦμα Χριστοῦ으로 인해 거룩해진다. 푸쉬케는 의식 활동의 기본 소프트웨어와 같다. 푸쉬케는 '프로스 톤 코스몬세상'을 향할 수도 있고, '프로스 톤 데온하나님'을 향할 수도 있다. 즉, 무엇을 향해 의식 활동이 작동하느냐의 문제다. 선악을 향해 의식 활동이 작동할 수 있다. 끊임없이 옳고 그름을 논하는 의식 활동은 '누가 크냐'에 집중한다.

의식 활동은 탐진치에 집착하고 크고, 크지 않음에 몰두한다. 의식은 늘 불안하고 사망에 사로잡힌다. 죽음을 맛보는 것을 향해 의식 곧 푸쉬케가 작동한다. 거기에는 생명과 평안함이 없다. 자기 유익의 관점에서 사유 활동이 이뤄진다.

조금 극단적인 예를 들어본다면 정신의 상처가 깊은 이들에게 간혹 생기는 의처증과 의부증의 경우, 그들의 의식 활동푸쉬케은 자신의 의심이 정당함을 입증하는 데 온통 작용한다. 그럴 때 푸쉬케는 쉼을 얻지 못한다. 이때 형성된 의식의 모양을 일컬어 피지컬 바디 physical body 라 할 수 있고 이때를 '싸르크'라고 한다는 것, 로기온 29에서 이미 살펴본 바 있다.

만일 우리 안에 있는, 그리스도의 프뉴마에 의해 푸쉬케가 거룩해진다면 싸르크도 거룩해진다. 이때 의식의 활동은 '프로스 톤 코스몬'에서 '프로스 톤 데온'으로 대전환을 하게 된다. 이때

---

8) 30.1 ΠЄΧЄ ĪC ΧЄ ΠΜΑ ЄΥN̄ ϢΟΜΤ N̄ΝΟΥΤЄ M̄ΜΑΥ ²N̄ΝΟΥΤЄ / ΝЄ ΠΜΑ ЄΥN̄ CΝΑΥ Η ΟΥΑ ΑΝΟΚˋ †ϢΟΟΠˋ ΝΜΜΑϥˋ

세 ĭ´ 존재는 곧 신성성이요 비로소 그들은 데오이 θεοί 가 된다. 요한복음은 말씀을 가진 자를 신들이라고 언급한다.

성경은 폐하지 못하나니 하나님의 말씀을 받은 사람들을 신이라 하셨거든 하물며 아버지께서 거룩하게 하사 세상에 보내신 자가 나는 하나님 아들이라 하는 것으로 너희가 어찌 참람하다 하느냐(요 10:35-36)

원문은 하나님의 말씀이 된 자 ἐγένετο 를 신들 θεούς 이라고 표현한다. 말씀이 육신이 된 자가 곧 하나님의 말씀이 된 자다. 이때 푸쉬케와 싸르크와 프뉴마가 거룩해지면 θεοί, 그들은 신이다. 비록 셋이나 셋이 아닌 하나 μόνος 가 된다. 홀로가 된 그곳에 내가 그와 함께 있다는 뜻은 무엇일까? 그럴 때 비로소 나는 그렇게 홀로 있는 그 μόνον 와 함께한다. 그러므로 그는 비로소 '나'다. εἷς ἐστιν μόνος 헤이스 에스틴 모노스는 직역하면 One is unique 다.

즉 하나는 유일하다는 뜻이기도 하고 하나는 홀로 난 자 μόνε 네스라는 의미다. 그러므로 셋이 하나일 때 비로소 '존재의 나', '유일한 하나인 나'가 된다. 푸쉬케와 싸르크와 프뉴마가 '프로스 톤 데온'을 향해 있는, 하나님을 향해 있는, 아니 존재의 나를 향해 하나로 있을 때 셋은 하나의 존재요, 이를 일컬어 하나님의 형상과 모양의 사람이라고 할 수 있겠고, 혹은 신이라 한다. 아니 그저 사람다운 사람이 그의 정신에 비로소 깃들어 있다고 하면 그 의미가 약화되는 것일까.

옛사람들이 풀어가는 존재의 사람에 관한 이야기로 나는 해석한다. 너는 어떻게 읽느냐의 물음에 대한 나의 읽기 방식이다.

그런데 콥트어 텍스트는 이 부분이 조금 다르다. '헤이스 에스틴 모노스'가 아니라, '스나우 헤 우아'ⲥⲛⲁⲩ ⲏ ⲟⲩⲁ, two or one로 표기한다. 즉 '둘 혹은 하나로 있는 곳에 나는 그와 함께 있다'ⲟⲕ ϯ ϣⲟⲟⲡ ⲛⲙⲙⲁϥ. 그러므로 이 점에서는 옥시링쿠스 텍스트와 다르게 서술되어 있다. 둘 혹은 하나로 있을 때 내가 그와 함께 있다는 것, 나는 이를 콥트어 텍스트에 담겨 있는 점진성으로 보아도 좋다는 생각을 한다. 둘이 있을 때는 로기온 29에서 순례의 여정 곧 모노스홀로가 되는 여정에서의 둘이다. 육이 영 때문에 존재로 들어가는 과정에서는 둘이다. 혹은 몸으로 인해 영이 존재하게 되는 과정을 겪는다면 이 또한 거룩을 향한θεοί 둘이고, 마침내는 하나ⲟⲩⲁ를 향한다. 그러므로 이런 점을 염두에 둔다면, 콥트어 텍스트와 옥시링쿠스 텍스트의 미묘한 차이는 해석을 통해서 극복할 수 있는 게 아닐까.

성서에는 조금 다른 맥락이긴 하지만 참고할 구절이 있다.

두세 사람이 내 이름으로 모인 곳에는 나도 그들 중에 있느니라(마 18:20)[9]

여기는 메타우투μετ' αὐτ[οῦ] 대신에 엔 메소 아우톤ἐν μέσῳ αὐτῶν으로 사용할 뿐, '함께'와 '가운데'의 차이가 있으나 의미는 유사하다. 여기는 두세 사람이 내 이름으로 모인 곳이라는 표현이

---

9) οὗ γάρ εἰσιν δύο ἢ τρεῖς συνηγμένοι εἰς τὸ ἐμὸν ὄνομα ἐκεῖ εἰμι ἐν μέσῳ αὐτῶν

등장한다. 집회나 모임을 의미하는 것으로 해석하지만 조금 더 깊이 읽는다면, 여기서 두셋은 도마복음 로기온 29 혹은 30에 등장하는 푸쉬케, 싸르크, 프뉴마로 이해할 수도 있거니와 둘 혹은 셋은 내 안의 He 와 그리고 나I, 즉 지성소의 하나님인 He 와 그를 향해 서 있는 '나'를 염두에 두면 둘이다. 여기에 성서 속 누군가의 이야기 곧 텍스트에 등장하는 누군가를 상정하면 셋이 된다. 아브라함이 될 수도 있고, 모세도 될 수 있고, 수많은 누군가 중 하나가 내 의식 활동의 무엇인가를 증언하고 있다면 내 안에는 셋이 있게 된다.

그He 와 나I 그리고 성서 속 텍스트의 발화자 셋이 같은 영성 곧 그의 이름으로 의식의 활동 속에서 마주하고 있다면 '나도 그들 중에 있느니라'의 '나'는 나를 바라보는 또 다른 존재의 나요, 예수 그리스도가 지시하는 '나'라고 해석할 수 있다. 여기 등장하는 둘 혹은 셋은 푸쉬케와 프뉴마와 싸르크의 셋을 동시에 상징하기도 한다. 프뉴마는 지성소의 He 요 그를 향해 있는 나I 는 의식 활동의 푸쉬케요, 이야기 속 텍스트의 발화자인 누군가는 이상으로 그리고 있는 제3의 증언자싸르크에 상응한다고 해석할 수 있다. 허다한 증인들을 만날 수 있는 유일한 곳은 발화자의 텍스트를 통해 그들 발화자를 수용 혹은 증인으로 받아들이는 내 마음의 좌소에서다. 그러므로 두세 증인은 역시 내 안에 있는 그들이고 그 속에서 '존재의 나'는 '홀로 하나'로 우뚝 세워진다.

로기온 30.2 돌을 들고 나무를 베라 그곳에 내가 있다

옥시링쿠스 텍스트 로기온 30은 콥트어 텍스트 77b 를 30-2[10)]로 붙여 읽는다. 어떤 의미가 있을까?

> 돌을 들어보라, 거기에서 나를 발견할 것이다.
> 나무를 베어보라 그곳에 내가 있다.

콥트어 텍스트를 번역하면 이렇다.

> 돌을 들어라 그러면 너는 그곳에 있는
> 내게 빠지게 될 것이다.you will fall into me there.

옥시링쿠스 텍스트를 통해 도마복음을 읽던 독자들은 콥트어 텍스트 77b 를 말씀 30번 후반부에 덧붙여 읽었음을 알 수 있다. 옥시링쿠스 30b 와 콥트어 텍스트 77b 는 강조하는 순서가 바뀌었지만, 같은 말씀이다. 옥시링쿠스 텍스트는 "돌을 들어보라! 그러면 거기에서 나를 발견할 것이다. 나무를 베어보라! 그

---

10) 30-2/77.3 ἔχει[ρ]ον τὸν λίθον. κἀκεῖ [ε]ὑρήσεις με· 30.4/77.2 σχίσο
ν τὸ ξύλον κἀγὼ ἐκεῖ εἰμι.

[cf. 77.2 ⲡⲱϩ ⲛ̄ⲛⲟⲩϣⲉ ⲁⲛⲟⲕ` ⲧ̄ⲙ̄ⲙⲁⲩ 77.3 ϥⲓ ⲙ̄ⲡⲱⲛⲉ ⲉϩⲣⲁⲓ̈ ⲁⲩⲱ ⲧⲉⲧⲛⲁϩⲉ ⲉ
ⲣⲟⲉⲓ ⲙ̄ⲙⲁⲩ]

러면 거기에 내가 있다.”라면 콥트어 77b 는 ‘나무를 베어라. 그
곳에 내가 있다’가 먼저 나온다. 그리고 ‘돌을 들어보라! 거기서
너는 나에게 빠지게 될 것이다.’ 자세히 살펴보면 강조점에 차이
가 있다.

우리는 여기서 콥트어 텍스트 77a 가 궁금하다. 옥시링쿠스
텍스트 30a 와 콥트어 텍스트 77a 는 서로 어떤 관계일까. 탐구
자들은 이 점을 더 깊이 살펴볼 필요가 있고 매우 흥미로운 주
제가 될 것이다. 옥시링쿠스 30a 의 주제도 ‘나I’에 있고, 콥트
어 텍스트 77a 도 ‘나I’인데, 접근법이 다르고 표현방식이 다르
다.

세 신^{사람}과 ‘나’의 관계

더구나 이견이 있는 본문이지만, “[λέγ]ει [’Ι(ησοῦ)ς· ὅπ]ου
ἐὰν ὦσιν [τρ]ε[ῖς], ε[ἰσὶν] ἄθεοι·” 텍스트에 의하면 셋이 있
는 곳에는 대문자 God 이 없다([without] God). καὶ [ὅπ]ο[υ] ε
[ἷς] ἐστιν μόνος, [λέ]γω· ἐγώ εἰμι μετ’ αὐτ[οῦ]. 그리고 그곳
에 하나는 홀로이고, 내가 말하노니 ‘나I’는 그와 함께 있다.

만일 위 텍스트를 기록된 본문으로 받아들인다면, 우리는 이
견해에 대해 다음과 같이 해설할 수 있을 것이다. 셋, 그러니까
푸쉬케, 싸르크, 프뉴마가 거룩한 존재로 있다면 그곳에 대문자
God 은 없다^{without God}. God 이 하늘의 용, 곧 엘로힘이나 God
라는 이름을 입고 있지만 실제로는 사람이 만들어 세운 용이요,
환호^{종이호랑이}인 것이 드러나 하늘에서 떨어진다. 거짓 실체로부터

해방된다. God이 우상의 자리에서 사라지게 되면, 절대타자인 God의 존재에서 벗어나 비로소 홀로 하나가 되고 그가 곧 '나'요, 소문자 데오이 θεοί, gods 가 된다. 그러므로 나는 그와 있게 된다.

이러한 해석의 글을 쓰고 있는 나는 오히려 ε[iσiv] ἄθεοι 의 텍스트가 어쩌면 더 의미가 있지 않을까 여기면서 독자들과 함께 연구 과제로 남겨둔다.

77a. 예수가 말했다. "나는 만유all 위에 비치는 빛이다. 나는 만유the All 다. 만유는 나에게서 나왔고 만유는 나에게 돌아왔다.

77a 에서 더 깊이 살펴보겠지만, 33a 와 연관해서 77a 를 보더라도 도마복음의 전체 주제인 '너 자신을 알라'와 '너 자신을 아는 것이 왕국을 발견하는 것이고 아버지의 아들임을 알게 되는 것'과 동떨어져 있지 않다. 향아설위 속 시천주가 곧 '나'이고 '너'임을 알아차리는 것으로부터, 향벽설위의 신대문자 God 은 거짓이고, 살인이고, 미움이고 사악한 마구니미혹하는 자임을 알아차리는 것에서부터 비로소 '나는 만물 위에 비치는 빛이요, 만물이 나에게서 나오고 만물은 나에게로 귀속된다는 것'을 알아차리게 된다. 그러므로 도마복음의 주제는 아무리 강조해도 부족함이 없는 '나' 그것이 도마복음의 주제다. 그럴 때 하나는 유일한 것이고 그곳에 비로소 '나I'가 있다.

이런 맥락에서 우리는 33b 와 77b 의 텍스트를 해명하거나 이해해야 한다. 거기 등장하는 나무와 돌은 비유다. 도마복음이 범신론적임을 강조하는 문서의 근거로 이해해서는 곤란하다. 여기 등장하는 나무와 돌은 '나I'를 발견해가는 중요한 비유적 장치다.

  ‘하룻강아지 범 무서운 줄 모른다.’라는 속담은 인생살이의 맥락 속에서 만들어진 잠언 Proverbs 이고 속담이다. 아포리즘은 언제나 그 시대 사람의 삶살이 속에서 생성된다. 그러므로 나무와 돌은 그 시대의 이야기 속에서 그 의미가 찾아져야 한다. 내가 도마복음과 성서 속 수많은 이야기를 연관하여 생각하는 이유다.

  먼저 33b 를 옥시링쿠스의 어순을 따라서 탐색해 본다.

  30.3/77.3 ἔχει[ρ]ον τὸν λίθο(ν) . κἀκεῖ [ε]ὑρήσεις με·
  30.4/77.2 σχίσον τὸ ξύλον κἀγὼ ἐκεῖ εἰμι.

  돌을 들어보라. 거기서 나를 발견할 것이다. 33a 서 말한 ‘헤이스 에스틴 모노스’의 ‘나I’를, 돌을 들었을 때 발견할 것이라고 한다. 콥트어 텍스트에서는 ‘너는 그곳에 있는 나에게 빠지게 될 것 & fall into me there 이다’ 라고 표현한다.

  문제는 ‘돌 λίθος’이다. 성서의 이야기 맥락 속에서 ‘돌 λίθος’은 어떤 의미로 등장하는가. 모세의 이야기에 등장하는 돌산으로는 호렙시내산이 있다. 출애굽 후 광야에 지천으로 있는 것이 돌이고, 40일 광야에서 금식하던 예수 이야기 속에 ‘돌을 떡이 되게 하라’는 시험이 등장한다. 돌은 성전의 건축재료고, 모세는 ‘율법을 어기면 돌을 들어 치라’고 한다. 실제로 간음하다 현장에 잡힌 여인을 예수에게 데려와 돌로 치려는 장면이 나온다. 누구든지 죄 없는 자가 돌로 치라는 예수의 호통에 모두가 자리를 뜬다. 나도 너를 정죄하지 않는다는 말은 너무도 유명하지 않은가.

  돌은 정죄의 수단이고 성전 건축재료다. 돌은 모세의 율법을 상징한다. 모세는 그의 계명을 돌비에 새겨서 그의 백성들에게 전해주려 한다.

광야의 여행에서 갈증에 시달리던 이스라엘 백성들에게 반석을 내리치니 반석에서 생수가 나오는 이야기가 등장한다. 예수는 반석으로 비유되고 베드로는 페트라 반석에서 유래한 이름이다. 단단한 돌이었던 베드로는 닭울기 전에 세 번 예수를 부인하면서 단단한 돌 반석이 갈라졌다. 목숨을 바쳐 충성하겠다는 처음 언약에 서 있던 맹세의 단단한 반석이 부서진 것이고, 이후에 비로소 베드로는 자신을 보게 된다. 아니 자신의 참모습을 보게 된다. 나는 아무것도 할 수 없습니다. '나는 당신을 아가파오 할 수 없습니다'의 자리에 도달한다. '나는 당신을 그저 목숨을 바쳐 충성하겠다는 헛된 맹세^{필로} 밖에 할 것이 없다는 것을 당신이 너무도 잘 아시지 않습니까?'의 자리에 들어서게 된다.

예수께서 비로소 말한다. '내 양을 먹이라.' 돌을 양식으로 삼을 수는 없다. 돌을 양식으로 삼는다는 뜻은 돌비에 기록된 처음 언약을 먹거리로 삼는다는 걸 상징한다. 우리는 흔히 율법이라 한다. 머리에 기록된 지식이고 대문자 **God**에 현혹된 사람들은 어떻게 하든 율법, 곧 처음 언약을 통해 신의 뜻에 도달하려 한다. 신에게 헌신하고 충성하는 것을 통해 지복을 누리려 한다. 돌을 떡으로 삼는 인생의 고단함이야 새삼스러울까. 돌을 떡으로 삼는 이들이 돌로 성전을 짓는다.

그러므로 "돌을 들어라 그곳에서 나를 발견할 것이다."는 뜻은 돌로 지은 성전 곧 예루살렘의 돌을 들어 하나도 돌 위에 돌이 남지 않고 무너져 내림을 의미하는 것이고, "돌을 들어라. 그곳에서 나를 발견하게 될 것이다"라는 뜻은 향벽설위^{向壁設位}가 철폐되는 곳에서 비로소 향아설위^{向我設位}의 도를 발견하게 되리라는 어법인 셈이다. 돌을 들어내는 것과 반석을 치는 것은 서로 표현이 다르지만, 그 의미가 다르지 않다. 돌을 쳐야 그곳에서 생수가 터져 나온다. 이 말씀을 범신론이나 범재신론 설명 근거로 삼는 것은 번지수가 잘못된 것이다.

> 내가 거기서 호렙산 반석 위에 너를 대하여 서리니 너는 반석 הצור 을 치라 נכה: 그것에서 물이 나리니 백성이 마시리라 모세가 이스라엘 장로들의 목전에서 그대로 행하느라(출 17:6)

본디 반석은 피난처요 하나님의 상징이기도 하다. 처음의 반석 곧 돌비에 새겨진 처음 언약은 지나가야 한다. 비록 처음에는 그것이 필요한 것이었고, 처음에는 그곳이 피할 바위였더라도, 거기 그렇게 있는 향벽설위의 전능자는 광야에서 뱀을 장대에 매달아 높이 들어 올렸던 것처럼 높이 들어올려야 한다. 그리고 그 돌은 쳐서 부서트려야 한다.

> 반석을 가르신즉 물이 흘러나서 마른 땅에 강 같이 흘렀으니(시 105:41)

처음의 피난처는, 첫 번째 반석은 더는 먹거리가 되어서도 안 되고 더는 피난처가 되어서도 안 된다. 우리의 피난처는 자기 자신이어야 한다. 향아를 지향해야 한다. 오직 그곳에 있는 셋이 하나인 곳에, 홀로인 자기 자신을 만날 수 있다. 홀로 하나인 자기 자신을 발견하는 이가 비로소 신god이고 사람아담이다.

그러므로 자기 자신이 서 있어야 할 반석이 바뀐다. 엘샤다이 엘로힘에서 야웨 엘로힘으로, 전능자 하나님으로부터 '내가 나인 그'가 '나를 나로 세우는 하나님'으로 바뀐다. 돌비에 새겨진 떡을 양식으로 삼지 않고 심비에 기록된 로고스에 의해 제소리 제 말하는 사람으로, 곧 방언을 제소리와 자기 언어가 되게 한다.

베드로가 절망하듯, 그의 머리가, 처음의 원리가, 뱀의 머리가 죽어야 비로소 그곳에서 본래의 베드로를 발견한다. 그가 소중하게 여겼던 처음 것들, 153은요한복음에 나오는 물고기 153마리 잡아올려 새벽 여명에 숯불에 구워서 먹어버리고 그동안 충성했던 가이사에게 내어 준다. 그리고 가이사를 떠나는 곳에 베드로가 있고, 나ɪ가 있다.

"나무를 베어라. 거기에 내가 있다.σχίσον τὸ ξύλον κἀγὼ ἐκεῖ εἰμι."

성서의 이야기 속 대표적인 나무는 잘 아는 것처럼 생명 나무와 선악을 알게 하는 나무다. 성서의 많은 이야기에 등장하는 나무들은 모두 사람을 비유한다. 무화과나무, 포도나무, 석류나무, 엉겅퀴 나무, 가시나무, 백향목 등 모두 사람의 성정과 정신의 여러 유형을 말한다. '하룻강아지 범 무서운 줄 모른다.'라는 속담에서 강아지와 범이 철모르고 함부로 덤비는 사람을 비유하듯 이야기 속에 등장하는 각종 식물 또한 사람의 정신적 속성을 비유한다는 것은 너무도 자명하다.

만일 나무에 깃들어 있는 정령숭배를 일컫는다고 하자. 거기서 도마복음과 범신론의 관계를 추론했다고 하자. 실제로 성서 이야기 속에는 노간주나무를 숭배하던 아세라 목상이 등장하기도 한다. 어느 시대나 토템과 범신론은 있었다. 도마복음을 그런 종교 신학적 맥락에서 읽어야 할까? 만일 자연을 숭배하고 나무에 깃들어 있는 생명을 존중하는 생태 신학적 관점이라면 "나무를 베어라"는 자연을 파괴하는 것이니 도리어 생태 신학과 정면으로 배치되는 표현 아닌가? 그러므로 이 비유는 나무에 깃들어 있는 신성을 살피라는 뜻이 아니다. 만일 그런 이야기라면 나무를 베어서는 곤란하다. 생명과 신성을 베는 것이요, 생태 신학에 반하는 것일 테니.

'나무를 베어라. 그곳에 내가 있다'라는 아포리즘은 그러므로 여기서도 당시의 이야기 속에 등장하는 나무를 떼어놓고 각종 상상력을 동원하는 것은 난센스가 된다는 말이다.

성서의 이야기에 등장하는 나무 이야기는 수없이 많다. 생명나무와 선악을 알게 하는 나무는 물론이요,

너희가 너희의 기뻐하던 상수리나무로 인하여 부끄러움을 당할 것이요 너희가 너희의 택한 동산으로 인하여 수치를 당할 것이며 너희는 잎사귀 마른 상수리나무 같을 것이요 물 없는 동산 같으리니 강한 자는 삼오라기 같고 그의 행위는 불티 같아서 함께 탈 것이나 끌 사람이 없으리라(사 1:29-31)

그중에 십 분의 일이 오히려 남아 있을지라도 이것도 삼키온 바 될 것이나 밤나무, 상수리나무가 베임을 당하여도 그 그루터기는 남아 있는 것같이 거룩한 씨가 이 땅의 그루터기니라(사 6:13)

저희가 산꼭대기에서 제사를 지내며 작은 산 위에서 분향하되 참나무와 버드나무와 상수리나무 아래서 하니 이는 그

나무 그늘이 아름다움이라 이러므로 너희 딸들이 행음하며
너희 며느리들이 간음을 행하는도다 너희 딸들이 행음하며
너희 며느리들이 간음하여도 내가 벌하지 아니하리니 이는
남자들도 창기와 함께 나가며 음부와 함께 희생을 드림이니
라 깨닫지 못하는 백성은 패망하리라(호 4:13-14)

너희의 기뻐하던 상수리나무가 베임을 당해야 하는 까닭이
무엇인가. 참나무와 버드나무와 상수리나무 아래에서 무슨 일이
벌어지는가. 레바논의 백향목이 아무리 하늘을 향해 높이 솟아서
자신의 높음을 자랑한다 한들 가시나무에 의해 생긴 불이 붙으
면 순식간에 타버리고 재가 되고 만다. 재물이든 명예든 높이
쌓은 지식이든 그것으로 자신의 됨됨이를 치환해놓으면 그것은
한순간에 타버리고 남는 재와 다를 바가 없다

베임 받은 상수리나무의 그루터기, 남아 있는 그루터기가 거
룩한 씨라고 선지자 이사야는 그의 이야기 속에 남긴다. 그러므
로 '나무를 베라! 그곳에 내가 있다'라는 뜻은 큰 자가 되려고
무성한 잎을 내고 지식을 넓히고 레바논의 백향목보다 더 아름
다운 모습을 취하려던 것을 '이제는 베어버리라'는 뜻이다. 무성
한 나무 속에는 도리어 거짓과 위선과 죽음을 맛보는 질투와 경
쟁만이 무성하니 그곳을 떠나라는 아포리즘이다. 선악을 알게 하
는 지식의 나무에 현혹되어 돌비대가리에 새겨놓은 지식은 베어버
리고 마음의 서판에 쓰인 것이 거룩한 것이고 그대 자신임을 역
설하는 아포리즘이다.

베인 나무 그루터기에 거룩한 자기 자신이 있으니 그곳에서

나를 보리라. 그곳에서 너를 보리라. 도마복음은 수없이 반복하여 감춰있는 '자기I'를 발견하고 찾아가게 하는 복음서다. 로기온 77a 는 바로 그러한 '나 I' 가 모든 것임을 강조하고 있다. 이에 대해서는 로기온 77에서 좀 더 깊이 천착할 기회가 있을 것이다.

말씀 31 무속과 신흥종교가 발흥하는 까닭?

예수가 말했다. "예언자는 그 자신의 마을에서 환영받지 못한다. 의사는 그를 알고 있는 자들에게 치료하지 못한다."11)

말씀 31에서 옥시링쿠스와 콥트어 텍스트 사이에는 큰 차이가 없다. 다수의 번역본도 크게 이슈가 되거나 이견이 보이지 않는다. 그러나 이 격언에 대한 해석에는 차이가 있다. 이 속담에 등장하는 의사와 그를 아는 사람, 그리고 선지자와 그의 고향은 또 하나의 비유다. 신약성서 사복음서 모두 예수가 고향에서 배척당하는 일을 기록한다막 6:4; 마 13:57; 눅 4:24; 요 4:44.

예수께서 이 모든 비유를 마치신 후에 거기를 떠나서 고향으로 돌아가사 저희 회당에서 가르치시니 저희가 놀라 가로되 이 사람의 이 지혜와 이런 능력이 어디서 났느뇨 이는 그 목수의 아들이 아니냐 그 모친은 마리아, 그 형제들은

---

11) 31.1 λέγει ις· οὐκ ἔστιν δεκτὸς προφή της ἐν τῇ πριδιαὐτ[ο]ῦ, 31.2 οὐδὲ ἰατρὸς ποιεῖ θεραπείας εἰς τοὺς γ{ε}ινώσκοντας αὐτό(ν). (pOxy. 1.30-35)

31.1 ⲡⲉϫⲉ ⲓ̅ⲥ̅ ⲙⲛ̅ ⲡⲣⲟⲫⲏⲧⲏⲥ ϣⲏⲡ ϩⲙ̅ ⲡⲉϥϯⲙⲉ 31.2 ⲙⲁⲣⲉ ⲥⲟⲉⲓⲛ ⲣ̅ⲑⲉⲣⲁⲡⲉⲩⲉ ⲛ̅ⲛⲉⲧ`ⲥⲟⲟⲩⲛ ⲙ̅ⲙⲟϥ`

야고보, 요셉, 시몬, 유다라 하지 않느냐 그 누이들은 다 우
리와 함께 있지 아니하냐 그런즉 이 사람의 이 모든 것이
어디서 났느뇨 하고 예수를 배척한지라 예수께서 저희에게
말씀하시되 선지자가 자기 고향과 자기 집 외에서는 존경을
받지 않음이 없느니라 하시고 저희의 믿지 않음으로 인하여
거기서 많은 능력을 행치 아니하시니라(마 13:53-58)

선지자 예수와 그의 고향이 오늘 우리에게 의미하는 바는 단
지, 고향을 선교지로 삼지 말라는 그런 정도의 의미일까. 의사는
자신을 아는 자를 치료하려고 하지 말라는 뜻에 머무는 것일까.
아니다. 이야기 겉에 나타나고 있는 표층에서 우리는 한 걸음
더 깊이 들어가야 한다.

이 격언을 더 깊이 이해하기 위해 이런 문제를 제기해 본다.
신천지와 유사 신천지가 지속해서 발흥하는 까닭은 어디에 있을
까. 오늘 유령이 횡행하는 까닭은 어디에 있는 것일까.

모름지기 선지자가 고향에서는 배척당한다. 의사는 그를 알고
있는 사람들을 치료하지 못한다.

왜냐면 그의 외모, 버릇, 습관, 이전에 알고 있던 여러 가지
모습 등. 편견과 선입관이 사람들의 마음을 가리고 있기 때문이
다. 그래서 예언이나 치료를 받아들이지 않는다. 영접하지 않는
사람에게 치료는 이뤄지지 않는다. 치료는 먼저 마음에서 시작되
기 때문이다.

예언은 받아들이지 않는 사람들에겐 전달될 수 없다. 치료는
신뢰하지 않는 사람에게 행해질 수 없다. 도리어 고향과 자기

집 외에서 대접을 받고 존경받는다. 인생이 그러하다.

이처럼 사람들은 자기 자신 속에 선지자와 치료자가 존재한다는 사실을 모른다.

예수의 고향 사람들이 그의 어린 시절 일상은 알고 있었지만, 그의 형제와 누이를 알고 있고, 우리와 다를 것이 없는 평범한 사람이라는 것을 알고 있었지만, 오늘의 그에게 어제와는 다른 것이 있음을 알지 못했듯, 우리와 다를 바 없는 이에게 오늘 다른 것이 있다는 것이 믿어지지 않는다. 그래서 '어제의 그'로 대한다. 철학적으로 '어제의 그'는 사물존재^{즉자존재, An Sich} 다. 즉자존재는 그 자리에 항상 그렇게 있다. 사물존재는 그 자리에 늘 그렇게 있기 때문이다.

이전의 앎은 편견으로 작용하고 오늘의 생생한 진실을 배척한다. 이전의 앎이 부정되는 곳에서 오늘 새로운 빛은 주어진다. 예언이 다가오고, 치료가 이루어진다.

누가 누구를 부정하는가.

고향 사람이 선지자와 치료자를 부정한다.

누가 누구를 부정하는가.

지금 내가 '나'를 부정한다. 타자화된 내가 존재의 나를 영접하지 못한다. 타인의 욕망을 욕망하는 것이 여전히 자기 자신인 줄 안다. 타인의 욕망을 욕망하는 그 자리를 떠나, 비로소 '존재의 나'가 내 안에 예언자요 치료자로 존재한다는 것을 자기 자신이 인정하지 않는다.

나는 나를 너무 잘 알기(?) 때문이다. 너무 잘 알고 있다고 생각하는 것일 뿐. 도리어 너무 모르는 까닭이기도 하다. 따지고 보면 모른다는 사실조차도 모르고 있는 셈이다.

내가 아는 나는 선지자의 능력은 고사하고 나 자신을 치료할 수 없다고 고집한다. 선지자와 의사를 다른 곳에서 찾는다. 선지자를 찾아 산을 넘고 강을 건넌다.

영험한 현자를 찾아 나서고, 영웅을 만들며 환호작약 열광한다. 훌륭한 지도자를 세우려 하고, 훌륭한 종교인을 선망한다. 그들이 예언자이고, 그들이 치료자라고 추켜세운다. 하나님은 저 밖에, 벽壁에 있는 것이 아니다. 현고학생부군신위顯考學生府君神位를 써서 벽에 붙여 놓고 거기에 절하려고 한다. 하나님은, 천주님은 산 넘고 물 건너에 있거나 저 하늘 어디엔가 있지 않다. 천주님은 나무에 있거나 돌에 있거나 바다에 있는 게 아니다. 그대 안에 있는 '하나님'을 그대가 부정한다. 자꾸만 밖에서 찾으려 한다. 그도 그럴 것이 그대 안에 '하나님'은 없고 온갖 미혹과 탐진치貪瞋痴만 들끓고 있고 복마전이 되어 있으므로 귀신을 쫓아내 줄 누군가를 찾는다. 영험한 무당을 찾으려 한다.

이게 인생이 겪고 있는 지독한 질병이다. 고향에서 선지자가 환영받지 못한다는 얘기는 결국 인생이 자기 자신을 믿지 못하고 타인에게서 답을 찾으려는 습성. 그러한 질곡을 벗어나지 못하는 천형에 처해 있음을 알려 준다.

치료자는 밖에 있지 않다. 밖에 있는 이는 단지 치료자를 만나게 돕는 도우미일 따름이지 선지자가 아니다. 그는 치료자가 아니다. 치료자는 그대 자신이다. 그대가 그대를 영접하지 않는다. 그대가 그대를 믿지 못한다. 그대가 그대를 소외시킨다.

거기서는 예언할 수 없고, 치료할 수 없다. 예언자는 그 어디에도 없다. 오로지 그대가 그대에게 예언자일 따름이다. 예언자는 오직 '그리스도'뿐이니 기름 부음으로 임해 있는 그대 속의 숨어 있는 사람, '그대 자신'불가에서는 이를 불성이라 한다이다.

누구도 그대를 치료할 수 없다. 오로지 치료자로 있는 '그리스도'인 그대 자신뿐이다. 그러나 그대는 '그리스도'를 다른 곳에서 찾고 있다. 이곳을 기웃거리고, 저곳을 찾아간다.

거기서 거짓 선지자는 발흥하고 다수의 사람은 거짓 선지자에 기생하여 산다. 그곳이 신흥종교가 발흥할 수 있는 토대요 토양이다. 이 점은 기독교라 해서 다르지 않다. 앞장서고 있고 더 큰 미혹을 제공하고 있다. 작금의 기독교는 언제든 신천지와 유사 신천지가 나올 수 있는 질 좋은 토양을 제공하고 있다.

선지자가 고향에서 환영받지 못한다는 얘기는 그대가 그대에게서 환영받지 못한다는 아픈 진실을 얘기해 준다.

'그리스도'를 믿지 않는다는 말과 그대 자신을 믿지 못한다는 말은 동의어다. 그대 안에 깃들어 있는 천주님, 성전에 머물면서 성전의 주인으로 계신 그리스도, 기름 부음 받은 그대 자신을 그대가 배척한다는 말이다.

산을 넘고 강을 건너 선지자를 찾아다니는 일은 이제 멈추라. 그대를 누군가가 치료해줄 것이라는 기대도 이제는 멈추라. 그리고 고향에 찾아오신 '그'를 영접하라. 구원의 빛은 그곳에서 시작되는 것이니. 말씀 31은 탈종교시대를 준비해야 하는 오늘 우리에게 소중한 잠언이다.

말씀 32 산 위에 견고히 서 있는 성읍

예수께서 말씀셨다. "높은 산 위에 세워진 성읍은 요새화되어
무너질 수 없고, 숨길 수도 없다."[12]

말씀 32는 마태복음 5장 14절에 대응하고 말씀 33은 마
5:15 절에 대응한다. 병행구이지만 미묘한 차이도 있다. 도마복
음 말씀 32에는 "너희는 빛이다."라는 표현이 등장하지 않고,
마 5장 14절에는 말씀 32에 나오는 '견고한' 혹은 '요새화된'이
라는 표현이 등장하지 않는다. 대신 복음서에는 반석 위에 지은
집이 견고하여 무너지지 않는다고 표현한다.^{마 7:24-25} 모래 위에
지은 집과 대비된 반석 위에 지은 집이다. 복음서에는 산 위의
동네는 숨길 수 없다고만 표현한다. 도마복음은 '산 위에 세워지
고 요새화된 혹은 견고한' 성읍으로 표현한다. 숨길 수 없고 또

---

12) λέγει ις· πόλις οἰκοδομη μένη ἐπ' ἄκρον [ὄ]ρους ὑψηλου〚ς〛 καὶ
ἐστηριγμένη οὔτε πε[σ]εῖν δύναται οὔτε κρυ[β]ῆναι.(pOxy. 1.36-41)
예수께서 말씀하셨다. "높은 산 위에 세운 견고한 성읍은 무너지거나
숨겨질 수 없다."
ΠΕϪΕ ΙC ϪΕ ΟΥΠΟΛΙC ΕΥΚΩΤ ΜΜΟC ϨΙϪΝ ΟΥΤΟΟΥ ΕϤϪΟCΕ ΕCΤΑϪΡΗΥ ΜΝ Ϭ
ΟΜ ΝCϨΕ ΟΥΔΕ CΝΑϢϨΩΠ ΑΝ

무너지지 않는 성의 두 가지 특성을 담고 있다.

따라서 주석가들은 말씀 32는 마 5장 14절과 마 7장 24-25절의 조합과 함축으로 주석하기도 한다. 그러므로 산 위에 세워진 동리는 숨길 수 없음과 반석 위에 지은 집의 견고함을 강조하므로 '무너지지 않음'을 동시에 드러내는 것이다.

고대의 도시폴리스들은 주로 산 위에 세웠다. 아고라 광장도 언덕 위에 세우고 대표적으로 그리스의 파르테논 신전을 보면 아크로폴리스와 함께 높은 언덕 위에 세워, 아테네 인이라면 어디에 있든 볼 수 있게 했다. 거대한 대리석 건축물로 견고하게 세워 신전의 위용을 뽐낸다. 그런데도 역사는 증언한다. 요새화된 견고한 성이라 해서 무너지지 않는가. 지진과 자연재해에 의해 도시가 땅에 묻히거나 견고한 대리석 건축물의 뼈대와 흔적만 남았을 뿐 무너지지 않는 건축물이 있던가. 고대의 유물로 남아 그 시대의 화려함과 문명의 흔적을 남긴 채 관광지가 되어버린 경우는 허다하다.

마사다히브리어 מצדה, 요새라는 뜻는 이스라엘 남부, 유대 사막 동쪽에 우뚝 솟은 거대한 바위 절벽에 자리 잡은 고대의 왕궁이자 요새다. 73년 제1차 유대-로마 전쟁 당시 끝까지 로마군에 항거하던 유대인 저항군이 로마군의 공격에 패배가 임박하자 포로가 되지 않기 위해 전원 자살한 것으로 유명하다. 현재는 유네스코가 지정한 세계문화유산 중 하나며 유명한 관광지가 되었다.

그러므로 높은 산 위에 세워진 성읍은 무너지거나 감출 수 없다는 격언은 긴 호흡으로 보면 한 걸음 더 나아가서 그 의미가 살펴져야 한다.

모래 위에 지은 집은 홍수가 나고 창수가 나면 무너지게 된다. 모래는 바닷가나 강가의 집을 말한다. 반석 위에 지은 집은 바위산 등성이에 지은 집임을 알 수 있다. 산 위에 지은 집은 감출 수 없다는 말씀과 관련하면 말씀 32에는 등장하지 않지만, '너희는 빛이다.'라는 마 5:14를 연관해서 생각하지 않을 수 없다. 이 비유는 당시의 도시문화의 특성을 빌어 너희가 빛이고 그 빛의 두 가지 특성 즉, 감출 수 없고 요새화^{견고} 되어 무너질 수 없음을 상징한다.

그런데 역사는 산등성이에 지은 집조차, 요새화된 집조차 무너지고 사라진다는 것을 증거한다. 그러므로 이 비유에 등장하는 산 위에 세워진 도시는 단지 문명의 도시를 말하는 게 아니다. 예루살렘도 해발고도 754m 위에 세워진 성이다. 솔로몬이 성전을 건축한 후 바빌로니아에 점령당한 예루살렘은 황폐해졌다. 다시 돌아온 유대인에 의해 재건되었다. 로마에 점령당한 후 또다시 헤롯에 의해 예루살렘이 다시 건축되는 수난을 겪는다.

예수의 말씀대로, 비록 산 위에 세워졌고 돌로 지어진 성전이지만, 돌 성전은 돌 하나도 돌 위에 남지 않고 무너지게 된다. 따라서 산 위에 세워진 도시라는 것의 상징성은 땅 위에 있는 예루살렘이 아니다. 땅 위에 있는 예루살렘은 보이지 않는 시온 산의 성전을 상징한다. 시온 산에 세워지는 무너지지 않는 견고한 성은 예수의 어록에서 사흘 만에 세우겠다는 바로 그 성전을 일컫는다. 땅 위에 세운 예루살렘은 산 위에 세우고^{해발 800m}, 견고한 바위 위에 웅장한 대리석 기둥으로 세운다고 하더라도 언제나 무너진다. 땅이 진동하고 하늘이 진동하면 없어지는 성전이다.

　따라서 도마복음 32에서 말하고 싶은 산 위의 성은, 시온 산에 세운 위에 있는 예루살렘을 일컫는다. 사흘 만에 세우고 싶은 성전은 그 마음의 지극한 곳에 복마전을 청소하여 야웨 하나님의 터로 새로 드러날 오로지 '홀로 하나'인 그가 거하고 존재의 자기 자신이 머물게 되는 '존재의 터'를 일컫는 말이다. '존재 자아'가 머물러 아무것에도 흔들리지 않고 무너지지 않는 시온 산에 우뚝 세우고 거기 흔들림 없이 서 있는 '자기 자신I'의 집을 일컫는 것이고 그렇게 서 있는 성읍폴리스을 지시한다. 그렇게 세운 집은 숨길 수가 없다. 그러므로 땅 위에 서 있는 예루살렘은 미혹이며, 현혹하는 것이다. 그러므로 땅 위에 서 있는 저 견고한 대리석 건축물은 언제든 무너진다. 그렇게 세워진 건축물은 비록 든든한 바위를 기초 석으로 하여 웅장한 돌기둥으로 세웠다 해도, 사실은 모래 위에 지은 집과 다를 것이 없다는 말이다. 솔로몬의 성전이나 헤롯 성전은 중앙집권적 권력의 상징물이다. 그것이 곧 모래 위에 지은 집을 상징한다.

　반석 위에 지은 집이란 수많은 여론과 군중의 토대 위에 세운 집이 아니다. 호산나 찬송하리로다 이스라엘의 왕으로 오시는 이여! 하며 환호작약, 두 손 높이던 손뼉은 자신의 욕망과 반하면 언제든 십자가에 못박아라! 십자가에 못박아라! 주먹질하며 폭력으로 변모한다. 호민은 폭민을 내재하고 있다. 타인의 시선을 기반으로 세운 집은 마치 그와 같다.

　높은 산 위에 세우고 견고하게 서 있는 성읍에 사는 사람은 산을 넘고 물을 건너 현자를 찾아가지 않는다. 선지자와 예언자

를 찾아, 혹은 영험한 누군가를 찾아가 길을 묻거나 내일의 길
흉화복을 묻지 않는다. 말씀 32는 말씀 31과 별개의 독립된 격
언이 아니라 이어진 구슬이다.

예수께서 말씀하셨다. "높은 산 위에 세운 견고한 성읍은 무
너지거나 숨겨질 수 없다."

말씀 33 한 귀 one ear 와 또 다른 귀

in the other ear

33.1 예수가 말했다. "너는 네 귀Maaxe마아제로 그에게서epoq to him 들을 것이다. 그리고 네 집 지붕 위에서 다른 귀에 in the other ear-Maaxe 전파하라." 33.2 "등불을 켜서 말 아래 두는 자가 없고, 은밀한 곳에 두는 자도 없다. 33.3 오히려 등잔대 위에 두어 들어가고 나가는 자마다 그 빛을 보게 함이니라."13)

옥시링쿠스 텍스트는 33.1의 일부만 존재한다. 거기서 주목되는 단어가 네 한 귀로[ε]ἰς τὸ ἓν ὠτίον σου다. 옥시링쿠스는 온전한 본문이 존재하지 않아 아쉽다. 콥트어 텍스트도 귀Maaxe 마아제는 단수로 표기한다. 직역하면 '너는 네 귀로 그에게서 듣고, 너의 집

---

13) 33.1 λέγει ιϲ· ⟨ὃ⟩ ἀκούεις [ε]ἰς τὸ ἓν ὠτίον σου το[⋯] (P.Oxy. 1.41-42)

33.1 ΠΕΧΕ ΙC ΠΕΤ`ΚΝΑϹШΤΜ ΕΡΟϤ ϨΜ ΠΕΚ`ΜΑΑΧΕ ϨΜ ΠΚΕΜΑΑΧΕ ΤΑШΕ ΟΕΙШ` ΜΜΟϤ` ϨΙΧΝ ΝΕΤΝ̄ΧΕΝΕΠШΡ` 33.2 ΜΑΡΕ ΛΑΑΥ `ΓΑΡ ΧΕΡΕ ϨΗΒϹ Ν̄Ϥ`ΚΑΑϤ` `ϨΑ ΜΑΑΧΕ ΟΥΔΕ ΜΑϤΚΑΑϤ` ϨΜ ΜΑ ΕϤϨΗΠ` 33.3 ΑΛΛΑ ΕШΑΡΕϤΚΑΑϤ` ϨΙΧΝ̄ ΤΛΥΧΝΙΑ ΧΕΚΑΑϹ ΟΥΟΝ ΝΙΜ` ΕΤΒΗΚ` ΕϨΟΥΝ ΑΥШ ΕΤΝ̄ΝΗΥ ΕΒΟΛ ΕΥΝΑΝΑΥ ΑΠΕϤΟΥΟΕΙΝ

지붕에서 다른 귀에 선포하라'고 해 볼 수 있다.

우리는 누구에게서 듣는가. 마 10:20에 의하면 "너희 속 $ἐν$ $ὑμῖν$ 에서 말씀하시는 자 $τὸ$ $λαλοῦν$ $ἐν$ $ὑμῖν$ 곧 아버지의 영 $πνεῦμα$ $τοῦ$ $πατρὸς$" 이라는 말이 나온다. 그러므로 우리가 듣는 것은 우리 안에서 말씀하시는 자 곧 아버지의 영 $πνεῦμα$ $τοῦ$ $πατρὸς$ 으로부터 듣는 것 $ἀκούω$ 이다. 우리는 골방에서 문을 닫고 듣는다. 어두운 데서 그에게서 듣는다. 각자의 한 귀 one ear 로 그에게서 듣는다.

그런데 골방에서 들은 것은 감출 수 없다. 왜냐면 등불을 켜서 말 아래 두는 것이 아니기 때문이다. 은밀한 데서 듣고 그것을 지붕 위에서 말한다. 이때 지붕 위에서 다른 귀에 말하는 것이다. 여기 다른 귀는 타인의 귀이기도 하거니와 자신의 또 다른 귀이기도 하다. 속에서 그에게 들은바, 즉 지성소의 하나님에게서 들은 것을 나의 이해력과 마음의 귀에 전파하는 것이다. 들은 바를 다시 듣는 것 그것은 호크마의 깨달음을 숙성의 과정을 거쳐 더 넓고 깊은 이해 곧 비나聰明에 다가서는 일이요, 돈오頓悟의 깨달음을 점수漸修로 그 깊이를 더해가는 것과 같다.

유대 가옥 구조는 지붕이 옥상처럼 평평한 형태를 유지해 확트인 공간으로 활용하는 것을 볼 수 있다. 기도의 공간으로 활용하거나 지붕에 올라가 마을 사람들에게 소식을 전하기도 한다.

말씀 32와 33에는 마 5:14에 나오는 '너희는 빛이다.'라는 말씀이 없다. 그러나 그 문맥을 보면 '너희는 빛이다.'라는 것이 함의되어 있다. 등불을 말 아래 두지 않고 등경 위에 둔다는 것은 네가 그 속에서 그에게서 들은 것, 그것이 곧 빛등불이라는 말과 다르지 않다. 그러므로 듣는다는 것은 빛을 영접함이다. 듣고 하나의 귀로 또 듣는 것다른 귀로 듣는은 들음으로 빛이 찾아옴이다. 그러므로 인식의 빛은 소리로부터 온다. 듣는 것으로부터 온다. 듣지 않는 데서 빛이 찾아오는 법은 없다. 들으려면 귀를 기울여야 한다. 듣고 싶으면 질문해야 하고 그 질문은 자기 자신에게 하는 것이다. 자기 자신의 지성소에 없이 계신 하나님께 도대체 '무엇은 무엇인가'라는 물음에서 소리가 찾아온다. 여기 '무엇'은 편견을 넘어서려는 곳에서 묻는 수많은 물음을 말하는 무엇이다.

우리 어두운 마음의 창에 빛이 비치는 것은 그로부터 to him 듣는 들음에서 비롯된다. 여기 그에게서 듣는 들음은 결국 마음의 지극한 곳에서 들리는 소리를 말한다.

우리는 타인에게서 들으려 한다. 타인에게 질문하기에 앞서 자기 자신에게 묻고 또 물어야 내 안의 그에게서 들을 수 있다. 타인에게서 들은 것은 제소리가 아니다. 타인이 들려주는 답은 아무리 그럴듯해도 '네 소리로 다시 들어야 비로소 그대 자신이 듣게 된다.' 너희 속에서 말씀하시는 자 그에게서 듣게 되면 장차 형제가 형제를, 아비가 자식을 죽는데 내어주며 자식들이 부모를 대적하여 죽게 하는 일이 벌어진다. 무슨 말일까. 이미 들어 와 있던 이전의 자기 자신 즉 타자화된 타자 자아와 존재 자아의 전쟁이 일어난다. 그때는 타인이 주인이 되어 타자 자아를 낳았으니 그의 아비는 그 시대의 집단 무의식이고 그 시대의 시대정신이고 그 시대의 요구가 그의 아비였다. 그 시대의 요구 때문에 태어난 타자 자아와 존재 자아는 서로 형제나 마찬가지다.

거기서 내적 갈등과 치열한 존재의 씨름을 하게 된다. 마침내 존재 자아의 소리가 자신의 내면을 환히 비추게 될 때 타자 자아는 자리를 내어준다. 귀에서 one ear 들은 것을 다른 귀 in the other ear 에 전파하여야 하는 까닭이다.

다른 귀 in the other ear 에 소리를 들려주게 되면, 그곳을 지배하고 있던 점령군 곧 타자 자아의 부모를 대적하여 죽게 하는 일이 발생한다. 그러니까 타자에 의해 지배당하던 타자 자아의 부모를 죽이는 것이니, 타자 자아의 속박으로부터 비로소 해방된다. 뱀의 씨로 잉태한 가인이 쫓겨 나고, 그의 아비 뱀을 쫓아낸다. 하와는 뱀의 말을 듣고 아담에게도 먹게했다. 뱀의 말을 하와가 듣고 아담도 들은 것이다. 뱀의 씨말를 아담과 하와가 듣고 그것에 의해 태어난 존재가 아담과 하와의 첫 번째 아들 '가인' 이라는 말이다. 인생은 그 정신이 누구의 말을 듣느냐에 의해 정신의 형상이 태어난다. 처음은 뱀의 말을 듣고 뱀의 형상눈이 밝아 하나님처럼 되려는 큰 자 의식으로 태어난다. 아비가 뱀이라는 말.

그러나 뱀이 아닌, 그로부터, 타자가 아닌 내 안의 하나님에게서 들으면서 존재 자아 셋 set 이 태어난다. 하나님의 형상과 모양의 사람으로 태어난다는 말이다.

30-2, 3 "등불을 켜서 말 아래에 두는 자가 없고, 숨겨진 곳에 두는 자가 없고, 등잔대 위에 두는 자가 있어 들어가고 나가는 자마다 그 빛을 보느니라."

그런즉 저희를 두려워하지 말라 감추인 것이 드러나지 않을 것이 없고 숨은 것이 알려지지 않을 것이 없느니라 내가 너희에게 어두운 데서 ἐν τῇ σκοτίᾳ 이르는 것을 광명한 데서 ἐν τῷ φωτί 말하며 너희가 귓속으로 듣는 것 ὃ εἰς τὸ οὖς ἀκούετε 을 집 위에서 전파하라(마 10:26-27)

너희가 어두운 데서 말한 모든 것이 ἐν τῇ σκοτίᾳ εἴπατε 광명한 데서 들리게 될 것이고 ἐν τῷ φωτί ἀκουσθήσεται 동사직설법 미래 수동태 너희가 골방에서 귀에 대고 말한 것이 집 위에서 전파되리라(눅 12:3)

마태복음은 '내가 너희에게 어두운 데서 말한 것'이라면, 누가복음 12장은 주어가 '너희'다. '너희가 어두운 데서 말한 모든 것이 광명한 데서 들리게 되리라'다. 그런가 하면 마태복음은 너희가 귓속으로 듣는 것을 집 위에서 전파하라 κηρύξατε 는 명령형이라면 누가복음은 너희가 골방에서 귀에 대고 말한 것이 집 위에서 전파되리라 κηρυχθήσεται 동사 직설법 미래 수동태다.

누가복음은 마태복음과 다른 관점에서 격언이 변용된 경우로 해석할 수 있다. 즉 밤말은 쥐가 듣고 낮말은 새가 듣는 것처럼 외식하는 바리새인의 누룩 곧 외식을 조심하라눅 12:3는 것에 이어 나오는 말씀이므로 외식으로 숨긴 것, 외식하며 숨어서 말하는 것은 잠시 누군가를 속일 수 있겠으나 모두 들통나게 마련이고 겉으로는 화려하게 꾸미고 골방에서 은밀히 귓속말로 뒷말하며 주고받은 것도 결국 집 위에서 전파되리라들통나리라는 것으로 마태와 누가는 전혀 다른 의미로 격언을 사용하고 있다. 그렇게 해석해도 무방하다. 누가는 외식을 경계하는 것으로 이 격언을 사용하고 있고, 마태는 도마복음의 33이 강조하는 바와 병행을 이루는 것으로 '내 속에서어두운데서 그가 말하는 바를 하나의 귀 one ear로 듣고, 다른 귀에 in the other ear 전파하되 하우스탑 곧 지붕 위에서 듣게 하라는 것을 강조하는 게 아닌가. 듣고 또 들으므로 돈오하고 점수하여 홀로 하나의 존재로 우뚝 서게 하려는 도마복음의 대의와 맞닿아 있다고 하겠다.

마태에 의하면 제자들과 예수의 대화에서 주어는 화자 곧 예수라는 것이고 더구나 앞서 말한 대로 예수는 '너희 속에서 말하는 아버지의 영'과 나란히 놓고 문장을 이해할 수 있다. "내가 너희에게 어두운 데서 ἐν τῇ σκοτίᾳ 이르는 것너희 속에서 아버지의 영이 말하는 것을 광명한 데서 ἐν τῷ φωτί(빛 가운데) 말하며 너희가 귓속으로 듣는 것 ὃ εἰς τὸ οὖς ἀκούετε, 귓속에서 아버지의 영으로부터 듣는 것을 집 위에서 전파하라"

말씀 34 눈먼 자가 빠지는 구덩이

예수가 말했다. "만약 눈먼 사람이 눈먼 사람을 인도한다면,
둘 다 구덩이에 빠질 것이다."14)

예수께서 대답하여 가라사대 심은 것마다 내 천부께서 심으
시지 않은 것은 뽑힐 것이니, 그냥 두어라 저희는 소경이
되어 소경을 인도하는 자로다 만일 소경이 소경을 인도하면
둘이 다 구덩이에 빠지리라 하신대(마 15:13~14)
또 비유로 말씀하시되 소경이 소경을 인도할 수 있느냐 둘
이 다 구덩이에 빠지지 아니하겠느냐, 제자가 그 선생보다
높지 못하나 무릇 온전케 된 자는 그 선생과 같으리라.(눅
6:39~40)

율법 선생의 가르침을 받으면 율법에 빠지게 된다. 큰 자가
되는 도를 전하는 자에게 가르침을 받으면 큰 자가 되려는 열심
에 함께 빠진다. 천국의 도를 전하는 자에게 가르침을 받으면
천국에 빠지게 된다. 이때 천국은 성서에서 말하는 의미의 천국
이 아니라 천국이라는 개념을 통해 담고 싶은 것, 그들 욕망의

---

14) ΠΕΧΕ ΙC ΧΕ ΟΥΒλλΕ ΕϥϢαΝˋCωΚˋ ϩΗΤϥˋ Ν̄ΝΟΥΒλλΕ ϢαγϩΕ Μ̄ΠΕCΝαγˋ ΕΠ
ΕCΗΤˋ ΕγϩΙΕΙΤˋ

극대화를 천국의 개념에 담아 전달한다. 그 천국은 지옥의 또 다른 이름일 뿐. 따라서 눈먼 자가 말하고 있는 천국의 가르침을 받으면 천국의 구덩이에 푹 빠진다. 진보의 가르침을 받으면 진보 진영에 빠진다. 극단적인 우파의 가르침을 받으면 극우적 파시즘에 빠진다.

우리는 부득불 어딘가에 서 있다. 산에 서 있거나 바다에 떠 있는 배 위에 서 있다. 우리는 부득불 대한민국에 서 있다. 부득불 특정 지역에서 살고 부득불 고향의 문화와 지역적 특성에 서 있다. 무슨 문제인가. 그러나 자신의 지역적 특성을 고유의 향토 문화로 누릴 수는 있으나 결코 그것을 절대화해서 그 외의 것을 이단시하지 말자. 누구든 유무식과 상관없이 각각 어디엔가는 서 있다. 부득불 자신이 서 있는 곳에서 주위를 바라볼 수밖에 없는 한계에 노출되어 있다. 한일의 문제가 대두되면 남녀노소를 불문하고 유식과 무식을 불문하고 깨달은 자와 깨닫지 못한 자를 불문하고 우리는 조선 민족의 자리에서 대처하고 대응한다. 우리는 부득불 어디엔가 서 있다. 그렇다 해도 그곳이 구덩이가 되고 구렁텅이가 되지 않았으면 좋겠다. 바다에 있다가도 언제든 뭍으로 올라온다. 이곳에 서 있다가도 저곳으로 이동한다. 한 곳에서 사물을 관찰하고 진리를 주장한다면 얼마나 어리석은가.

부득불 어디엔가 서 있다 하더라도 그곳에 빠져서 그곳에서 보는 것만이 전부라고 주장하지 말자. 물론 잠시 그럴 수는 있다. 그러나 내가 서 있는 자리가 구덩이가 될 수 있다는 사실에 대해 언제든 열어놓으면 어떨까.

눈먼 사람은 눈먼 사람을 인도할 수 없다. 그러므로 눈먼 사람이 눈먼 사람을 인도할 때 인도하는 사람은 스스로 눈먼 사람이라고 하지 않는다. 율법주의자는 스스로 율법에 속한 자라고 말하지 않는다. 진리에 속한 것이라고 말하며 율법의 인도를 좇고 율법에 빠질뿐더러 누군가에게 율법으로 인도한다. 본다고 하는 자가 누군가를 인도하려 한다. 눈먼 자는 눈먼 자를 인도할 수 없다. 다시 말해 눈먼 자라는 인식이 없으므로, 자기 자신이 눈뜬 자라고 믿기 때문에 누군가를 인도하려 한다. 결국, 그가 이끄는 것은 그가 속해 있는 진영으로 이끌어간다. 아볼로의 진영으로 이끌고, 바울의 진영으로 이끌고 오직 그리스도파의 진영으로 이끄는 것이 그가 할 일이라고 믿는다. 자신이 속한 진영만이 유일한 진리라고 믿는 사람들의 양태다.

17세기 계몽주의 사조가 밀물처럼 서구사회를 지배하고 데이비드 흄을 필두로 한 회의주의와 뉴턴의 인과율, 곧 경험론과 자연과학의 발달로 전통 종교가 의문의 대상이 된다. 종교개혁자들과 근본주의 보수주의자들은 시대적인 위기에 대처하기 위해 방어적인 논리로 성서의 권위를 강화하기 위한 각종 신학적 이론을 창출한다.

대표적인 것이 성서의 절대 권위를 강조하기 위해 대두된 유기적 영감설과 축자영감설이 아닌가. 성서영감설은 하나님의 말씀인 성서에 절대적인 권위를 부여하기 위한 변증적 신학인 셈이다. 이성주의의 도전에 대한 방어 수단으로 등장한 것이 소위 영감론이다. 성서에 대한 유기적영감설과 축자영감설의 인도를 받는 한국의 기독교는 유기적 영감설과 축자영감설의 구덩이에 푹 빠져있다. 유기적영감설과 축자영감설, 성서 무오류설의 구덩이에 빠져있는 동안 성서 외의 문서는 경전의 자리에 설 수 없다. 그에 의하면 성서와 도마복음은 경전으로 양립할 수 없게 된다. 유기적 영감설과 축자영감설에 의하면 창세기부터 요한계시록까지만 신적 권위를 부여할 수 있는 유일한 경전이기 때문이다. 구덩이에 빠져 구덩이 밖을 보지 못한다.

유기적 영감설과 축자영감설의 안경을 쓴 채 텍스트를 바라보면 유기적 영감설과 축자영감설의 옥에 갇혀 우물 밖의 세계에 대해서는 눈감는다. 성서는 성서 무오류설에 따라 그 권위가 뒷받침되는 게 아니다. 프레임에 갇히면 프레임의 틀 안에서 게임을 하게 된다. 프레임 안에서만 사물과 사태를 파악하려 한다. 눈먼 게임을 지속하게 된다.

성서는 이야기 모음집이고 이야기책이다. 구약은 물론이요 사복음서는 내러티브 Narrative 다. 서신서조차도 발신자의 이야기가 담겨 있다. 물론 서신서는 서간문의 특성상 서사적 구조를 갖추고 있지는 않지만, 발신자의 이야기가 담겨 있다. 이야기는 이야기 그 자체가 강력한 힘을 갖는다. 경전의 가치가 없는 이야기들은 스스로 도태되고 만다. 어떤 연유로든 인류의 문화 속에서 살아남는 이야기는 그만큼 이야기의 강력한 힘이 있다. 그 속에 담겨 있는 세속적 가치이든 영적인 가치이든 살아남는 이야기가 인류의 문화유산이 된다.

신화적인 내러티브는 무가치하고 합리적이고 이성적인 논리성이 더 가치 있는 것인가. 터무니없는 말이다. 신화시대와 로고스시대를 구분 짓는 것은 역사적이고 문화사적으로 논할 수 있을지 모르나 어느 시대나 신화적 담론과 로고스적 담론이 혼재되지 않은 적이 없다. 이성주의에 따라 정신의 세계를 모두 그릴 수 없기 때문이다. 예술과 문학, 시와 추상적인 그림을 통한 상징주의가 여전히 살아있는 까닭이 어디에 있을까.

존재를 담아낼 수 있는 이성적 언어가 한계에 있을 수밖에 없기에 시가 존재하고 시인이 존재한다. 비유와 상징이 아니면 담아낼 수 없는 정신의 풍요로운 존재계가 있으므로 예술가가 존재한다. 오늘도 많은 이야기가 창조되고, 새로운 이야기가 쓰이고, 새로운 드라마가 만들어지는 것은 무엇 때문인가. 심리학과 정신분석, 그리고 철학으로는 존재의 이야기를 모두 담을 수 없어 오늘도 무수한 이야기들이 만들어지는 것 아닌가. 판타지소설과 가상의 신화적 캐릭터가 작가와 배우들에 의해 끊임없이 창조된다. 여전히 신화가, 이야기가 정신의 세계를 이끌어가는 것이다. 신화시대와 역사시대의 구분이 무의미한 것은 아니로되 매우 단선적인 구분이라는 말이다.

성서의 이야기는 인간을 신과의 관계로 묘사하고 있는 인류의 탁월한 지혜 문서다. 성서 무오류설로 권위를 뒷받침하려는 애씀은 도리어 성서 이야기에서 더 큰 우상을 세우게 하는 쓸데없는 충성심이다. 신을 거짓말쟁이로 만들고, 미워하는 자가 되게 하며, 살인자요 정신분열의 제일 원인으로 만드는데 도리어 유용하다. 성서 무오류의 감옥에 가두어 그 안에 갇혀 있는 신이 비극의 씨앗이 되게 한다. 피비린내 나는 인류 전쟁을 끊임없이 유발, 살인의 신이 되게 한다. 자기가 빠져있는 구덩이 밖의 사람들을 죽이는 것이 신에게 향한 충성으로 알게 만든다.

눈먼 자 베드로는 언제 눈을 뜨는가. 여기서 '눈먼' 혹은 '눈

뜯'은 '정신의 세계'에서 일어나는 현상에 대한 비유다.

갈릴리 바닷가에서 그물질하던 어부 베드로에게 예수는 손짓한다.

"나를 따르라 내가 너로 사람 낚는 어부가 되게 하리라." 베드로는 그물을 버린다. 그리고 예수를 따른다. 이때 베드로는 눈먼 자일까 눈뜬 자일까. 산상수훈을 듣고 다락방 강화를 듣는다. 예수를 따르는 동안 기이한 일을 수없이 경험한다. 산상수훈을 들으면서 베드로의 가슴은 은혜로 충만해진다. 감동으로 가슴을 주체할 수 없다. 이전에 들어보지 못한 말씀을 들으며 희열을 느낀다. 그 정신은 벅차서 예수를 위해 무엇이든 할 수 있게 된다.

이때 베드로는 눈뜬 자일까. 눈먼 자일까. 베드로는 눈멀었다. 예수의 말씀을 듣고 주체할 수 없는 기쁨으로 가득하지만, 말씀이 그의 정신에 미치는 힘으로 인해 그 어디에서도 맛볼 수 없는 희열이 강물처럼 흐르지만, 그의 눈은 아직 안개가 끼어 있다. 아니, 예수에게 눈멀어 자신을 볼 수 없다. 그에게 예수는 '내가 당신을 위해 목숨을 바치겠나이다'의 대상이 되고, 나를 이끌어 줄 세상 임금이 되어버렸다.

베드로에게 '나를 따르라'라던 예수, 베드로의 인도자 예수는 눈먼 자인가 눈뜬 자인가. 베드로는 예수에게 눈멀어 '당신에게 목숨을 바치겠나이다' 충성을 고백하지만, 예수는 베드로와 같은 눈을 갖고 있지 않았다. 다시 말해 예수는 세상 임금에 눈멀어 있지 않았다. 세상 임금은 베드로와 그리고 저 밖에 있는 군중들의 환호성 속에 이미 와 있지만, 예수는 세상 임금 예수와 아무런 상관이 없었다. 세상 임금에 눈멀어 있지 않았다. 그러므로 눈뜬 자와 눈먼 자는 단순히 깨달은 자와 깨닫지 못한 자로 단순 구분할 수 없다. 예수의 깨달은 말씀 산상수훈은 베드로가 예수에게 눈멀게(?) 촉진하고 있는 촉진제가 아닌가.

그러므로 눈멀어 있다는 것은 베드로가 예수를 통해 구현코자 했던 베드로의 욕망, 그것이 베드로의 눈을 멀게 하는 것이고 예수는 베드로의 눈 멂, 그 자체다. 사람들은 예수에게 눈멀었고 하나님께 눈멀었다. 예수에게 자신의 욕망을 투사하고 있고 신께 자신의 욕망을 투사하고 있다. 그들에게 눈에 긴 비늘은 곧 예수고 하나님이다. 예수가 그들의 죄요 아브라함의 하나님 곧 유일하신 하나님 아버지가 그들의 죄 중의 죄다.

예수는 세상 임금 예수에게 눈멀지 않았다. 따라서 베드로의 고백을 받지 않는다. '당신을 위해 목숨을 바치겠나이다'는 세상 임금께 충성하는 눈먼 자의 신앙이다. 눈뜬 자 예수는 이를 덥석 받아 왕국을 건설할 수 없다. 그곳은 눈먼 자와 눈먼 자가 빠지는 구덩이이기 때문이다. 예수는 베드로의 눈먼 눈을 뜨게 하려고, 구덩이에서 건지기 위해 한 걸음 앞으로 나아간다.

네가 죽도록 충성하려는 그 예수는 죽어야 한다. 장로들과 대제사장들에게 고난을 받고 죽은 다음 사흘 후에 다시 살아나리라. 마른하늘에 날벼락이지만, 세상 임금을 죽이지 않으면 프레임 전환을 할 수 없었다. 베드로의 눈을 뜨게 하려면 다른 방법이 없었다. 앞서 베드로와 삼 년 반의 동행이 첫 번째 안수였다면, 첫 번째 안수가 사람을 보되 사람으로 보이지 않고 나무가 걸어가는 것처럼 보였듯, 첫 번째 안수의 결과 예수를 보되 생명의 예수로 보지 못하고 세상 임금 예수로 볼 수밖에 없었듯, 눈을 뜨긴 떴어도 도리어 눈뜨지 못한 것과 다를 바 없었지만, 세상 임금 예수를 십자가에 못박음으로 예수는 베드로에게 두 번째 안수하게 된다. 베드로가 예수를 보되 제대로 보게 된다. 베드로는 더는 세상 임금 예수로 예수를 보지 않는다. 세상 임금 예수는 베드로의 죄요, 눈감음이요, 눈을 가리는 베드로의 욕망이었고 눈의 비늘이었다.

눈뜬 예수는 눈먼 베드로를 사람 낚는 어부로 인도하기 위해 두 번의 안수를 하게 된다. 베드로에게서 사람을 낚고, 눈먼 베드로는 버리고 눈뜬 베드로를 낚아 올린다. 베드로가 이제는 사람을 낚는 어부가 되게 하려고 그의 눈에 가린 세상 임금 예수를 제거한다. 자신을 십자가에 내어줌으로 베드로의 눈을 뜨게 한다.

눈먼 자가 눈먼 자를 인도하면 둘 다 구덩이에 빠진다. 인생은 눈뜨기 위해 산다. 존재에 눈먼 자가 존재에 눈뜨기 위해 인생이 펼쳐진다. 눈 뜨려면 예수가 죽어야 하고 하나님이 죽어야 한다. 그럴 때 그대 안에 있는 없이 계신 하나님과 없이 있는 아들의 영에 대해 눈뜨게 된다. 그러므로 왕국은 네 안에 있고 네 눈Ball, eye 에 있다는 것이 진언眞言이다.^{말씀 3 참조}

그러나 그대는 그대의 예수와 그대의 하나님을 죽일 수가 없다. 구덩이에 빠져 눈먼 사랑과 눈먼 충성으로 살아갈 수밖에 더 있을까. 이게 오늘의 비극이다.

예수가 말했다. '만약 눈먼 사람이 눈먼 사람을 인도한다면, 둘 다 구덩이에 빠질 것이다.'

말씀 35 강한 자를 결박하고 늑탈하는 것

예수가 말했다. "누구든지 강한 사람의 손을 묶지 않으면 그 강한 사람의 집에 들어가서 강제로 그것을 빼앗을 수 없다. 그의 손을 묶고 나서야 그는, 그의 집을 강탈할 것이다."15)

말씀 35는 공관복음서 즉 마태, 마가, 누가복음에 병행구가 나란히 나온다.

그러나 내가 하나님의 성령을 힘입어 귀신을 쫓아내는 것이면 하나님의 나라가 이미 너희에게 임하였느니라 사람이 먼저 강한 자를 결박하지 않고야 어떻게 그 강한 자의 집에 들어가 그 세간을 늑탈하겠느냐 결박한 후에야 그 집을 늑탈하리라(마 12:28-29)

마태에 의하면 강한 자를 늑탈하는 것은 성령을 힘입어 귀신을 쫓아내는 것이고 하나님 나라가 임하는 것이다. 마가복음에 의하더라도 귀신을 쫓아내는 것과 관련하여 나오는 말씀이다. 귀신을 쫓아내는 것은 오로지 거룩한 영 τὸ πνεῦμα τὸ ἅγιον 을 통해서만

---

15) 35.1 ⲡⲉϫⲉ ⲓ̅ⲥ̅ ⲙⲛ̅ ϭⲟⲙ ⲛ̅ⲧⲉ ⲟⲩⲁ ⲃⲱⲕ ⲉϩⲟⲩⲛ ⲉⲡⲏⲉⲓ ⲙ̅ⲡϫⲱⲱⲣⲉ ⲛ̅ϥϫⲓⲧϥ̅ ⲛ̅ϫⲛⲁϩ ⲉⲓ ⲙⲏⲧⲓ ⲛ̅ϥⲙⲟⲩⲣ ⲛ̅ⲛⲉϥϭⲓϫ 35.2 ⲧⲟⲧⲉ ϥⲛⲁⲡⲱⲱⲛⲉ ⲉⲃⲟⲗ ⲙ̅ⲡⲉϥⲏⲉⲓ

가능하다. 귀신 δαιμόνιον 이란 거룩한 영과 반대로 더러운 영 Πνεῦμα ἀκ
άθαρτον 을 일컫는다. 거룩한 영과 더러운 영은 무엇으로 구분할까.
누가복음에도 병행 기사가 나온다. 누가복음은 처음 형편과 일곱
귀신 이야기와 나중 형편의 이야기가 덧붙여진다.

집에 들어가시니 무리가 다시 모이므로 식사할 겨를도 없는
지라 예수의 친족들이 듣고 그를 붙들러 나오니 이는 그가
미쳤다 함일러라 예루살렘에서 내려온 서기관들은 그가 바
알세불이 지폈다 하며 또 귀신의 왕을 힘입어 귀신을 쫓아
낸다 하니 예수께서 그들을 불러다가 비유로 말씀하시되 사
탄이 어찌 사탄을 쫓아낼 수 있느냐 또 만일 나라가 스스로
분쟁하면 그 나라가 설 수 없고 만일 집이 스스로 분쟁하면
그 집이 설 수 없고 만일 사탄이 자기를 거슬러 일어나 분
쟁하면 설 수 없고 망하느니라 사람이 먼저 강한 자를 결박
하지 않고는 그 강한 자의 집에 들어가 세간을 강탈하지 못
하리니 결박한 후에야 그 집을 강탈하리라 내가 진실로 너
희에게 이르노니 사람의 모든 죄와 모든 모독하는 일은 사
하심을 얻되 누구든지 성령을 모독하는 자는 영원히 사하심
을 얻지 못하고 영원한 죄가 되느니라 하시니 이는 그들이
말하기를 더러운 귀신이 들렸다 함이러라(막 3:20-30)
예수께서 한 말 못하게 하는 귀신을 쫓아내시니 귀신이 나
가매 말 못하는 사람이 말하는지라 무리들이 놀랍게 여겼으
나 그중에 더러는 말하기를 그가 귀신의 왕 바알세불을 힘
입어 귀신을 쫓아낸다 또 더러는 예수를 시험하여 하늘로부
터 오는 표적을 구하니 예수께서 그들의 생각을 아시고 이
르시되 스스로 분쟁하는 나라마다 황폐하여지며 스스로 분

쟁하는 집은 무너지느니라 너희 말이 내가 바알세불을 힘입어 귀신을 쫓아낸다 하니 만일 사탄이 스스로 분쟁하면 그의 나라가 어떻게 서겠느냐 내가 바알세불을 힘입어 귀신을 쫓아내면 너희 아들들은 누구를 힘입어 쫓아내느냐 그러므로 그들이 너희 재판관이 되리라 그러나 내가 만일 하나님의 손을 힘입어 귀신을 쫓아낸다면 하나님의 나라가 이미 너희에게 임하였느니라 강한 자가 무장을 하고 자기 집을 지킬 때에는 그 소유가 안전하되 더 강한 자가 와서 그를 굴복시킬 때에는 그가 믿던 무장을 빼앗고 그의 재물을 나누느니라 나와 함께 하지 아니하는 자는 나를 반대하는 자요 나와 함께 모으지 아니하는 자는 헤치는 자니라 더러운 귀신이 사람에게서 나갔을 때에 물 없는 곳으로 다니며 쉬기를 구하되 얻지 못하고 이에 이르되 내가 나온 내 집으로 돌아가리라 하고 가서 보니 그 집이 청소되고 수리되었거늘 이에 가서 저보다 더 악한 귀신 일곱을 데리고 들어가서 거하니 그 사람의 나중 형편이 전보다 더 심하게 되느니라(눅 11:14-26)

흔히 귀신을 오늘날 의학에서 말하는 망상증이나 정신분열 현상을 옛사람들은 귀신들린 것으로 해석했을 가능성이 크다. 어느 마을에나 한두 명은 있게 마련인 정신의 아픈 현상을 현대의학은 더 많이 치료하고 있다. 이런 정신 현상은 성서의 이야기 속에 더 깊은 의미를 담은 메시지의 비유로 등장하고 있다.

우리의 의식을 일깨우는 것은 어머니요 아버지다. 아버지는 자녀가 공동체에서 살아남도록 하기위해 공동체의 요구에 알맞은 정신을 아이에게 일깨운다. 적자생존의 규칙과 마을의 규범을 갖

고 아이의 의식을 일깨운다. 그 시대의 언어로 언어중추 신경을
반복하여 자극하고 아이의 정신이 일깨워지게 한다. 정신의 기본
규칙은 약육강식, 강한 자의 서열을 따라 질서 짓는 형태로 세
팅된다. 강한 자의 규칙을 중심으로 정신이 형성된다는 말이다.
강한 자의 상층부에는 언제나 두려운 존재인 서낭당에 모시고
있는 신의 존재가 있다.

누가 강한 자인가.

강한 자란 누구인가. 너무도 엄위하여 인생이 부복하고 엎드
려 경배하며 인육 제사를 지내는 대상은 누구인가. 엘사다이 엘
로힘전능하신 하나님이 아닌가. 강하기만 한 자는 강한 자가 아니다.
한없이 부드러우며 은혜와 은총을 베풀고 자비롭기 한량없는 전
지전능한 신이야말로 당근과 채찍을 겸하고 하나를 가지고 둘의
효과를 언제든 낼 수 있는 양수겸장兩手兼將의 신이요, 구원의 은총
을 베풀어 언제나 내 편이 되어주는 사랑의 신이야말로 강한 자
의 신이요 강한 자다.

욥기는 강한 자를 결박하고 욥이 세운 가정家庭의 가산家産을
모두 늑탈하는혹은 勒奪당하는 이야기며 바알세불, 귀신을 쫓아내는
이야기로 다시 해석할 수 있다. 동방의 의인이라는 의로운 칭호
의 허위를 드러내는 이야기이고, 그 아래에서 형성된 가족과 가
산이 모두 탕진되는 이야기가 그려진다. 세 친구를 통해서는 각
각의 신개념이 저마다 다르다는 걸 알려준다. 그런 점에서 욥도
예외가 아니었다. 각각 세운 우상이 결박당하지 않으면 새로운
신이 드러나지 않는다. 밖에 세운 신이 하늘에서 떨어지지 않으
면 성전 안에 있는 신이 드러나지 않고 성전 안에 있는 신의 창

조가 이뤄지지 않는다. 안이 정돈되면 밖도 정돈된다. 그러므로 욥의 이야기는 강한 자를 결박하고 그 세간을 늑탈한 후 황폐한 성읍을 다시 재건하여 비로소, 마침내 사람이 머무는 곳으로 재창조(?)해가는 위대한 서사를 기록하고 있다. 신약성서의 이야기를 비춰보면 일곱 귀신 쫓는 이야기의 욥기 버전이다.

요한계시록은 강한 자 용을 결박하고 그를 중심으로 세운 성을 무너뜨리고 가산을 모두 늑탈하는 이야기다. 귀신을 쫓는 이야기와 다르지 않다. 서구신학에 포박당한 채 그들이 세운 강한 자, 그 그늘에서, 그들의 신학적 프레임에 갇혀 있는 오늘의 기독교

니체는 서구신학의 신을 결박했다. 그러나 신은 결코 죽지 않는다. 전지전능한 신은 좀비처럼 다시 살아나 강한 자가 되어 다시 사람들을 지배한다. 아니, 사람들은 죽은 신을 살려놓고 그 앞에 부복하고 헌신하고 목숨을 바쳐 충성을 다짐한다. 인육人肉 제사를 마다하지 않는다. 사람이 낳고 키운 신을 향해서 헌신을 맹세한다.

서구신학의 신을 결박해야 그들이 세운 가산을 늑탈할 수 있고 성전은 청소된다. 다시 세울 수 있다. 도마복음 말씀 35를 통해 읽어내야 할 오늘의 과제는 무엇일까?

동학의 최재우는 이를 명확히 포착해 서양 선교사가 전해온 기독교는 향벽설위의 신을 섬기는 종교로 진단한다. 물론 전통적인 조선의 제사법도 지방을 써서 벽에 붙여 놓고 기복 하는 향벽설위向壁設位임은 말한 것도 없다. 서학의 기독교가 전하는 예수도의 하나님은 정신적 탐관오리의 우상으로 파악했다. 이를 서학

西學으로 규정하고 동학東學은 향아설위向我設位의 도임을 천명했다. 최재우가 규정한 동학과 서학은 그런 점에서 대립되지만, 그것은 서양 선교사가 이 땅에 전파한 기독교의 도가 그러했고 최재우의 눈에 그렇게 보였다. 그 진단은 적확하다.

그러나 그 당시 기독교가 전한 예수의 도는 예수가 성서에서 말한 예수의 도가 아니었다. 왜곡된 것이었고 유대교의 아류로 그리스도교라는 이름을 입었을 뿐 예수와는 상관없는 다른 예수의 도였다. 예수는 향벽설위의 신에 대해 살인자요, 미워하는 자며, 거짓말쟁이고 마귀라고 유대교의 신을 이미 결박해버렸다. 요한복음 8장은 이를 잘 드러내고 있다. 그러므로 예수의 도와 서양 선교사가 전해준 기독교, 그리고 그 기독교가 전하는 예수의 도는 절대 같지 않다. 예수의 도는 향아설위의 도다. '네가 성전인 것과 하나님이 네 안에 거하시는 것을 알지 못하느냐'가 예수 도의 핵심이니 동학의 그것과 다르지 않다. 하나님 나라는 여기 있거나 저기 있는 것이 아니라 네 안에 있다고 전하고 있으니 예수 도의 본질과 동학의 본질이 만나는 지점 아닌가. 그것은 도마복음이 전하는 바와도 다르지 않다.

강한 자를 결박한다는 게 무엇인가. 종교는, 인생은 누군가를 세워놓고 그를 통해 은혜를 덧입고자 하는 것, 그가 거기 있고 나는 여기 있고, 그는 강한 자고 나는 약한 자고 그는 창조의 신이어야 하고 우주의 모든 것을 주관하는 신이어야 한다. 그러므로 피조물은 창조주 앞에서 입 닥치고 들어야 한다. 순종해야 한다. 은총을 입어야 한다. 강한 그를 통해 끊임없이 강해지려고 창조주를 세우고 제일 원인자를 세운다. 먼저 온 신은 강한 자다. 전지전능하고 무소부재하고 인생의 생과 사, 화와 복을 주장하시는 창조주. 이보다 강한 자가 어디 있으랴. 이처럼 강한 자를 내세우고 그곳에 집을 짓는다. 세간살이를 들인다. 큰 자가 되려는 속성에 따라 그 의식은 네피림이 된다. 거인을 향하여 서 있고, 거인의 형상, 가이사의 형상, 세상에서 으뜸이 되고자 하는 형상을 향해 서 있다. 그렇게 형성된 의식의 요소들이 곧 세간살이인 셈이다.

예수는 강한 자를 결박하고 그 안에 서 있는 세간살이를 늑탈했다. 성전 안에 있는 장사꾼들에게 채찍을 휘두른다. 성전 청소가 예수의 일이다. 유대교의 신을 결박하고자 그 신을 탄핵하고 그곳에 서 있는 신을 하늘에서 떨어뜨린다. 우주의 창조신은 저 밖에 있는 것이 아니라, 네 안에 있고 우리 안에 있음을 向我設位 천명한다. 칠일의 창조는 내 안에서 빛을 창조하고 내 안에 하늘과 땅 그리고 그 안에 생명으로 가득 채우는 것이 창세기 1장 창조의 이야기가 전하고자 하는 바임을 다시 읽어낸다. "옛 사람에게 말한바 너희는 이렇게 들었거니와 내가 다시 너희에게 말하노니"가 예수의 성서 읽기 방식이다.

강한 자를 결박하고 그 안에 있는 세간살이를 늑탈한 후 그곳에 다시 새로운 것을 창조하는 것, 존재의 왕국을 세우지 못하면 처음 형편보다 나중 형편이 더욱 나빠진다. 귀신을 내어쫓고, 집안을 소제하고 나면 새로운 세간을 들이고 새로운 주인 새 사람이이 창조의 날들로 채워야 한다. 존재 자아의 삶과 생명이 펼쳐지지 않으면 주인 없는 집에 시랑과 들짐승들이 판을 치게 되고 예루살렘 성은 황폐해지고 만다. 귀신의 왕 바알세불을 힘

입어 귀신을 쫓아낼 수는 없다. 강한 자의 힘을 빌려 강한 자의
졸개인 강한 자를 지향하는 귀신을 쫓아낼 수는 없다. 불가능하
다. 잠시 나갔다가도 다시 들어온다. 아니 다시 불러들인다.

주의 거룩한 성읍들이 광야가 되었으며 시온이 광야가 되었
으며 예루살렘이 황폐하였나이다(사 64:10)
내가 예루살렘으로 무더기를 만들며 시랑의 굴혈이 되게 하
겠고 유다 성읍들로 황폐케 하여 거민이 없게 하리라(렘
9:11)
내가 너희 거하는 모든 성읍으로 사막이 되며 산당으로 황
무하게 하리니 이는 너희 제단이 깨어지고 황폐하며 너희
우상들이 깨어져 없어지며 너희 태양상들이 찍히며 너희 만
든 것이 다 폐하며(겔 6:6)

예수는 유대교의 강한 자, 유대교의 하나님을 결박했다.

너희는 너희 아비 마귀에게서 났으니 너희 아비의 욕심을
너희도 행하고자 하느니라 저는 처음부터 살인한 자요 진리
가 그 속에 없으므로 진리에 서지 못하고 거짓을 말할 때마
다 제 것으로 말하나니 이는 저가 거짓말장이요 거짓의 아
비가 되었음이니라(요 8:44)

니체는 예수가 결박한 유대교의 신을 기독교가 되살려놓고
인류를 혼란케 하던 서구의 신을 향해 사망을 선언했다. 강한
자를 결박했으나 여전히 서구의 기독교는 강한 자로 다시 되살
려놓고 있다. 서구의 신은 변신을 거듭하며 자기 자리를 떠나지

않고 한국에 와서 더욱 그 기세를 구가하고 있다. 서구의 지성
이 더욱 공교하게 옷을 입혀 살려놓고 또 살려놓는다. 한국의
기독교는 강한 자를 결박하기는커녕 우상으로 우뚝 세워놓고 수
많은 영혼을 살해하고 있다. 유사기독교는 강한 자를 더욱 강하
게 키워 그를 좇는 무리를 종교 감옥에 처넣고 노예로 삼는다.

아브라함의 하나님, 삼위의 하나님, 유일하신 하나님, 그 이
름을 무엇으로 부르든지 간에 그 내용은 지극히 높은 집의 주인
으로 되어 있는 강한 자 '바알세불'이 되고 만다. 귀신의 왕 바
알세불을 힘입어 귀신을 쫓아낼 수 있는 것인가. 불가능하다. 바
알세불을 결박하기 전에는 세간살이를 늑탈 할 수가 없다. 다시
세간을 들이기 때문이다.

도마복음 로기온 35는 어느 시대나 우뚝 서 있는 우상을 결
박, 하늘의 용이 하늘에서 쫓겨나는 우레 소리다. 예수가 거룩한
영을 힘입어 귀신을 쫓아내는 이야기는 여기서 멈추지 않는다.

베드로에게 예수는 다윗의 자손 예수로, 이스라엘을 회복할
메시아, 곧 강한 자로 어느새 등극한다. 강한 자의 자리에 예수
가 서 있다. 베드로에게 예수 외에 다른 강한 자는 없다. 그는
하나님의 아들이고 이스라엘을 회복할 메시아였다. "주는 그리스
도시요 살아계신 하나님의 아들"이었으니 베드로에게 이보다 더
큰 자, 이보다 더 강한 자가 있겠는가. 물론 베드로로 대표되었
을 뿐 제자들에게 강한 자는 세상 임금 예수였더라는 말이다.
예수를 통해 형성된 그들의 세간살이는 무엇일까. 그들의 정신에
는 이미 큰 자의 포효가, 사자의 형상이 자리 잡고 있다. 하나는
우편에 하나는 좌편에 앉아 세상 임금의 권세를 빌어 큰 자의

권세를 누리려는 부푼 꿈과 비전이 그들의 마음의 형상으로, 세
간살이로 들어차 있다.

예수는 강한 자를 어떻게 결박하는가. 예수 자신은 세상 임
금과 상관이 없었다. 세상 임금과 아이덴티파이를 하지 않고 있
으므로 세상 임금을 결박할 수 있었다. 세상 임금을 십자가에
못박음으로 강한 자를 결박하고, 제자들의 의식에 형성된 세간을
늑탈한다. 모두 빼앗아버린다. 아무것도 없는 자로 만든다.

예수는 살신殺身으로 살신殺神한다. 예수는 살신殺身으로 강한 자,
신神을 결박하고 제자들이 세상 임금에서 벗어나게 한다. 놓여나
게 한다. 해방을 맞이하게 한다. 이것이 예수가 귀머거리 귀신을
쫓아내는 방식이고, 눈을 뜨게 하는 방식이고, 향벽에서 향아로
향하게 하는 방식이다. 오로지 귀신을 쫓는 것은 거룩한 영으로
만 가능하다. 세상 임금권력의지, 큰 자 의식을 향해 있는 것이 모든 분
쟁의 원인이다. 더러운 영의 진원지다. 예수는 세상 임금을 향해
있지 않다. 그는 거룩했다. 그것이 세상 임금을 십자가에 달아맬
수 있는 근원적인 힘이다. 거룩한 영만이 귀신을 쫓아낸다. 거룩
한 영을 훼방하는 이는 그의 죄를 사할 방법이 없다. 귀신이 쫓
겨나지 않기 때문이다.

그의 크고 강한 자 하늘 위에 있는 만물의 창조주 하나님이
모든 좋은 것을 모아서 지어 만든 하늘의 용이라는 정체를 어찌
드러낼까. 양의 탈을 쓰고 있는 은혜의 하나님께 그저 은혜와
은총을 구하며 갈증이 난 목을 축이며 사는 수밖에 무슨 도리가
있을까. 향벽의 신께 빠져있는 동안 그는 향아의 하나님을 대적
하는 적그리스도라는 사실이 드러날 리가 없다.

말씀 36 우상을 섬기는 자가
염려와 길쌈을 한다

예수께서 가라사대, "아침부터 저녁까지, 그리고 저녁부터 아침까지 음식에 관하여서는 무엇을 먹을까, 의복에 관하여서는 무엇을 입을까, 걱정하지 말라, 너희는 길쌈의 수고를 하지 않고도 저렇게 아름다운 백합보다도 더 고귀하니라. 너희가 옷이 없다 한들, 과연 무엇을 너희 스스로 몸에 걸칠 수 있으리오? 누가 과연 너희 세월키을 늘 릴 수 있을까? 옷을 줄 사람은 바로 그다."16)

콥트어 버전:

예수께서 말씀하셨다. "아침부터 저녁까지, 저녁부터 아침까지 무엇을 입을지 걱정하지 말라."

한 사람이 두 주인을 섬기지 못할 것이니 혹 이를 미워하며 저를 사랑하거나 혹 이를 중히 여기며 저를 경히 여김이라

---

16) 36.1 [··· ἀ]πὸ πρωὶ ἕ[ως ὀψὲ μήτ]ε ἀφ' ἐσπ[έρας ἕως π]ρωὶ, μήτε [τῇ τροφῇ ὑ]μῶν τί φά[χητε, μήτε] τῇ στ[ολῇ ὑμῶν] τί ἐνδύ[ση]σθε. 36.2 [πολ]λῷ κρ[ε]ί-[σσον]ές [ἐστε] τῶν [κρί]νων, ἅτ[ινα ο]ὐ ξα[ί]νει οὐδὲ ν[ήθε]ι. 36.3 [···]εν ἔχοντ[ες ἔ]νδ[υ]μα, τί ἐν[···;] 36.4 καὶ ὑμεῖς, τίς ἂν προσθ⟨ει⟩η ἐπὶ τὴν εἰλικίαν. ὑμῶν; αὐτὸ[ς δ]ώσει ὑμ{ε}ῖν τὸ ἔνδυμα ὑμῶν.(pOxy. 655i.1-17)

36.1 ΠΕΧΕ ΙC ΜⲚϤΙ ΡΟΟΥϢ ΧΙΝ ϨΤΟΟΥΕ ϢΑ ΡΟΥϨΕ ΑΥⲰ ΧΙΝ ϨΙΡΟΥϨΕ ϢΑ ϨΤΟΟΥΕ ΧΕ ΟΥ ΠΕ⟨Τ⟩ΕΤΝΑΤΑΑϤ ϨΙⲰΤ THYTⲚ

너희가 하나님과 재물을 겸하여 섬기지 못하느니라, 그러므
로 내가 너희에게 이르노니 목숨을 위하여 무엇을 먹을까
무엇을 마실까 몸을 위하여 무엇을 입을까 염려하지 말라
목숨이 음식보다 중하지 아니하며 몸이 의복보다 중하지 아
니하냐, 공중의 새를 보라 심지도 않고 거두지도 않고 창고
에 모아 들이지도 아니하되 너희 천부께서 기르시나니 너희
는 이것들보다 귀하지 아니하냐? 너희 중에 누가 염려함으
로 그 키를 한 자나 더할 수 있느냐 또 너희가 어찌 의복을
위하여 염려하느냐 들의 백합화가 어떻게 자라는가 생각하
여 보라 수고도 아니하고 길쌈도 아니하느니라(마 6:24~28)

또 제자들에게 이르시되 그러므로 내가 너희에게 이르노니
너희 목숨을 위하여 무엇을 먹을까 몸을 위하여 무엇을 입
을까 염려하지 말라, 목숨이 음식보다 중하고 몸이 의복보
다 중하니라, 까마귀를 생각하라 심지도 아니하고 거두지도
아니하며 골방도 없고 창고도 없으되 하나님이 기르시나니
너희는 새보다 얼마나 더 귀하냐? 또 너희 중에 누가 염려
함으로 그 키를 한 자나 더할 수 있느냐 그런즉 지극히 작
은 것이라도 능치 못하거든 어찌 그 다른 것을 염려하느냐
백합화를 생각하여 보아라 실도 만들지 않고 짜지도 아니하
느니라 그러나 내가 너희에게 말하노니 솔로몬의 모든 영광
으로도 입은 것이 이 꽃 하나만 같지 못하였느니라 오늘 있
다가 내일 아궁이에 던지우는 들풀도 하나님이 이렇게 입히
시거든 하물며 너희일까보냐 믿음이 적은 자들아 너희는 무
엇을 먹을까 무엇을 마실까 하여 구하지 말며 근심하지도
말라(눅 12:22~29)

옥시링쿠스 텍스트는 먹을 것食과 입을 것依을 언급하고 있는
반면 콥트어 텍스트는 먹을 것을 언급하지 않는다. 다만, 입을
것依에 대해서만 서술하고 있다. 옥시링쿠스 텍스트는염려함으로 세월
키 혹은 성숙을 늘릴 수 있느냐고 하는 반면 복음서는 염려함으로
그 키를 한 자나 더 할 수 있느냐로 번역의 차이가 있을 뿐이
다. 염려함으로 키를 한 자나 늘릴 수 없듯, 염려함으로 사춘기
아이의 정신을 갑자기 장년의 정신으로 성숙시킬 수 없다. 때가
되어야 하고, 시기가 도래해야 한다. 어느덧 백합은 잎을 피우고
꽃을 내듯 때가 되면 그 정신도 성숙하고 각자의 형상과 모양을
이루게 된다. 우리는 조급하여 염려하므로 그 키를 하루라도 앞
당기려 하고, 염려하여 더 아름다운 옷을 입히려 한다. 자기 자
신은 물론이고 타인에게도 그같이 하는 것은 강도요 폭력이 아
닌가. 아이들이 죽어간다. 오늘날 교육은 부모의 염려로 그 키를
하루라도 앞당기려는 선행학습의 폭력에 노출된 어린아이들로 가
득하다. 오은영정신건강의학과 의사을 찾는 수요가 넘치는 까닭 아닌가.

예수께서 말씀하셨다. "아침부터 저녁까지, 저녁부터 아침까
지 무엇을 입을지 걱정하지 말라." '무엇을 먹을까 혹은 무엇을
입을까'는 말씀 35의 강한 자 지배 아래에 있을 때 나타나는 현
상이다. 우리 의식은 강한 자의 지배 아래 있는 동안 강한 자의
은총을 입어야 하기에 끊임없이 먹을 것을 구하고 입을 의복을
구한다. 강한 자의 먹을 것을 구한다. 향벽설위의 종교는 이원론
이다. 창조주와 피조물의 이분법 위에 서 있어 무엇을 먹을까
무엇을 입을까 아침부터 저녁까지 저녁부터 아침까지 하루도 구
하지 않고 살 수 없는 구조에 정신이 놓여 있다.

의식意識의 세간살이는 먹을 것과 입을 것, 그것으로 곡간을 채운다. 먹을 것과 입을 것을 쌓아 놓아야 더 큰 자의 자리에 오를 수 있다. 선행학습에 목매고 소유에 목매는 것은 그 정신이 여기에 있는 나와 거기에 있는 그로 나와 대상이 분리되어 있기 때문이다. 그는 거기서 내게 먹을 것과 입을 것을 공급하는 자 우상으로 있으므로 하루도 쉬지 않고 구하고 또 구한다. 무엇을 먹을까 무엇을 마실까, 무엇을 입을까 염려의 산물로 기도하고 또 기도한다.

그러므로 종교인들의 기도는 이방인들이 하는 기도와 같더라. 강한 자를 결박하고 나면 그에게 은총을 베풀 대상이 사라지고 만다. 더는 그로부터 받을 것이 없어진다. 아니 그는 무엇도 해줄 수 없는 허수아비라는 걸 알게 되고 그를 대상으로 하여 구하는 것, 가상세계의 그 모든 것들, 증강하고 증폭시켜 천국의 판타지로 포장한 그 모든 것들, 염려로 설정해놓은 그 모든 것이 원인무효요, 천국은 그러한 것이 아니며, 더는 구할 것도 없고 염려할 일도 없다는 걸 알게 된다. 대상으로 있던 강한 자를 결박하고 나면 내 안에는 '없이 계신 하나님'이 '없으므로 있게 하는' 비결로 우리 정신의 성숙을 이끌어 간다. 우리의 정신은 무엇을 먹을까 하는 것으로 먹게 되는 게 아니다. 무엇을 먹을까를 통해서는 한없는 갈등과 기근만 있을 뿐. 강한 자를 결박해보라. 더는 무엇을 먹을까 무엇으로 입을까, 먹을 것과 입을 것을 걱정하지 않더라.

여기서 무엇을 먹을까 무엇을 입을까는 육체의 의식주를 이야기하는 게 아니다. 그 정신의 세계에서 이루어지는 의식주를 일컫는다. 육체의 의식주는 이미 모든 인생이 이미 어떤 형태로든 구하고 있고 먹고 있고 입고 있다. 농부는 밭에 나가 땅을 일구고 어부는 바다로 배를 띄운다. 직장인은 아침부터 출근을 서두르고 누구나 서 있는 자리에서 이미 먹을 것과 입을 것을 구하고 찾고 두드리며 어떤 형태로든 경제활동을 하면서 해결해 간다. 여기 먹을 것과 입을 것을 걱정하지 말라는 뜻은 육체의 이야기가 아니다. 무위도식으로 육체의 의식주가 해결된다는 이야기로 제발 오해하지 말자. 무위도식하고 있어도 까마귀가 먹을 것을 가져다 양식을 채워주시더라는 간증으로 이 텍스트를 전도시키지 말자.

여기서 말하는 염려와 의식주의 문제는 정신의 세계에서 나타나는 여러 현상을 일컫는다. 의식은 스스로의 지향성을 좇아 자신의 자신 됨을 향해 있고, 염려의 세계를 떠나 있어도 결코 '고사枯死 되지 않는다.'라는 생명의 원리를 말하는 것이다. 저 밖에 강한 자로 있는 그가 결박당해 떠난다 해도 '내 안에 없이 계신 그'가 아무런 염려와 상관없이 생명의 지향성을 좇아 키우고 먹이고 입히게 되는 원리가 있다는 걸 말하는 거다. 우상을 떠나라. 걱정하지 않아도 된다. 염려는 우상과의 관계에 놓여 있음을 증거한다.

의복은 타인의 시선으로부터 나의 부끄러움을 감추는 것이고 타인의 차가운 냉기로부터 나를 보호하는 것이다. 타인의 시선이란, 타인과 나의 크기 경쟁을 할 때 시선은 곧 시선이 된다. 시선으로 역할을 한다. 타인의 시선으로부터 자유로우면 무엇을 입을까 더는 의복을 걱정하지 않는다. 길쌈하지 않는다. 백합이 길쌈하지 않아도, 실을 뽑아 옷을 짓지 않아도 백합으로 옷 입는다. 아름다운 꽃을 피우고 잎을 피우듯, 각자의 됨됨이를 따라 자기 옷이 입혀진다. 장미는 장미의 옷을 입고 백합은 백합의 옷을 입는다. 자기 됨됨이의 옷이 아닌 것은 훌훌 벗어던지고 오로지 자기 됨의 겉옷과 속옷을 입는다. 타인의 시선을 의식한 위선의 옷은 더 입을 필요가 없다. 어찌 입을 옷을 염려하랴.

정신도 먹지 않으면 기갈이 오고 결핍으로, 궁핍으로 배고파 헐떡거린다. 대개는 밖에서 먹거리를 구하려 한다. 타자를 통해 끊임없이 먹을 것을 구하려 한다. 강한 자가 먹거리를 던져 주기를 바라고 강한 자를 찾아다닌다. 가짜 뉴스가 판을 치고 팩트보다 더 생생하게 팩트로 위장한 수많은 먹이를 던져 주면 굶주린 영혼들은 닥치는 대로 먹어치우고 팩트보다 더 확실한 신념을 갖게 되고 그 행위는 과격해지기 일쑤다.

인생은 무엇인가 먹지 않으면 견딜 수 없다. 유튜브 크리에이터들은 끊임없이 먹을 것을 공급한다. 무엇을 먹느냐가 그 사람 정신의 형상과 모양을 결정한다. 시중에 유통되는 불량식품은 식약청에서 엄격히 단속한다. 우리 정신의 세계에 유통되는 불량식품은 단속방법이 별로 없다. 표현의 자유가 아직은 무엇보다 우선되기 때문에 소비자가 알아서 불량식품을 퇴치하거나 골라 먹어야 한다. 굶주린 영혼은 불량식품과 우량식품을 구별할 능력이 없다. 자신의 욕구를 자극하는 것과 만나면 정신없이 먹어치운다. 타자에게서 양식을 구하는 인생은, 강한 자를 우상으로 섬기는 인생은 언제든 현혹된다. 아니 불량식품이 아닌 우량식품을 먹고도 타자로부터 정신의 식량을 받아먹게 되면 타자의 종이 되고 만다. 예수에게 빠진 눈먼 베드로가 되고 예수에게 빠진 눈먼 제자가 된다. 강한 자를 결박하고 나서야 강한 자로부터 자유로워진다. 예수는 그 길을 안내한다. 자신에게 빠져있는 베드로를 자신으로부터 해방한다. 이것이 예수의 탁월한(?) 길이었다. 강한 자를 결박하고 나면 밖으로부터 안으로 향한다. 그러나 안에는 아무것도 없어서 당황한다. 똥밖에 안 보이고 내장 비만 밖에 안에는 아무것도 없어 다시 밖을 향한다. 아, 인생이여!

무엇을 먹느냐에 따라 그 먹거리의 성격이 정신의 행위를 결정한다. 강한 자를 결박하고 나면 강한 자로부터 양식을 구할 수가 없다. 강한 자로부터 의복을 구할 수가 없다. 더는 강한 자, 신을 의존하지 않는다. 강한 자에게서 벗어난다. 잠시는 고난이어도 잠시는 헐벗어도, 잠시는 아침부터 저녁까지 저녁부터 아침까지 누구에게 무엇을 구할지 알 수 없어 허망해지나, 내 안에는 없이 있는 또 다른 생명의 원리가 있음을 알게 된다. 우리의 정신에는 주리지 않고 헐벗지도 않는 새로운 생명의 원리가 있더라. 내 앞에 누군가가 타인이 상차림 하지 않아도 풍성한 먹거리의 상이 펼쳐지고, 무엇을 입을까 하지 않아도 타인의 차가운 시선으로 춥거나 타인의 따가운 시선에도 상하지 않는 자신만의 옷을 입게 되고, 또 입고 있더라.

말씀 37은 입을 것이 아니라 옷을 벗는 이야기가 나온다. 그러니까 지금까지 겹겹으로 입은 옷을 벗어 둘둘 말아 그것을 발로 밟는 때에 도리어 두려움이 떠나고 아들이 된다는 얘기를 이어서 하지 않는가.

그러므로 말씀 36도 말씀 35와 말씀 37이 비록 각각은 각각의 격언과 같으나 서로 서로는 연관하고 있는 이어진 구슬이 분명하다. 서로에게 맥락을 형성한다는 의미이며, 도마복음은 로기온 간의 상호 맥락을 통해 읽으면 더 잘 읽히지 않을까. 도마복음의 로기온 배치는 무작위가 아니라 도마공동체 편집자의 의도가 있다는 말이다. 그것을 무시할 수 없다는 뜻이다. 비록 강력한 의도 아래 편집된 것이 아니라 해도 편집자의 부지불식간, 혹은 무의식중에 배치하게 되는 어떤 흐름을 오늘의 독자는 새롭게 읽어내야 하지 않을까.

말씀 37 근원의 얼굴을 볼 수 있는 때

37.1 그의 제자들이 그에게 말했습니다. "언제 당신이 우리에게
보이시겠습니까? 그리고 언제 우리가 당신을 볼까요?"
37.2 그는 말했습니다.
당신이 옷을 벗고 부끄럽지 않을 때입니다."17)
37:1 그의 제자들이 물었다. "언제 당신이 우리에게
나타나시겠으며, 언제 우리가 당신을 뵙겠습니까?"
37:2 예수께서 그들에게 말했다. "너희가 옷을 벗고 부끄러워하지
않고, 옷을 벗어 어린아이들처럼 발아래 두고 밟으면,
37:3 그때 살아 계신 분의 아들을 보고
두려워하지 않을 것이다."18)

옥시링쿠스 텍스트와 콥트어 텍스트는 소소한 차이는 있을지

---

17) 37.1 λέγουσιν αὐτῷ οἱ μαθηταὶ αὐτοῦ· πότε ἡμ{ε}ῖν ἐμφανὴς ἔσει,
καὶ πότε σε ὀψόμεθα; 37.2 λέγει· ὅταν ἐκδύσησθε καὶ μὴ αἰσχυνθῆ
τε [···]θ[···] (pOxy. 655i.17-23)

18) 37.1 ΠΕΧΕ ΝΕϤΜΑΘΗΤΗΣ ΧΕ ΑϢ N̄ϨΟΟΥ ΕΚΝΑΟΥⲰΝϨ ΕΒΟΛ ΝΑΝ ΑΥⲰ ΑϢ
N̄ϨΟΟΥ Ε- ΝΑΝΑΥ ΕΡΟΚˋ 37.2 ΠΕΧΕ I̅C̅ ΧΕ ϨΟΤΑΝ ΕΤΕΤN̄ϢΑΚΕΚ ΤΗΥΤN̄ ΕϨΗ
Υ Μ̄ΠΕΤN̄ϢΙΠΕ ΑΥⲰ N̄ΤΕΤN̄ϤΙ N̄ΝΕΤN̄ϢΤΗΝ N̄ΤΕΤN̄ΚΑΑΥ ϨΑ ΠΕΣΗΤˋ N̄ΝΕΤN̄Ο
ΥΕΡΗΤΕ N̄ΘΕ N̄ΝΙ- ΚΟΥΕΙ N̄ϢΗΡΕ ϢΗΜˋ N̄ΤΕΤN̄ΧΟΠΧΠ̄ˋ Μ̄ΜΟΟΥ 37.3 ΤΟΤ[Ε
ΤΕΤΝΑΝ]ΑΥ ΕΠϢΗΡΕ Μ̄ΠΕΤΟΝϨ ΑΥⲰ ΤΕΤΝΑϤ̄ ϨΟΤΕ ΑΝ

라도 의미 있는 차이는 보이지 않는다. 다만 옥시링쿠스 텍스트에 없는 부분이 콥트어 텍스트에 부가되었다. "옷을 벗어 어린 아이들처럼 발아래 두고 밟으면 그때 살아계신 분의 아들을 보고 두려워하지 않을 것이다." 이 내용은 헬라어 텍스트에 보이지 않는다.

말씀 36에 의하면 무엇을 입을까를 염려하지 말라고 했다. 그렇다면 옷에 관한 이야기는 자연스레 37과도 연관이 있다. 37은 '그의 제자들이 말했다.'로 시작하는 로기온이다. 다수의 로기온은 '예수가 말했다'로 시작한다.

제자들은 묻는다. 당신은 언제 우리에게 나타날 것인지, 그리고 언제 당신을 우리에게 보여 줄 것인지를 질문하고 있다. 지금 제자들은 예수와 얼굴을 마주하고 있다. 육신의 얼굴을 마주 보고, 대면하고 있지 않은가. 그런데 질문이 '언제 우리에게 나타날 것인지, 그리고 언제 우리에게 보여줄 것인지'를 묻고 있다. 우리가 당신과 이렇게 마주하고 있을지라도 '당신은 우리에게 당신의 본 모습을 보여주지 않는군요. 당신의 속뜻은 언제 우리에게 드러내고 또 보여줄 것입니까?'와 다르지 않다.

이 질문에는 예수를 보면서도 보지 못해 답답해하는 제자들 모습이 잘 담겨 있다. 예수의 본래 얼굴 אריך אנפין Arick Anpin 본연의 얼굴, 근본의 얼굴은 도대체 언제 나타낼 것인지 질문한다. 시편 기자는 다음의 시를 남긴다.

> 여호와여 어느 때까지니이까 나를 영원히 נצח 잊으시나이까
> 주의 얼굴을 나에게서 어느 때까지 숨기시겠나이까(시 13:1)

카발라에서는 '예호예I am'를 우주의식, 신적 의식이라 한다. 이를 아담 카드몬원초적 인간이라 칭하고 또한 에릭 안핀 אריך אנפין Arick Anpin 본연의 얼굴, 근본의 얼굴이라 한다.19) 그러므로 제자들이 예수에게 묻는 물음은 본연의 얼굴을 보고 싶은 갈증을 표현한다. 그의 곁은 마주하고 있을지라도, 아니 늘 그에게서 듣고 그와 동행하고 있을지라도 보아야 할 것을 보지 못하고 들어야 할 것을 듣지 못하고 있는 거리를 말한다. 예수는 감추거나 숨긴 것이 아니다. 그럼에도 감춰 있고 숨겨 있고 덮여 있다. 존재의 얼굴은 스스로에 의해 덮여 있고 숨은 채 있다.

예수의 대답을 들어보자. 여기서 '옷'을 언급한다. 입고 있는 옷이 보아야 할 것을 보지 못하게 한단다. 옷을 입고 있어서 드러내고 나타내는 것을 방해한단다. 무엇을 입을까를 염려하여 직조하고 지어 만든 옷이 본 모습을 보게 하는 걸 방해한다. 말씀 21에는 남의 땅에 놀던 어린아이 이야기가 나온다. 땅 주인이 왔을 때 옷을 벗고 땅을 주인에게 돌려주는 이야기가 있었다.

옷의 종류를 보자. 근원의 얼굴을 볼 수 없게, 그의 나타남을 볼 수 없게 하는 옷의 종류는 무엇이 있을까. 타자가 입혀준 옷

---

19) 아람어 용어 Arich Anpin 은 출애굽기 34장 6-7절에 열거된 자비의 속성 중 하나인 히브리어 구절 אֶרֶךְ אַפַּיִם Erech Apaim'노하기를 더디하다' - 문자 그대로 '긴 코'에서 유래했다. Arich 긴는 창조물에서 신의 의지가 무한히 확장됨을 암시하는 반면, '긴 코'는 또한 '긴 호흡'조급한 '짧은 호흡'의 반대을 의미한다. Arich Anpin 은 무한한 인내와 자비의 확장을 나타낸다. 진실은 '머리카락'으로 가려지지 않은 에릭 안핀의 '얼굴'이다. 즉, 위축됨 없이 빛나는 에릭 안핀의 빛이다. 카발라에서 케테르, 호크마, 비나에 의해 형성되는 얼굴이 '에릭 안핀'이라고 할 수 있다.

이 있다. 부득불 가나안을 떠나 애굽 총리대신의 옷을 입은 사내가 있었다. 요셉이다. 가족들도 이주하여 이집트 풍요의 옷을 입고 큰 민족을 이룬다. 이때의 옷은 바로가 입혀준 옷이니 타자가 입힌 옷이다. 눈 떠보니 그의 노예가 되어 있다. 남의 땅에서 놀고 있었다. 타자의 땅에서 놀고 있었다는 사실이 드러날 때 그 땅을 주인에게 내어주고 그곳에서 입고 있던 풍요의 옷, 노예의 옷을 벗어버리고 그곳을 떠난다. 이른바 출애굽이다.

에덴의 이야기에 의하면 하아다마^{황무지}다. 황무지^{강팍한 마음}를 벗어버리고 그 황무지로부터 즉, 아다마로부터 아담 아파르를 창조한다. 아다마의 옷을 벗고 아담 아파르가 된다. 황무지를 벗고 흙가루가 될 때 그 코에는 생기가 불어 넣어지고 그의 네페쉬는 레네페쉬 하야 곧 산 혼이 된다. את־האדם עפר מן־האדמה 옷을 벗는 이야기의 에덴 버전이다.

여호와 하나님이 땅에 비를 내리지 아니하셨고 ^{האדמה} 그 땅을 경작할 사람도 없었으므로 들에는 초목이 아직 없었고 밭에는 채소가 나지 아니하였으며 안개만 땅에서 올라와 온 지면 ^{האדמה}을 적셨더라(창 2:4-5)

남의 땅에서 옷을 벗고 그 땅을 떠나는 도마복음 말씀 21절의 어린아이 이야기와 방불한다. 타자 지배 아래에 있었던 애굽의 총리대신의 옷이고 노예도덕 아래, 부득불 타인의 시선에 맞추어 살기 위에 위선의 옷을 입고 있다. 자신의 마음이 드러나거나 나타난 적 없이 숨어 있을 때 입는 옷이다. 자신도 자신의 얼굴을 볼 수 없다. 하물며 비록 앞에 있는 예수의 얼굴을 보고 있다고 해도 이 옷을 입고서는 예수에 대한 근원의 얼굴을 볼 수 있을까. 타인의 시선을 의식하면서 살 수밖에 없는 타자의 노예 상태다. 정신은 노예의 옷을 입고 있다. 이럴 때 앞에 있는 예수의 얼굴은 세상 임금의 얼굴이다. 그가 세상 임금의 얼굴을 내보이는 것이 아니라, 보는 내가 그의 얼굴을 세상 임금의 얼굴로 바라본다. 당신은 언제 근원의 얼굴을 나타낼 것이고 우리는 언제 볼 수 있습니까?

순례의 길은 옷을 벗는 이야기와 옷을 입는 이야기의 은유로 나타낼 수 있다. 에덴 이야기는 하아다마의 옷을 벗고, 동산지기가 된다. 황무지가 아니라 비로소 경작지에 머문다. 아담이 하와를 아내로 맞이하고 벗었으나 부끄러워하지 않는다. 말씀 37은 옷을 벗고서도 부끄러워하지 않을뿐더러, 옷을 벗어 어린아이들처럼 발아래 두고 밟으면 그때 살아 계신 분의 아들을 보게 되리란다. 숨어 있던 이의 얼굴을 볼 수 있을뿐더러 두려워하지 않으리라고 한다.

단선적으로만 보면, 에덴 이야기에서 아담과 하와가 벗었으나 부끄러워하지 않는다는 이야기에 이를 대입시킬 수 있을까. 그러나 에덴 이야기에 벗었으나 부끄러워하지 않는 이야기와 말씀 37의 '벗었으나 부끄러워하지 않으면'은 전혀 다른 이야기다. 에덴 이야기에서는 벗었으나 부끄러워하지 않으므로 그의 얼굴을 본 것이 아니라, 살아계신 아들의 얼굴을 본 것이 아니고 뱀의 얼굴을 본다. 뱀의 말을 듣게 되고, 선악을 알게 하는 지식의 나무 열매를 먹게 되지 않던가. 그의 아들의 얼굴을 본 게 아니라

뱀을 보았다. 하나님을 본 것이 아니라, 하나님처럼 지혜롭고자 했다. 도리어 선악을 알게 하는 나무의 열매를 먹고 부끄러웠다. 선악을 알게 하는 나무의 열매는 부끄러움을 알게 하는 나무였던 셈이다. 그러므로 일시적으로는 벗었으나 부끄럽지 않았다는 것은 결국 일시적이고, 선악을 알게 하는 나무의 열매를 먹고 부끄러워 부끄러움을 가리기 위해 무화과 나뭇잎으로 옷을 지어 입는다. 무화과 나뭇잎으로 옷 입어도 여전히 부끄럽다. 해가 뜨면 말라버리는 옷이고, 햇빛 아래에서는 입은 것이 곧 벗은 것과 다름없기 때문이다.

아담과 하와는 살아있는 하나님의 아들을 보기는커녕, 눈이 밝아 하나님처럼 되기는커녕 선악 나무 중 하나가 되어버렸다. 선악 나무의 옷을 입고 땀을 흘려 수고하여야 겨우 먹을 것을 먹게 된다. 선악의 옷은 부끄러움을 알게 하는 옷이다. 언제나 부끄럽게 만드는 옷이다. 선하거나 악하거나의 옷이기 때문이다.

기쁨의 동산에서 벗었으나 부끄럽지 않던 아담과 하와에게 무슨 일이 있었을까. 출애굽 이야기에서 출애굽은 바로의 옷을 벗고 애굽을 떠나는 이야기다. 광야는 애굽의 옷을 모두 벗어버리는 과정이기도 하다. 요단을 건너 가나안에 이른다. 남의 땅을 돌려주고 그곳에서 입었던 옷을 모두 벗은 어린아이처럼 이제는 가나안에 이른다. 자기 땅을 얻는다. 아담과 하와가 동산의 경작자가 되었던 것처럼, 가나안에 이르러서는 자기 땅을 얻는다. 자기 땅을 분배받아 경작자가 된다. 그러나 여기서도 아담과 하와가 벌거벗었으나 부끄러워 아니했던 것처럼, 가나안 땅에서도 벌거벗었으나 부끄러워하지 않는다. 동산에 뱀이 찾아온다. 그리스도로 옷 입는 대신, 그리스도로 옷 입어야 함에도 이를 부끄러워하지 않더니 뱀의 유혹에 빠진다. 뭇별 위에 자신을 세우는 두로 왕의 유혹에 빠진다. 지식의 유혹에 빠진다. 선악의 유혹에 빠진다.

이것이 선악을 알게 하는 나무의 열매로 지식을 취한 에덴 이야기가 가나안에서 반복된다. 바로 왕의 손에서 벗어나 애굽의 옷을 벗어놓고 가나안에 이르렀다. 가나안에서는 그리스도로 옷 입고 의의 옷을 입어야 하는 일을 잊고 다시 무엇을 입을까 염려하게 된다. 그래서 왕이 되고자 한다. 이 경우는 타자가 입혀 준 옷이 아니라 스스로 자기 자신이 왕이 되고자 입는 옷이다. 왕으로부터 벗어났으니 노예도덕에서 벗어났다. 그런데 이제는 솔로몬의 지혜를 통해 왕이 되어 타인을 지배하려 한다. 서로가 왕이 되려 분쟁하고, 마침내 분열하고 또 분열한다. 결국, 북방의 지식과 지혜에 매몰된다. 스스로 왕이 되려는 의식, 바빌로니아의 속국이 된다. 애굽에서의 처음 형편보다 바빌로니아에서의 나중 형편이 더 처참한 형국이 되었다. 벌거벗었으나 부끄러움을 모르고, 귀신이 쫓겨나간 집이 텅 비어 일곱 귀신이 다시 들어와 처음 형편보다 나중 형편이 더욱 어지럽게 된 꼴이다.

이는 선악을 알게 하는 하나님, 하늘의 용을 우상으로 세우면서 생긴 나중 형편이다. 무엇을 입을까를 염려하여 지식을 소유하기 시작하면서 앎이 가져다주는 평안함이 아니라, 두려움에 빠지게 된다. 여기서는 하나님의 온전한 얼굴은 숨어 버리고 우상의 얼굴, 엄위하신 하나님, 전지전능하신 하나님만 만나게 된다. 거기서 구원은 신기루고, 자기 확신이며, 확증편향으로 선악

의 의식, 선민의식으로 가득 차 타인을 향해 이방인, 악한 자라
하고 구원받지 못한 자라고 한다. 사람을 사람으로 보지 못한다.
구원받은 자와 구원받지 못한 자의 이분법으로 사람을 보게 된
다. 끊임없이 심판한다. 자신만이 믿음으로 구원받았고 자신만이
옳다. 동시에 자신에 대해서도 끊임없이 불평과 불만 속에서 벗
어나지 못한다. 무엇을 먹을까 무엇을 입을까의 전쟁을 끝내지
못한다. 근원의 얼굴을 보지 못한다.

당신은 언제 우리에게 나타나겠으며 언제 우리가 당신을 볼 수
있습니까? 너희가 옷을 벗고 부끄러워하지 않고,
옷을 벗어 어린아이들처럼 발아래 두고 밟으면
그때 살아계신 분의 아들을 보고 두려워하지 않을 것이다.

그러므로 옷을 벗는다는 것은 그리스도로 옷 입는 대신 다시
우상으로 옷 입고 선악으로 옷 입고 바빌론의 지식으로 옷 입은
것, 두로 왕처럼 하늘 높이 올라 북극성에 비기리라는 오만의
옷을 벗어버리는 것에 있다. 그것은 처음 벗었으나 부끄러워 아
니하던 것을 지나 그리스도로 옷 입었어야 함에도 불구하고 뱀
의 말을 듣고 선악의 옷을 입었던 에덴 이야기와 문양紋樣이 같
다. 뱀의 말을 들었던 아담과 하와는 뱀의 씨를 잉태하여 가인
을 낳는다. 육신의 계보와 아벨과 셋으로 이어지는 또 다른 생
명의 계보가 있다. 가인을 쫓아내는 것으로 뱀의 옷을 벗고 새
로운 옷 생명의 옷을 입게 된다. 뱀의 옷을 벗고 마침내 뱀의
옷으로는 벌거벗었으나 생명의 옷을 입음으로 이번에는 정말 부

끄럽지 않게 된다. 거기서 없이 계신 하나님의 얼굴을 만나게 된다. 없이 계신 하나님이 나타나고 그의 근본 얼굴을 보게 된다. 마음이 청결한 자선악의 옷을 벗은 자가 그를 보게 되고 '나생명의 옷을 입은 자'를 본 자가 아버지를 보게 된다. 바로의 옷을 벗고 부끄러워하지 않다가 그리스도로 옷 입지 못하면 선악으로 옷 입게 된다.

이때의 부끄러워하지 않음과 선악의 옷을 벗고 생명의 옷을 입고서야 부끄러워하지 않는 것, 이 둘은 세월이 다르다. 서로 다른 절기에 서 있는 것이다. 그러므로 앞의 부끄러워하지 않음은 사실 부끄러워야 할 때 부끄러워하지 않음이고, 후자의 부끄러워하지 않음은 바빌론의 포로에서 고토로 귀환하여 다시 가나안에서 생명으로 옷 입고 나서야 다다르게 되는 일곱째 날의 안식이다. 거기서 비로소 존재의 얼굴이 나타나고, 비로소 그의 얼굴을 보게 되는 날이다. 존재의 얼굴, 숨어 있던 에릭 안퓐본연의 얼굴, 근본의 얼굴이 활짝 웃어 보이는 날이 아닌가. 그러므로 첫 번째 옷은 타자가 입혀준 옷이고, 두 번째 옷은 스스로 입은 것이라면, 세 번째 옷은 벗었으나 부끄럽지 않은, 무엇을 입을까 염려하지 않아도 입게 되는 백합의 옷이고 각자 됨됨이의 옷인 셈이다. 입지 않았어도 어느덧 입고 있는 옷이니 일러 그리스도로 옷 입었다 함이요속옷, 참으로 그대답구나 하는 의의 겉옷이다.

베드로는 예수를 보았으나 보지 못했다. 그 앞에 있는 예수는 언제나 이스라엘을 구원할 메시아, 다윗의 자손 예수였고, 그리스도였다. 그가 입고 있는 옷은 언제나 로마의 속국에서 해방할 메시아, 세상 임금의 얼굴을 보고 있었다. 그래서 목숨을 바쳐 충성하겠다고 고백한다. 그물을 던져버리고 생활의 터전을 벗어 버리고그가 입었던 처음 옷을 벗어버리고 예수를 좇았다. 그러나 그는 예수를 좇으면서, 그를 그리스도메시아로 고백하면서 그리스도를 세상 임금으로 좇았다. 그리스도로 옷 입기보다는 그를 세상 임금으로 좇으면서 부끄러워하지 않았다. 도리어 자랑스러워했고, 그리스도로 옷 입어야 함을 미처 알지 못했다. 그리고 그가 입은 것은 세상 임금의 옷이었다. 그의 의식을 지배하고 있었던 옷은 세상 임금을 좇으면서 그가 베풀 큰 자의 자리, 좌의정과 우의정의 소망으로 그의 정신이 옷을 입고 있었다. 예수를 우상으로 섬기는 결과 목숨을 바쳐 충성하려는 뜻은 무엇을 먹을 것인가, 무엇을 입을 것인가를 염려하는 염려의 소산이고 그것이 목숨 바친 충성의 고백으로 나타나는 거다.

언제 베드로에게 본연의 얼굴을 보여줄 수 있을까. 세상 임금을 십자가에 못박고서야, 베드로의 눈에 쓰고 있는 안대를 벗기고서야, 베드로가 입고 있는 큰 자가 되고 싶어 하는 의식의 옷을 벗기고서야 자신의 참모습을 비로소 나타낼 수 있었다. 갈릴리 호수로 고기나 잡으러 가자던 그 밤을 지나 새벽녘에야 죽은 예수세상 임금가 아니라, 다시 살아난 예수본연의 예수 그가 베드로에게 나타난다. 베드로가 그를 제대로 보게 된다. 베드로의 정신이 비로소 다시 태어나고 존재의 베드로가 된다. 옷을 벗고 발로 밟고 나서야 어린아이에게 예수는 본연의 모습을 보이게 된다. 그리고 베드로는 본연의 예수를 보게 된다.

말씀 38 조금 있으면

38.1 예수께서 말씀하셨다. "너희는 내가 하는 이 말을 여러 번 듣고 싶어 했다. 너희 외에는 그 말을 들을 사람이 없다. 38.2 너희가 나를 찾되 발견하지 못할 날이 오리라."[20]

옥시링쿠스 헬라어 텍스트 조각본은 아쉽게도 아주 작은 흔적들만 보여서 텍스트로서의 완성도가 없어 유의미해 보이지 않는다. 부득이 콥트어 텍스트 중심으로 말씀 38을 살펴볼 수밖에 없다.

말씀 38과 병행을 이루는 성구는 없어도 유사한 참고 구절들이 있다.

이 말씀은 잠언 1장 28절에서 유래했을 것으로 짐작한다.

너희의 두려움이 광풍 같이 임하겠고 너희의 재앙이 폭풍 같이 이르겠고 너희에게 근심과 슬픔이 임하리니 그 때에

---

20) 38.1 λέ[γει ⋯]ο[⋯]τ[⋯]γ[⋯]καֵ[⋯]ν[⋯] P.Oxy. 655 col ii.2-7

38.2 καֵ[⋯]ημ[⋯]σε[(P.Oxy.655col.ii.8-11)

38.1 ⲡⲉϫⲉ ⲓ̅ⲥ̅ ϫⲉ ⲍⲁⲍ ⲛ̅ⲥⲟⲡ ⲁⲧⲉⲧⲛ̅ⲣ̅ⲉⲡⲓⲑⲩⲙⲉⲓ ⲉⲥⲱⲧⲙ̅ ⲁⲛⲉⲉⲓϣⲁϫⲉ ⲛⲁⲉⲓ ⲉϯϫⲱ ⲙ̅ⲙⲟⲟⲩ ⲛⲏⲧⲛ̅ ⲁⲩⲱ ⲙⲛ̅ⲧⲏⲧⲛ̅ ⲕⲉⲟⲩⲁ ⲉⲥⲟⲧⲙⲟⲩ ⲛ̅ⲧⲟⲟⲧϥ 38.2 ⲟⲩⲛ̅ ⲍⲛ̅ⲍⲟⲟⲩ ⲛⲁϣⲱⲡⲉ ⲛ̅ⲧⲉⲧⲛ̅ϣⲓⲛⲉ ⲛ̅ⲥⲱⲉⲓ ⲧⲉⲧⲛⲁⲍⲉ ⲁⲛ ⲉⲣⲟⲉⲓ

너희가 나를 부르리라 그래도 내가 대답지 아니하겠고 부지런히 나를 찾으리라 그래도 나를 만나지 못하리니 대저 너희가 지식을 미워하며 여호와 경외하기를 즐거워하지 아니하며 나의 교훈을 받지 아니하고 나의 모든 책망을 업신여겼음이라(잠 1:27-30)

이런 질책을 듣는 이들은 역설적이게도 매우 억울할 수 있다. 왜냐하면 그들은 야웨 하나님께 열심이었고, 누구보다 더 하나님의 말씀에 귀를 기울이려 했을 것이기 때문이다. 그럼에도 그들은 자신의 눈먼 열심이 그의 소리를 듣지 못하는 역설이 발생한다. 들으려는 열심으로 인해 들려주는 소리를 듣지 못한다. 그래서 잠언은 다음과 같은 말씀을 앞에 기록한다.

나의 책망을 듣고 돌이키라 보라 내가 나의 신을 너희에게 부어주며 나의 말을 너희에게 보이리라 내가 부를지라도 너희가 듣기 싫어하였고 내가 손을 펼지라도 돌아보는 자가 없었고 도리어 나의 모든 교훈을 멸시하며 나의 책망을 받지 아니하였은즉 너희가 재앙을 만날 때에 내가 웃을 것이며 너희에게 두려움이 임할 때에 내가 비웃으리라(잠 1:23-26)

책망하고 그의 신을 부어주며 그의 말을 끊임없이 발신하고 보였어도 듣기 싫어했고 돌아보지 않았고 모든 교훈을 멸시하며 책망을 받지 않았다고 탄식한다. 듣고 싶은 것만 듣고 보고 싶은 것만 보기 때문에 열심히 들었어도 정작 그의 말을 듣는 게 아니라, 자신이 들으려는 것만을 들었다는 역설이다. "그 때에 너희가 나를 부르리라 그래도 내가 대답지 아니하겠고 부지런히 나를 찾으리라 그래도 나를 만나지 못하리니"

그러므로 이는 무엇을 일컫는가. 나를 부르되 내가 대답지 않겠단다. 그가 부르는 대상은 그의 욕망을 투영시킨 이를 부르는 것이기 때문이다. 부지런히 나를 찾아도 나를 만나지 못하는 까닭이 무엇일까.

그가 부지런히 찾는 그는 자기의 본연의 얼굴을 찾는 게 아니기 때문이다. 그가 생각하는 그리스도, 그가 생각하고 있는 메시아를 찾기 때문에 그는 도리어 메시아를 만나고도 만나지 못한다. 주는 그리스도시요, 살아계신 하나님의 아들이라고 예수 앞에서 고백했어도 그는 그리스도를 만나지 못하고 하나님의 아들을 보지 못한다. 자기가 보고 싶은 그리스도를 보고 있고 그가 생각하는 하나님의 아들을 볼 뿐이다. 예수를 부르고 부지런히 예수를 찾아 그를 향해 있었어도 그를 만나지 못했다.

그런데도 예수는 많은 선지자와 의인과 제자들을 명확히 구분한다. 많은 선지자와 의인들은 제자들이 보고 듣는 것조차 보지 못하였고 듣지 못하였다고 한다.

내가 진실로 너희에게 이르노니 많은 선지자와 의인이 너희 보는 것들을 보고자 하여도 보지 못하였고 너희 듣는 것들을 듣고자 하여도 듣지 못하였느니라(마 13:17)

이어서 나오는 말씀이 마태복음 13장 씨 뿌리는 비유다. 많

은 선지자와 의인이 듣지 못한 것을 너희는 듣고 보았을까. 듣
고자 하여도 듣지 못한 것은 선지자와 의인뿐 아니라, 따지고
보면 제자들도 마찬가지였다. 그런데도 예수께서는 제자들에게
너희와 저희는 보고 듣는 것에서 차이가 있다고 말한다.

제자들을 돌아보시며 종용히 이르시되 너희의 보는 것을 보
는 눈은 복이 있도다 내가 너희에게 말하노니 많은 선지자
와 임금이 너희 보는 바를 보고자 하였으되 보지 못하였으
며 너희 듣는 바를 듣고자 하였으되 듣지 못하였느니라(눅
10:23-24)

제자들이 듣는 것은 많은 선지자와 의인이 듣고자 하여도 듣
지 못하였고, 제자들은 들었다고 한다. 그럼에도 들어야 할 것은
듣지 못하였으니 제자들은 여전히 A 를 말한 것을 B 로 듣는다.
많은 선지자와 의인은 B 조차 듣지 못하고 그에게 들어보려는
것조차 없었다는 이야기인 셈이다. 도리어 미친놈(?) 취급이나
할 뿐. 이것이 자명한 것은 신약성서의 다른 부분을 보아 충분
히 짐작할 수 있다. B 로 듣는 것조차 듣는 귀가 복이 있다. 그
러나 그것은 사람을 보되 나무가 걸어가는 것으로 보는 것일 뿐,
보되 제대로 눈을 뜨고 보는 것이 아니며 귀가 조금 열리긴 하
였으나(?) 듣되 제대로 듣는 것이 아니다. 눈을 떴으나 제대로
눈 뜬 것이 아니며, 귀가 열렸으나 제대로 귀가 열린 것이 아니
다. 그것으로는 예수가 가는 길을 함께 갈 수 없었다. 지금까지
는 그를 따라왔으나 후에는 따라올 수 없다고 한다. 그러나 또

한 잠시 후에는 그를 따를 수 있다고 한다. 그러므로 비록 B 로 듣는 것조차 없는 이에게는 제대로 들을 기회조차 찾아오지 않는다.

비록 제대로 듣지 못하고 B 로 듣고 있다 해도 예수는 그를 복이 있다고 한편으로는 귀하게 여겨 축복하면서 다른 한편으로는 이를 책망한다. '사탄아 내 뒤로 물러가라'고 베드로를 책망했듯 제자들을 책망하는 까닭은 A 를 A 로 알아듣게 하기 위해서다. 제대로 눈 뜨게 하기 위해서다. 복음서는 예수와 제자들 사이의 이 같은 관계를 매우 적나라하게 이야기에 담는다. 성서의 이야기를 조금만 자세히 살펴보면 파악할 수 있다.

예수께서 이르시되 내가 너희와 함께 조금 더 있다가 나를 보내신 이에게로 돌아가겠노라 너희가 나를 찾아도 만나지 못할 터이요 나 있는 곳에 오지도 못하리라 하신대(요 7:33-34)
이에 저희가 묻되 네 아버지가 어디 있느냐 예수께서 대답하시되 너희는 나를 알지 못하고 내 아버지도 알지 못하는도다 나를 알았더면 내 아버지도 알았으리라 이 말씀은 성전에서 가르치실 때에 연보 궤 앞에서 하셨으나 잡는 사람이 없으니 이는 그의 때가 아직 이르지 아니하였음이러라 다시 이르시되 내가 가리니 너희가 나를 찾다가 너희 죄 가운데서 죽겠고 나의 가는 곳에는 너희가 오지 못하리라 유대인들이 가로되 저가 나의 가는 곳에는 너희가 오지 못하리라 하니 저가 자결하려는가(요 8:19-22)

마태복음과 누가복음에서는 너희가 보는 것을 보는 눈은 복이 있고, 저희는 너희 보는 바를 보고자 하였으되 보지 못하였고 너희 듣는 바를 듣고자 하였으되 듣지 못하였다고 하던 그가 요한복음에서는 전혀 다른 태도를 보인다. "너희는 나를 알지 못하고 내 아버지도 알지 못하는도다 나를 알았다면 내 아버지도 알았으리라" 갑자기 이런 태도의 변화는 무엇 때문일까. 점입가경이 너희 곁을 떠나간단다. 너희는 나를 찾다가 너희 죄 가운데서 죽겠고 나의 가는 곳에 너희는 오지 못하리라고 한다. 나를 따르라고 할 때와 전혀 다른 태도가 아닌가. '나의 가는 곳에 너희가 오지 못하리라'와 '나를 따르라'는 서로 어떤 상관관계일까. 이것이 예수와 제자들의 관계였고, 제자들이 눈을 뜨고 귀가 열리는 과정이다. 복음서는 다양한 이야기를 통해 이런 복합적인 요소들을 배치한다. 존재를 향한 인지 활동의 확장을 서술한다.

성서는 전체의 흐름에서 통합적으로 읽어야 이야기의 의미를 더 깊이 이해할 수 있다. 서로 다른 이야기의 연관 속에서 로기온을 살피면 로기온은 더 잘 이해될 수 있다. 진리는 어느 한순간이 진리가 될 수 없다. 꽃봉오리만을 놓고 꽃봉오리의 진실만이 진실이라고 주장하면 교리가 되고 만다. 꽃봉오리는 꽃의 만개와 연관 짓고, 꽃의 만개는 꽃의 떨어짐 곧 낙화와 관계가 있으며 낙화는 열매 맺음 속에서 낙화의 진실이 드러난다. 열매는 동물의 먹거리와 관계 맺거나 다시 땅에 떨어져 밀알이 되는 것에서 열매의 진리가 드러난다. 동시에 열매는 연자 맷돌에서 짓이겨지고 기름틀에서 기름이 될 때 비로소 기름 부음인 '그리스도'의 진리가 드러난다. 들을 때와 듣고자 하는 것만을 들을 때, 그가 떠나므로 듣고자 하는 것이 들리지 않고 들려줘도 듣지 못하고 있었음을 자각할 때, 조금 있다가 보지 못하겠고 또 조금 있으면 다시 보게 된다. 결국 '나를 본 자는 아버지를 본 자'라고 예수가 말한 대로, 그 모든 여러 절기를 거치는 것은 '나'를 보게 하려 함이다. '존재의 나'와 관련해서만 그 모든 것들은 진리가 된다. 꽃봉오리도 꽃의 만개도 그리고 낙화도 열매 맺음도 기름틀의 기름도 결국 '존재의 나존재자아'와의 연관 속에서만 그 각각의 진리와 진실이 드러난다.

> 38.1 예수께서 말씀하셨다. "너희는 내가 하는 이 말을 여러 번 듣고 싶어 했다. 너희 외에는 그 말을 들을 사람이 없다. 38.2 너희가 나를 찾되 발견하지 못할 날이 오리라."

너희가 나를 찾되 발견하지 못할 날이 오리라는 것을 그러므로 지금까지 듣고 싶어 했던 것, 듣고 있었던 것, 그것을 더는 듣지 못할 때가 오겠다는 이야기다. 나를 찾되 발견하지 못할 날이 오리라는 것은 그러므로 지금까지 너희가 보던 나는 더는 '나'가 아니라는 뜻이고, 그런 나는 더는 찾을 수 없고 발견할 수 없으리라는 말이다. 너희가 보고 듣던 예수, 더는 그 세상 임금 예수를 만나지 못하게 될 것에 대한 예언이다. 그 예수는 죽을 것이고, 그 예수는 너희를 떠날 것이고, 그 예수는 더는 발견하지 못할 날이 오리라고 한다.

예수께서 십자가에 죽은 다음 제자들은 그 예수를 무덤에 찾아가 시체라도 보려 했다. 죽은 예수는 세상 임금 예수였다. 아직은 죽은 예수조차 보낼 수 없어 시체라도 보고자 한다.

그러나 제자들은 더는 무덤에서조차 세상 임금 예수를 만날 수 없었다. 죽은 예수의 시체조차 사라진 것이다. 무덤을 찾아간 것은 세상 임금 예수에 대한 제자들의 금단현상이다. 무덤가에 울고 있는 여인의 눈물은 세상 임금을 향한 금단현상이요 남편이 떠나간 후 겪게 되는 혼란과 금식의 고난이다. 이때부터 먹던 음식을 먹지 못한다. 듣던 것을 듣지 못하고 보던 것을 보지 못한다. 세상 임금과의 결별이 찾아온 것이다. 우상과 이별의 시간이고 지금까지 보고 들었던 것과 상관없이 다시 눈뜨고 귀가 열려 다른 것을 보고, 다른 것을 듣게 하려는 천지진동의 시간이다.

요한복음 9장은 소경이 눈 뜨는 이야기가 나온다. 전혀 보지 못하는 자가 눈을 뜨게 되고 실로암 연못에 가서 눈을 씻으니 보인다. 보지 못하다가 보게 되는 이야기가 소경이 눈 뜨는 이야기 아닌가. 그러므로 말씀 38은 말씀 37과도 연관되어 있고 말씀 39와도 깊은 연관을 맺는다.

조금 μικρòν 있으면 너희가 나를 보지 못하겠고 또 조금 있으면 나를 보리라 하신대 제자 중에서 서로 말하되 우리에게 말씀하신바 조금 있으면 나를 보지 못하겠고 또 조금 있으면 나를 보리라 하시며 또 내가 아버지께로 감이라 하신 것이 무슨 말씀이뇨 하고(요 16:16-17)

‘조금 있으면 너희가 나를 보지 못하겠고’는 ‘지금까지 너희가 보던 나’를 보지 못한다는 뜻이니 ‘세상 임금’ 예수로는 이제 더는 볼 수 없으리라고 한다. 신의 죽음을 말한다. 세상 임금의 죽음이요 큰 자를 지향하는 우상의 죽음이다. 그러나 ‘조금 있으면 나를 보리라’는 신의 죽음 후 신의 다시 나타남을 보리라 이니 신 죽음 후의 신의 부활이다. 거기서 신은 새로운 실재로 드러난다. 향벽의 신 죽음 후, 향아^{向我} 신의 부활을 예고하는 진정한 혁명과 후천개벽의 나팔 소리다.

말씀 39 영지와 영지주의
뱀같은 지혜와 비둘기 같은 순결

39.1 예수께서 말씀하셨다. "바리새인들과 서기관들이 '지식의
열쇠'를 가져갔고 그것들을 숨겨놓았다.
39.2. 그들은 그들 자신이 들어가지 않았고 들어가기를 원하는
자들이 들어가려 하는 것을 허락하지도 않았다.
39.3 그러나 너희는 뱀같이 지혜롭고 비둘기같이 순수하라."21)

단편적인 그리스어 텍스트는 콥트어와 대체로 일치한다. 39.2
에서 헬라어로 단순히 '들어가는 사람들 τοὺς εἰσερχομένους 현재 분사 남성
복수'을 콥트어 텍스트는 '들어가고자 하는 사람들 ΝΕΤΟΥⲰϢ ΕΒⲰⲔ ΕϨΟΥΝ,
네티우오쉬 에보크 에훈'로 번역한다. P. Oxy. IV 655.2의 현재 분사

---

21) 39.1 ἔλ[αβον τὰς κλεῖδας] τῆς [γνώσεως. αὐτοὶ ἔ]κρυψ[αν αὐτάς. οὐ
τε] εἰσῆλ-.[θον, 39.2 οὔτε τοὺς] εἰσερ[χομένους ἀφῆ]καν [εἰσελθεῖν.
39.3 ὑμεῖς] δὲ γ{ε}ί- [νεσθε φρόνι]μοι ὡ[ς ὄφεις καὶ ἀ]κέραι[οι ὡς
περιστε]ρα[ί.] (pOxy. 655ii.11-23)

39.1 ΠΕϪΕ ⲒⲤ ϪΕ ⲘⲪⲀⲢⲒⲤⲀⲒⲞⲤ ⲘⲚ ⲚⲄⲢⲀⲘⲘⲀⲦⲈⲨⲤ ⲀⲨϪⲒ ⲚϢⲀϢⲦ ⲚⲦⲄⲚⲰⲤⲒⲤ ⲀⲨϨ
O- ⲠⲞⲨ 39.2 ⲞⲨⲦⲈ ⲘⲠⲞⲨΒⲰⲔ ⲈϨⲞⲨⲚ ⲀⲨⲰ ⲚⲈⲦⲞⲨⲰϢ ΕΒⲰⲔ ΕϨⲞⲨⲚ ⲘⲠⲞ
ⲨⲔⲀⲀⲨ 39.3 ⲚⲦⲰⲦⲚ ⲆⲈ ϢⲰⲠⲈ ⲘⲪⲢⲞⲚⲒⲘⲞⲤ ⲚⲐⲈ ⲚⲚϨⲞϤ ⲀⲨⲰ ⲚⲀⲔⲈⲢⲀⲒⲞⲤ
ⲚⲐⲈ ⲚⲚϬⲢⲞⲘⲠⲈ

남성 복수에 대한 본문 비평 논란의 여지는 없다. 그러나 발다 Baarda 가 지적했듯, 이것은 반드시 콥트어 버전이 그리스어 양식에 대해 자유로운 입장을 취했다는 것을 보여주는 것은 아니며, 아마도 헬라어 텍스트에 대한 콥트어의 번역 기법의 하나로 판단된다.

발다는 콥트어 마태와 누가복음에서 우오쉬ΟΥωஶ, wish, desire, love 가 도입된 것과 여러 가지 유사점을 지적하며, 이를 번역 기법의 이유로 설명한다.22)

커피와 콜라가 영어에서 유래한 외래어요 차용어이듯 헬라어를 차용한 외래 콥트어가 말씀 39에는 유난히 많다. 물론 그것은 단지 39에 한정되는 이야기가 아니지만 그런 콥트어 특성을 말씀 39에서 한 번 집고 가보자.

말씀 39에 헬라어가 콥트어에 미친 여러 가지 영향을 엿볼 수 있다.

ΦΑΡΙCΑΙΟC파리사이오스 바리새인, ΓΡΑΜΜΑΤΕΥC그람마테우스 서기관, ΓΝωCΙC그노시스 지식, ΟΥΤΕ우테 nor, 않고, ΔΕ데 however, ΦΡΟΝΙΜΟC프로니모스 wise, ΑΚΕΡΑΙΟC아켈라이오스 Innocent, pure, unmixed, blameless 등은 신약성서에 헬라어로 자주 등장하는 단어들이다. 이미 사용되고 있는 단어를 콥트어 알파벳으로 음역하고 콥트어 일상어로 사용하고 있다. 영어의 'Coffee'를 우리말 '커피'로 음역은 물론 생활어로 사용하는 것처럼. 오늘날 영어를 차용한 우리의 일상어가 얼마나 많은가. 한때 일제 식민지를 겪고 난 후 일본어가 우리의 생활 깊숙이 들어와 수많은 언어를 잠식한 것과 다를 바 없다. 일본어 건축 용어를 알아야 건축 현장에서 소통이 가능했던 적이 있다. 헬라어와 콥트어의 관계가 그와 같다

---

22)Baarda, 'The Reading "Who Wished to Enter"', 583‐591; similarly, Ricchuiti, 'Tracking Thomas', 226(S.J. Gathercole, The Gospel of Thomas Introduction and Commentary,(Brill, Leiden)2014. pp.370-371에서 재인용)

특히 콥트어 말씀 39.3에 나오는 세 단어는 이 같은 현상을 더 깊이 알게 해준다. 데ⲆⲈ-δὲ, 프로니모스ⲪⲢⲞⲚⲒⲘⲞⲤ-φρόνιμος. wise, 아켈라이오스ⲀⲔⲈⲢⲀⲒⲞⲤ-ἀκέραιος 아켈라이오스 Innocent, pure, unmixed, blameless 는 마태복음 10:16 헬라어 텍스트에 나오는 단어를 그대로 콥트어로 음역하고 있다. 헬라어를 차용해 사용하고 있다는 것에서 도마공동체의 헬라어 텍스트와 콥트어 텍스트의 번역과 두 언어의 관계를 짐작할 수 있다. 이제 본문 해석에 들어가 본다.

말씀 39 예수는 말씀하셨다. 바리새인들과 서기관들이 '지식의 열쇠'를 가져갔고 그것들을 숨겨놓았다. 그들은 그들 자신이 들어가지 않았고 들어가기를 원하는 자들이 들어가려 하는 것을 허락하지도 않았다. 그러나 "너희는 뱀같이 지혜롭고 비둘기같이 순수하라."

말씀 39는 독자들에게 무엇을 전하려는 것일까. 독자는 여기서 어떤 감춰있는 비밀을 발견해야 할까. 지식의 열쇠를 가지고 있는 바리새인과 서기관들, 그리고 그때 바리새인과 서기관들은 어떤 영지주의적 요소와 관련이 있는 것일까. 지식의 열쇠를 갖고 있다는 것은 지식을 권세와 권력으로 삼고 있다는 명확한 증거다. 소위 1-2 세기에 풍미했다는 영지주의와 그리고 영지는 어떤 차이가 있는 것일까? 오늘날은 영지주의가 사라진 것일까.

영지란 무엇이며, 영지주의와는 어떤 차이가 있는 것일까. 나는 역사적 영지주의의 교리나 1-2 세기의 영지주의 사상을 분석한 영지주의를 말하려는 것이 아니다. 가현설을 비판하여 영지주의의 그릇됨을 논하려는 것이 아니다. 그것은 학자들의 영역이고 이미 있는 다수의 논의를 참고하면 된다.

도마복음을 둘러싼 영지와 영지주의의 특성에 대한 논란을 분명히 구별할 필요가 있어 의견을 남긴다.

영지靈知란 영의 생각 φρόνημα τοῦ πνεύματος 을 따라 찾아오는 앎이요 영적인(?) 앎 гносис 그노시스이다. 영의 생각은 육신의 생각 φρόνημα τῆς σαρκὸς 과 다르다.롬 8:6 참조

영적인 앎이란 타인이 주입해서 획득한 교리적인 지식이 아니다. 어느 순간 각자에게 영감케테르와 코크마 그리고 비나, 定慧雙修요 止觀雙修 을 통해 찾아오는 앎이다. 이때의 앎은 타인이 전해준 것과 같을 수도 있고 혹은 다를 수도 있겠으나 오로지 자기 자신 안에서 깨침을 통한 앎이다. 타인으로부터 힌트가 주어질 수도 있고 성서의 이야기가 계기일 수도 있고, 이미 앞서서 경험했던 수많은 씨 종자가 잠복해 있다가 마음속에서 핵분열을 일으켜서든, 빈탕한 데서 의식의 씨 종자들을 블랙홀처럼 빨아들이고 동시에 폭발한 앎이다.

의식의 지향성은 그 무엇과 접촉하는 가운데서 이뤄지는 특성이 있다, 모든 선입견을 버린 상태에서 그게 무엇인지 묻고 또 묻는 가운데 멈추고 아무것도 없는 것에 서 있을 때 불꽃 같은 앎이 찾아온다. 그 계기는 무엇이든 자신 안에서 인지작용이 활성화되어 불꽃처럼 찾아오는 깨달음이라고도 할 수 있겠다. 수많은 동양의 선사들이 말하고 서양의 현자들이 한결같이 증언하는 바다.

이는 자기 존재를 존재로 드러내 주는, 비로소 자기 존재 계시 활동이기도 하다. 모든 앎은 '자기 자신을 아는 것'으로 수렴

된다. 사물에 대한 지식을 일컫는 게 아니다. 자기 동일성을 향해 있는 깨달음들이다. 도마복음은 '너 자신을 알라와 너 자신을 아는 것이 왕국이고 아버지의 아들을 아는 것'이라는 것을 향해 있다. 도마복음은 명백히 영지 복음이다. 어떤 이들은 도마복음은 깨달음을 강조할 뿐 예수의 십자가가 없다고 비판한다. 도마복음의 영성을 강조하는 이들도 쉽게 이것에 동조하려 한다. 이는 단견이다. 깨달음에는 처음 와 있던 편견, 이미 와 있는 그 모든 게 멈추고 혹은 베어지지 않고서는 두 번째 것이 드러나지 않는다. 깨달음은 소경의 눈뜨는 이야기와 다르지 않다. 세상 임금 예수의 죽음이 찾아오지 않고 영지는 도래하지 않는다. 기독교가 교리로 전면에 내세우는 믿음의 대상으로서 예수를 극복해야 한다.

기독교는 성서에 대한 오해, 바울에 대한 오해를 기초해 예수를 믿음의 대상으로 삼고 '예수를 믿음으로 구원을 얻는다'라는 이신칭의의 잘못된 교리 위에 서 있다. 깔뱅의 예정론과 루터의 이신칭의론 토대 위에 서 있는 기독교는 그런 점에서 도마복음의 영적인 깨달음을 배척한다. 물론 유기적영감론과 축자영감설의 교리에 의해서도 도마복음은 배척된다. 예수는 믿음의 대상이 아니다. 예수를 우상으로 세우는 첩경이 예수를 믿음의 대상으로 삼는 데서 시작한다. 예수를 믿음의 대상으로 삼는 데서 돌이킬 때, 성서는 제대로 읽히고 도마복음과 성서가 충돌한다는 성립될 수 없는 가설은 극복된다.

영지주의는 영성을 좇아 사는 활동의 결과 알게 된 영적인 단편적 앎을 박제시켜 도그마 화하여 그 앎에 자신도 종속되고 타인을 그러한 앎영지에 종속시키려는 지배욕의 작동이 영지주의의 특성으로 나타난다. 따라서 영적인 앎이 순간 독소로 작용하고 올무가 됨이다.

영적인 앎이 선악의 지식으로 변모하는 것, 그것이 영지주의적 특성이다. 영지가 생명이라면 영지주의는 영적 지식을 육체의 생각에 묶어두어변모시켜 사망으로 작용한다. 이는 북방의 지식을 흠모하다가 마침내 북방의 포로가 되어 바빌로니아의 지배 아래 복속되는 것과 같다. 영적인 앎을 권력으로 삼고 타인을 지배하는 수단으로 삼는 모든 형태는 영지주의에 속한다. 그 지식의 종류와 사상이 무엇이냐는 그때그때 다르다. 가현설을 주장할 수도 있고, 영육 이분법에 따라 영은 고귀하고 육은 악하다는 이분법일 수도 있다. 초기의 영지주의가 육을 악하다고 판단한 것은 육신의 생각이 사망이라는 바울의 표현을 오해한 것일 수 있다.

육신σάρξ의 생각을 몸σῶμα의 악함으로 해석할 여지도 충분하다. 금욕주의는 육σῶμα이 악하다는 영지주의적 특성의 표현이기도 하다. 그런 점에서 유영모 선생의 해혼解婚과 하루 한 끼一日一息는 개인의 절제 생활로 개인의 규칙이라면 존중할 수 있으나, 자칫 '육σῶμα은 악하다'는 이원론이 스며든 결과물이라면 이 또한 영지주의적 요소의 부산물이라고 비판하지 않을 수 없다. 유영모의 해혼론 앞에 함석헌의 씨알농장에서 겪게 된 오모 여인과의 동침은 서슬이 퍼렇던 시절 함석헌의 고뇌와 내적 갈등을 더욱 증폭시켰으리라. 개인의 절제된 삶의 결과 그 아내는 또 어떠했을까. 해혼 후에도 91세까지 오순도순 오누이처럼 잘 지냈다는 기록이 전해온다. 다만 유영모의 아내는 해혼 후의 부부 생활이 끊긴 것에 대한 소회의 기록이 없어 짐작해 말하는 것은 결례이니 '그녀는 피해자가 아닌가'하고 논하지는 않겠다. '영은 고결하고 육은 악하다'는 고대 영지주의적 이분법 사상은 면면히 시대마다 조금씩 변형되어 좀비처럼 출연한다.

모든 앎은, 그것이 자연과학의 앎이던 영적 깨달음이던 그 깨달음은 자유를 가져다준다. 영어를 알게 되면 영어권 사람과 소통이 가능하고 영문 텍스트에 담겨 있는 사유와 교류할 수 있다. 그만큼의 자유가 확대된다. 과학적 지식은 수많은 사람에게 무지로부터 해방하고 그만큼의 자유를 가져다준다. 스마트폰은 통신과 지식의 유통에 혁명적인 자유를 선물한다. 물론 누군가에게는 과학적 지식의 소유가 부를 가져다주고 권력을 가져다줄 테지만, 분명한 것은 인류에게 더 많은 자유를 선물한다는 점이다. 영적 지식도 마찬가지다. 무지는 그만큼 부자유와 갈등과 고뇌에 머물게 한다. 영적인 깨달음은 아는 만큼 자유를 선물한다. 선악의 앎은 아는 만큼 자유의 외피를 입었을 뿐 두려움을 동반한다. 따라서 영지는 권력이 아니라 자유이며 영지는 지배욕의 구가가 아니라 사랑의 수단이다. 아는 만큼 자유롭고 아는 만큼 사랑할 수 있는 것이 영적 지식 곧 영지다. 그런 점에서 영지는 해방이고 자유며 사랑이다.

영지주의靈知主義는 영국의 철학자 베이컨 Francis Bacon,1561~1626의 '아는 것이 힘이다.knowledge is power'는 격언처럼 '아는 것을 지배의 수단' 곧 권력으로 삼는 그 모든 것을 나는 영지주의靈知主義라고 규정코자 한다. 고대 영지주의는 물론 영지주의를 관통하고 있는 특성이 거기에 있다고 나는 판단하고 해석한다. 물론 베이컨이 말하는 앎이란 경험론에 의한 과학적 지식을 일컫는 것이지만, 이것을 영적 지식에 이입시켜보면 사람들은 곧잘 자신의 깨달음을 타인을 지배하는 권력의지의 수단으로 삼으려 한다. 자유와 해방과 사랑의 힘이 아니라, 타인을 지배하려는 강력한 권력의 수단으로 삼는다. 종교 권력의 패악은, 영지주의적 악독은 상상을 초월한다. 영혼을 탈탈 털고 가정파괴(?)를 서슴지 않는다.

말씀 39는 예수는 말씀하셨다. 바리새인들과 서기관들이 '지식의 열쇠'를 가져갔고 그것들을 숨겨놓았다. 그들은 그들 자신이 들어가지 않았고 들어가기를 원하는 자들이 들어가려 하는 것을 허락하지도 않았다. 그러나 너희는 뱀같이 지혜롭고 비둘기같이 순수하라."

지식ⲧⲚⲱⲥⲓⲥ 그노시스의 열쇠를 갖고 있다. 열쇠는 권력이다. 그노시스를 권력의 수단으로 삼으려는 속성이 드러나 있다. 제정일치, 종교와 권력이 야합하는 시대가 정치 권력과 종교 권력의 분립 시대에도 수시로 출몰하지만, 개인의 내적인 의식의 영역에 이 둘이 늘 야합하고 있다.

화 있을진저 외식하는 서기관들과 바리새인들이여 너희는 천국 문을 사람들 앞에서 닫고 너희도 들어가지 않고 들어가려 하는 자도 들어가지 못하게 하는도다(마 23:13)

도마복음 로기온 3과 연관해보면 외식하는 서기관들과 바리새인들이 천국 문을 사람들 앞에서 닫고 자신들도 들어가지 않고 들어가려는 자도 들어가지 못하게 하는 것은, 곧 너희 자신을 알려고도 하지 않고 자신을 알고자 하는 자들에게 영지의 열쇠를 갖고 선악의 지식으로 포박하고 있다는 뜻이 되기도 한다.

도마복음에 의하면 왕국은 너희 안에 있고 내 안에 있는 것이다. '네 안에 있는 왕국은 가시 선인장이요, 또한 왕국은 자기 자신을 아는 것이기 때문이다. 왕국을 아는 것은 아버지를 아는 것이고 아버지의 아들을 아는 것'이라고 말씀 3은 분명히 하고 있기 때문이다.

종교지도자 행세하며 지식의 열쇠를 움켜쥐고 천국은 밖에 있는 것으로 가르치고, 이다음에 갈 곳으로 홍보하고 자신도 자기 자신 안에 있는 왕국에 들어가지 않을뿐더러 가리키는 곳손가락이 다른 곳을 향하고 있기 때문이다. 그리고 천국을 빌미로 당근과 채찍을 휘두르며 권력화하고 있는 특성이 종교인들에게 나타난다. 이런 특성은 어느 시대나 다르지 않다.

누가복음에도 병행구가 있다.

화 있을진저 너희 율법사여 너희가 지식의 열쇠를 가져가고 너희도 들어가지 않고 또 들어가고자 하는 자도 막았느니라 하시니라(눅 11:52)

도마복음 말씀 102는 다음과 같은 말씀이 비유로 나온다.

예수는 말씀하셨다. "바리새인들에게 화 있을지니, 저들은 소의 여물통에서 잠자는 개와 같아서 자기도 먹지 않고, 소들도 못 먹게 하느니라."

말씀 43.2-3은 다음과 같은 말씀을 기록한다.

"그러나 너희들 자신이 유대인들처럼 되었다. 그들은 나무를 사랑하고 열매는 미워한다. 그들은 열매를 사랑하고 그 나무는 미워한다." 39.3은 "그러나 너희는 뱀같이 지혜롭고 비둘기같이 순수하라."라고 한다.

여기서 '뱀같이 지혜롭고 비둘기같이 순수하라.'라는 말이 왜 갑자기 나오는 걸까.

마태복음은 다른 맥락에서 '뱀같이 지혜롭고 비둘기같이 순수하라'는 말이 나온다. 전도자의 파송. 너희를 보냄이 양을 이리 가운데 보냄과 같다고 하면서 뱀 같이 지혜롭고 비둘기같이 순결하라는 말이 나온다. 도마복음 39와는 다른 배경이나, 따지고 보면 바리새인과 서기관처럼 지식의 열쇠를 지니기만 하지 말라는 뜻과 통하기도 한다. 네가 만나려는 사람들은 모두 선악의 지식을 추구하는 이리와 다를 바 없으니 이리_{권력의지를 향한 사람들의} 먹잇감이 되지 말라는 충고 가운데 나오는 말이기도 하다. 지식으로 권력을 추구하고 권력을 추구하는 사람들의 권력욕을 충족시켜 주려는 유혹에 빠지지 말라는 뜻이기도 하다. 그러므로 '뱀같이 지혜로워라.'라는 뜻은, 불뱀이 되어 사람을 물으라는 것이 아니라, 놋뱀이 되어 불뱀에 물려 죽어가는 사람들을 치유하라는 뜻이다. 세상 임금이 되려는 권력의지의 한 가운데 서려 하지 말고 세상 임금 놋뱀을 장대에 매달아 하늘 높이 세우라는 뜻이다. 뱀같이 지혜로워지라는 뜻은 십자가 미련의 도로 불뱀을 잡아먹으라는 의미다. 애굽 술사의 뱀을 모세의 지팡이로 잡아먹으라는 뜻이 그곳에 담겨 있다.

비둘기같이 순결하고 현명하여지라는 뜻도 마찬가지다. 영적
인 지식에 권력의지가 섞여서는 안 된다는 말이 아니겠는가.

누구든지 너희를 영접도 아니하고 너희 말을 듣지도 아니하
거든 그 집이나 성에서 나가 너희 발의 먼지를 떨어 버리라
내가 진실로 너희에게 이르노니 심판날에 소돔과 고모라 땅
이 그 성보다 견디기 쉬우리라 보라 내가 너희를 보냄이 양
을 이리 가운데 보냄과 같도다 그러므로 너희는 뱀 같이 지
혜롭고 비둘기같이 순결하라 … … 너희를 넘겨줄 때 어떻
게 또는 무엇을 말할까 염려치 말라 그때 무슨 말 할 것을
주시리니 말하는 이는 너희가 아니라 너희 속에서 말씀하시
는 자 곧 너희 아버지의 성령이시니라 장차 형제가 형제를,
아비가 자식을 죽는데 내어주며 자식들이 부모를 대적하여
죽게 하리라(마 10:14-21)

말씀 40 이방의 포도나무

40.1 예수께서 말씀하셨다. "포도나무가 아버지 밖에 심어졌지만, 40.2 아직 굳건히 자리 잡지 못했다. 뿌리에서 뽑혀 없어질 것이다."[23]

그들의 포도나무는 소돔의 포도나무요 고모라의 밭의 소산이라 그들의 포도는 쓸개 포도니 그 송이는 쓰며 그들의 포도주는 뱀의 독이요 독사의 악독이라(신 32:32-33)

소경이 소경을 인도한다. 말씀 39에 의하면 이때 인도자 소경은 바리새인이고 서기관이었다. 바리새인과 서기관은 유대교의 대표적인 종교인들이고 유대교를 대표한다고 해도 과언이 아니다. 예수는 확언하기를 그들의 아버지는 미워하는 자요, 거짓말하는 자요, 살인자요 거짓의 아비라고 선언했다.

너희는 너희 아비 마귀에게서 난 자라고 그들의 하나님, 그들의 아버지를 명확하게 규정했다. 따라서 그들이 비록 아브라함의 하나님, 유일하신 하나님을 그 입에 담고 있지만, 예수의 아

---

23) 40.1 ⲡⲉϫⲉ ⲓ̅ⲥ̅ ⲟⲩⲃⲉⲛⲉⲗⲟⲟⲗⲉ ⲁⲩⲧⲟϭⲥ ⲙ̅ⲡⲥⲁ ⲛⲃⲟⲗ ⲙ̅ⲡⲉⲓⲱⲧ` 40.2 ⲁⲩⲱ ⲉⲥⲧⲁ ̀ⲭⲣⲏⲩ ⲁⲛ ⲥⲉⲛⲁⲡⲟⲣⲕⲥ̅ ϩⲁ ⲧⲉⲥⲛⲟⲩⲛⲉ ⲛ̅ⲥⲧⲁⲕⲟ

버지와는 다른 아버지다. 누가 친부인가. 혈통으로는 유대인이라
해도, 그들의 정신을 새롭게 낳은 정신의 혈통은 아버지가 다르
다. 그러므로 아버지 밖에 심어진 포도나무는 다른 아버지에게서
낳은 자라는 말과 다르지 않다. 신명기 32장에는 다음과 같은
말씀이 앞서 나온다.

> 그들은 하나님께 제사하지 아니하고 마귀에게 `לשדים 라쉐딤 to
> demons 하였으니 곧 그들의 알지 못하던 신, 근래에 일어난
> 새 신, 너희 열조의 두려워하지 않던 것들이로다 너를 낳은
> 반석은 네가 상관치 아니하고 너를 내신 하나님은 네가 잊
> 었도다 여호와께서 보시고 미워하셨으니 그 자녀가 그를 격
> 노케 한 연고로다(신 32:17-18)

자신을 낳은 반석을 상관치 않고 그를 내신 하나님을 잊었다
고 한다. 반석은 다른 반석이고 야웨 하나님은 다른 야웨가 되
었다. 거기서 나는 포도나무는 소돔의 포도나무요 고모라의 밭의
소산이라고 질타한다. 그들의 포도주는 뱀의 독이요 독사의 악독
이라고 한다. 예수는 바리새인들을 향해 '화 있을진저 독사의 자
식들아!'라고 그들의 포도주가 뱀의 독이고 독사의 악독인 것을
고발한다. 과연 바리새인들의 입에서 흘러나오는 모든 종교적인
수사와 설교는 뱀의 독이고 독사의 악독인가. 도대체 왜 그런가.
　단순히 나와 달라서 그렇게 말한다면 예수도 진영논리에 속
박된 것은 아닌가. 오늘 독자들은 여기서 무엇을 통찰해야 할까.
예수는 분파주의자인가.

내가 너를 순전한 참 종자 곧 귀한 포도나무로 심었거늘 내
게 대하여 이방 포도나무의 악한 가지가 됨은 어찜이뇨(렘
2:21)

참 포도나무와 이방 포도나무는 무엇으로 구분할 것인가. 도
마복음 말씀 40은 분명히 한다. 아버지 밖에 심긴 포도나무는
아직 굳건히 자리 잡지 못했고 뿌리에서 뽑혀 없어질 것이다.
반석 위에 지은 집이 튼튼하고 모래 위에 지은 집은 창수漲水
stream가 나면 허물어진다. 아버지 밖에 심긴 나무는 땅에 있는
예루살렘이며, 땅에 있는 예루살렘은 돌 하나도 돌 위에 남지
않고 무너진다. 땅 위에 있는 예루살렘은 이스마엘이었다. 그는
아브람을 아버지라 부른다. 위에 있는 예루살렘은 사라에게서 태
어난 이삭이었다. 그는 아브라함을 아버지라 부른다.

그러므로 육신으로는 아버지가 같다. 한 아버지다. 그러나 한
아버지인가. 다른 아버지다. 비록 아브라함을 아버지라 부른다
해도 후대 바리새인과 서기관은 아브람을 아브라함으로 칭할 뿐
이고, 아브람을 아버지라 부를 뿐이다. 아브라함을 아버지라 부
른다 해도 기실 내실적으로는 아브람이 아버지다. 따라서 그는
이스마엘이다. 아브라함의 자손이 아니다. 아니 아버지ειωτ, father
밖에서NBOλ, outside 낳은 자다. 먼저 태어난 자인데, 사실은 먼저 낳
은 자이니 장손이요 형인데, 나중에 태어난 이삭은 둘째요 동생
인데, 약속의 자녀로는 이삭이 유업을 이을 자가 된다. 실제로
이스라엘의 장자가 아닌가.

성서는 이 같은 이야기로 가득 찬 책이다. 이스마엘은 먼저

태어난 자이고 형이지만, 하나님의 유업을 이을 장자의 자리를
잡지 못했다. 더구나 장자의 뿌리가 뽑혀 없어진다.

땅에 있는 예루살렘은 그 위엄이 광대할지라도 돌 하나도 돌
위에 남지 않고 모두 무너져 없어진다. 땅에 있는 예루살렘의
위용은 뱀의 독이며 독사의 악독함이라는 사실이 드러나게 되면,
착취요 지배 이데올로기요, 권력의지의 산물인 것이 들통나면,
그리고 위에 있는 예루살렘을 훼방하는 안티 예루살렘이라는 사
실이 드러나면 설 자리를 잃게 된다. 그대의 인생을 지배하는
지배력을 상실하고 그대와 내가 흠모하고 숭상하는 대상으로 더
는 남지 않는다. 그 포도나무는 뿌리째 뽑히게 된다. 소경이 눈
을 뜨게 되고 귀먹은 자가 듣게 되는 날이다.

말씀 41 무엇을 $τί$, 어떻게 $π\tilde{ω}ς$ 듣는가
스스로 삼가라

41.1 예수께서 말씀하셨다. "누구든지 손에 있는ₜₑϥϭιϫ 테퍼치즈 his hand 자에게는 주어질 것이요, 41.2 누구든지 없는 자에게는 그가 가진 것 중 작은 것도 빼앗길 것이다."[24]

말씀 41은 복음서의 병행구가 공관복음에 모두 나와 있다. 복음서의 맥락에서 살피면 말씀 41이 더 잘 이해된다.

마태복음 13장 '씨뿌리는 비유'를 말하면서 남긴 유명한 표현이 있다.

무릇 있는 자는 받아 넉넉하게 되되 무릇 없는 자는 그 있는 것도 빼앗기리라 그러므로 내가 저희에게 비유로 말하기는 저희가 보아도 보지 못하며 들어도 듣지 못하며 깨닫지 못함이니라(마 13:12-13)

'무릇 있는 자는 받아 넉넉하게 되되 무릇 없는 자는 그 있는 것도 빼앗기리라.' 혹시 이것은 자본주의의 최대 모순을 조장

---

24) 41.1 ⲡⲉϫⲉ ⲓ̅ⲥ̅ ϫⲉ ⲡⲉⲧⲉⲩⲛ̅ⲧⲁϥˋ ϩⲛ̅ ⲧⲉϥˋϭⲓϫ ⲥⲉⲛⲁϯ ⲛⲁϥˋ 41.2 ⲁⲩⲱ ⲡⲉⲧⲉ ⲙ ⲛ̅ⲧⲁϥ ⲡⲕⲉϣⲏⲙ ⲉⲧⲟⲩⲛ̅ⲧⲁϥˋ ⲥⲉⲛⲁϥⲓⲧϥ ⲛ̅ⲧⲟⲟⲧϥˋ

하는 말씀 아닌가. 경계해도 모자를 판에 이것은 무슨 말인가. 그리고 이런 말씀은 어떤 맥락에서 나온 것일까. 예수는 씨 뿌리는 비유를 말하면서 무슨 까닭에 이리도 거창하게 먼저 밑자락을 깔고 있는 것일까.

듣는 자들이 순리로 쓸 것을 역리로 쓰기 때문이다. 비유의 목적은 알아듣지 못하게 하려는 의도도 있다. 왜냐면 가져다 곡해하기 때문이고, 다른 뜻으로 사용하기 때문이다. 제가 듣고 싶은 대로 오해하고, 상대를 자신의 교리적 올무에 넣으려는 속성 때문이다. 그러므로 이 격언은 '듣는 문제'이기도 하다.

병행구 마가복음이 이를 더 보충해 준다.

또 가라사대 너희가 무엇을 듣는가 Βλέπετε τί ἀκούετε. 스스로 삼가라 너희의 헤아리는 그 헤아림으로 너희가 헤아림을 받을 것이요 또 더 받으리니 있는 자는 받을 것이요 없는 자는 그 있는 것까지 빼앗기리라(막 4:24-25)

결국 '듣는 문제'는 헤아림 μέτρῳ 과 깊은 연관이 있다. 듣는 이는 무엇을 헤아리면서 듣느냐에 따라 듣고자 하는 것헤아림만을 듣는 특성이 있다. 말하는 이와 듣는 이는 거기서 서로 소통되지 않는다. 그러므로 '들을 귀'란 나의 헤아림을 내려놓고 존재의 소리를 듣고자 하는 귀를 갖고 듣느냐가 무엇보다 중요하다. 이미 들어 와 있는 선입관과 편견은 헤아림의 준거로 작용하고, 듣되 자신의 교리적 편견과 선입관을 강화하려는 것에 머물려는 관성이 있다. 그럴 때 들려주려는 것을 듣지 못한다. 이것은 해석학적 문제이기도 하다.

　누가복음의 병행구는 더 많은 것을 조금 다른 측면에서 보완해주고 있다. 아니 도마복음을 주석해 주고 있다고 해도 과언이 아니다.

> 숨은 것이 장차 드러나지 아니할 것이 없고 감추인 것이 장차 알려지고 나타나지 않을 것이 없느니라 그러므로 너희가 어떻게 듣는가 스스로 삼가라 βλέπετε οὖν πῶς ἀκούετε· 누구든지 있는 자는 받겠고 없는 자는 그 있는 줄로 아는 것 ὃ δοκεῖ ἔχειν 까지 빼앗기리라 하시니라(눅 8:17-18)

　병행구에 따르면 마가복음은 무엇을 듣는가에서 '무엇 τί' 즉, 듣는 내용에 대해 강조한다면 누가복음은 듣는 태도 곧 '어떻게 πῶς' 듣는가를 강조한다. 이 둘을 비교하면 '무엇'도 매우 중요하며, 듣는 태도 곧 '어떻게 듣느냐'도 주의해야 한다. 더구나 도마복음이나 마태 그리고 마가복음은 있는 자와 없는 자로 구분하고 있고, 없는 자는 그 있는 것조차 빼앗긴다고 언급한다. 즉, 없으면 빼앗길 것조차 없을 터인데 그게 아니다.

　누가복음에 의하면 없는 자에게 있는 것은, '있는 줄로 아는 것 ὃ δοκεῖ ἔχειν'을 말한다. 그러므로 있는 줄로 아는 것일 뿐, 사실은 없는 것이다. 그렇다면 있다 ἔχη 와 없다 μὴ ἔχη 는 무엇을 의미하는 것일까? 에코 ἔχω 동사는 물론 영어로 have 를 나타낸다. 즉, 소유를 나타내는 동사다. 그러나 신약성서에서 이 용어는 종종 영적인 생명을 얻거나 하나님과 평화를 누리는 것과 같은 영적 상태나 조건을 설명하는 데도 사용되며, 이는 초기 기독교가 그리스도 안에서 영적 소유와 정체성을 이해한 것을 반영한다.

그러므로 누구든지 손에 있는 자는 혹은 '누구든지 있는 자 ἔχω 는 받겠고'에서 있다는 것의 내용은 무엇을 의미하는 것일까. 우선은 '들을 귀'요 '보는 눈'이며 '들으려는 태도' 곧 깨닫는 마음을 일컫는다. 씨 뿌리는 비유를 말하면서 제자들과 저들을 비교해 말할 때, 저들은 '보아도 보지 못하며 들어도 듣지 못하며 깨닫지 못함이니라'라고 한다. 텍스트의 맥락만을 놓고 보면 가지고 있는 것 ἔχω 은 보는 눈, 듣는 귀, 깨닫는 마음이다. 만일 이것이 없으면 μὴ ἔχῃ '스스로 있는 줄로 아는 것 ὃ δοκεῖ ἔχειν' 마저도 빼앗기리라는 말씀이다.

도마복음은 누구든지 '손에 있는 자에게는 ⲧⲉϥϭⲓϫ 테퍼치즈 his hand' 으로 표현한다. 도마복음의 흥미로운 차이다. 누가복음의 '있는 줄로 아는 것'을 '작은 것 ⳙⲏⲙ small person' 으로 표현한다. 손은 역동적인 움직임이다. 보는 눈과 듣는 귀와 깨닫는 마음은 손에 있는 것으로 표현할 수 있는가. 사복음서의 이야기 속에서 손과 보는 눈, 듣는 귀, 깨닫는 마음을 연관해서 생각해 볼 수 있다. 예수의 이야기 속에 등장하는 '손'의 신화적 메타포는 무엇일까. 보는 눈과 듣는 귀와 깨닫는 마음은 예수의 두 번에 걸친 안수로 이뤄진다. 벳세다의 소경은 그의 손에 의해 눈이 뜬다.

사람들이 귀먹고 어눌한 자를 데리고 예수께 나아와 안수하여 주시기를 간구하거늘 예수께서 그 사람을 따로 데리고 무리를 떠나사 손가락을 그의 양 귀에 넣고 침 뱉아 그의

혀에 손을 대시며 하늘을 우러러 탄식하시며 그에게 이르시
되 에바다 하시니 이는 열리라는 뜻이라 그의 귀가 열리고
혀의 맺힌 것이 곧 풀려 말이 분명하더라(막 7:32-35)
벳새다에 이르매 사람들이 소경 하나를 데리고 예수께 나아
와 손 χειρός 대시기를 구하거늘 예수께서 소경의 손을 붙드
시고 마을 밖으로 데리고 나가사 눈에 침을 뱉으시며 그에
게 안수하시고 무엇이 보이느냐 물으시니(막 8:23)

그러므로 귀가 열리고 눈이 뜨이는 것은 예수의 이야기 속에
서 손과 매우 깊은 연관을 갖는다. 손은 매우 신화적인 메타포
로 사용된다는 의미다. 그런 점에서 도마공동체에서 '손에 가지
고 있는 자'로 표현했을 가능성이 크다.

위 격언을 자본주의 착취구조를 정당화하는 것으로 오해할
수 있는 게 아닌가. "있는 자는 더 받고 없는 자는 그 있는 것
까지도 빼앗긴다."라는 표현의 표면만을 보면 이보다 더 지독한
자본주의 모순을 정당화하는 게 또 있을까. 비록 '에코소유동사'를
사용하고 있다고 하더라도 소유의 논리에 빠지면 곤란하다. 존재
를 표현하되 에코 동사를 연관해서 사용할 수 있음을 세심히 살
펴볼 필요가 있다.

나는 길이요 진리요 생명이다. 이때는 물론 존재를 나타내는
에이미 동사를 사용한다. 이를 그는 길과 진리와 생명을 에코소유,
have 하고 있다고 하면 오해의 소지가 없지는 않다. '있는 자는
받을 것이요'는 물론 듣는 귀와 보는 눈과 깨닫는 마음을 지시
하는 것이기도 하려니와 길과 진리와 생명이 있는 자는 자신의
길을 갈 것이고 진리 곧 감추어진 것이 더욱 확연하게 드러날

것이고 생명을 가지고 있으면 생명의 꽃이 만개할 것이며 생명은 더욱 풍성해질 것이다.

그러나 선악을 알게 하는 나무의 열매를 가지고 있으면 선악은 더욱 격렬해지고 옳고 그름의 날 선 판단으로 그의 지식은 황폐해질 것이다. 갈등과 불안은 더욱 증폭되고 그가 가지고 있다고 생각하는 것마저 마침내 빼앗기고 말리라. 그것은 작은 것으로 불릴 수도 있지만 어쩌면 '하찮은 것'이 더 적절하지 않을까.

물론 자신에게는 결코 하찮은 것이 아니다. 고상한 것이고 결코 양보할 수 없는 지식이고 결코 포기할 수 없는 것들이다. 예정론에 의한 '택함받은 사람'이라는 칼빈주의 후예들이 갖는 '선민의식'을 어찌 포기할 것이며, 하나님의 사랑과 은혜를 받은 사람이라는 것을 어찌 내려놓을까. 그것은 그에게 결코 하찮은 것이 아니다. 누가 '나는 구원받았다.'라는 그 고상한 것을 천박하고 하찮은 것으로 여기는가. 그러나 그러한 종교인들이 갖는 구원 의식은 매우 천박하고 하찮기 그지없다. 거기에는 인간의 존중이 없고 하나님과 예수라는 말은 무성하나 하나님도 없으며 진정 존재의 숭고를 찾아볼 수 없다. 그가 가지고 있는 것, 스스로는 '구원이 있는 줄로 아는 대단한 그것'은 곧 하찮은 것이요, 마침내 '하찮은 것'마저 빼앗길 것이다. 말씀 41의 경구다.

말씀 42 머물지 마라

예수가 말했다. "지나가는 사람이 되라."[25]

도마복음의 가장 짧은 격언이다. 가장 짧은 말씀에 대한 해석은 매우 다양하다.

'당신이 떠나므로 존재하게 된다 come into being as you pass away'는 영지주의적 권고 J. Leipoldt, W. Schoedel, B. Gartner, R.M. Grant 및 D.N. Freedman.

'지나가는 사람이 돼라' R. Kasser

'히브리인이 돼라 עברי'T. Baarda

'방랑자가 돼라' J. Jeremias, G. Quispel

'순회자가 돼라' S. Patterson

'일시적이 돼라' Dewey, P. Sellew 비문에서 인용 등이다.

DeConick 은 시편 119편 37절 "내 눈을 돌이켜 허탄한 것을 보지 말게 하시고 주의 도에 나를 소성케 하소서 주를 경외케 하는 주의 말씀을 주의 종에게 세우소서"를 인용하면서 '바리새인과 다른 교사들의 가르침을 지나쳐, 오로지 그의예수 말씀

---

25) ⲡⲉϫⲉ ⲓ̅ⲥ̅ ϫⲉ ϣⲱⲡⲉ ⲉⲧⲉⲧⲛ̅ⲣ̅ⲡⲁⲣⲁⲅⲉ 페제 예수 제 쇼폐 에테티엔에르파라게

ϢⲰⲠⲈ쇼페 become, befall, be, exist

ⲠⲀⲢⲀⲄⲈ파라게, 헬, παραγώ 파라고 to pass by, to go past, to bypass

καὶ παράγων εἶδεν Λευὶν τὸν τοῦ Ἀλφαίου καθήμενον ἐπὶ τὸ τελώνιον καὶ λέγει αὐτῷ Ἀκολούθει μοι καὶ ἀναστὰς ἠκολούθησεν αὐτῷ (막 2:14 그리스어 본문)

ⲀⲨⲱ ⲈϤⲠⲀⲢⲀⲄⲈ ⲀϤⲚⲀⲨ ⲈⲖⲈⲞⲨⲈⲓ ⲠϢⲎⲢⲈ ⲚⲀⲖⲫⲀⲓⲞⲤ ⲈϤϨⲘⲞⲞⲤ ϨⲓⲠⲈϤⲦⲈⲖⲰⲚⲒⲞⲚ ⲠⲈ ⲭⲁϥ ⲚⲀϥ ⲭⲈⲞⲨⲀϨⲔ ⲚⲤⲰⲈⲓ ⲀⲨⲱ ⲀϤⲦⲰⲞⲨⲚ ⲀϥⲞⲨⲀϨϤ ⲚⲤⲰϥ. (막 2:14에 대한 사히딕Sahidic 콥트어 본문)

또 지나가시다가 알패오의 아들 레위가 세관에 앉아 있는 것을 보시고 저에게 이르시되 나를 좇으라 하시니 일어나 좇으니라(막 2:14)

만 들으라'라는 뜻이었다고 주석한다.26)

나는 '히브리인이 되라'는 T. Baarda 의 해석에 눈길이 간다. 본래 아브라함을 히브리인이라고 하는 데서부터 히브리인이라는 명칭이 처음 등장한다. 갈대아 우르, 하란을 거쳐 가나안에 도착한 데서 유래한 이름이다. 유프라테스 강을 지나쳐 혹은 건너서 온 사람이라는 뜻이 있다. 이 세상은 잠시 머무는 곳이니 영원한 곳을 본향으로 삼으라는 교훈으로 주석하려는 이들도 다수다. 위의 학자들에게서도 그러한 의미의 주석을 엿볼 수 있다.

'지나가는 사람이 돼라.' '머물지 말라.' 로기온 42는 생명의 속성을 간결 명쾌하게 담고 있다. 단지 '이 세상에서는 나그네가 돼라'라는 식의 주석은 이 말씀의 본질을 놓치고 크게 훼손한다.

---

26) D. DeConick, The original gospel of thomas in translation-With a Commentary and new english translation of the Complete gospel-T&T Clark International A Continuum imprint. 2006. pp.164.

생명은 흐름이고 멈춤이 아니다. 우리 의식 활동 역시 마찬가지여서 하나에 고정될 수 없다. 고정된 의식은 언제나 편견과 선입관으로 자리 잡는다. 도그마가 되게 한다. 사실, DeConick 의 주석도 매우 조심스럽다. '바리새인과 다른 교사들의 가르침을 지나쳐 오로지 예수의 말씀만을 들어야 한다.'고 주석하는 것은 매우 종교적이긴 하나, 예수를 우상으로 세우는 또 하나의 도그마가 된다.

예수는 초막 셋을 짓겠다는 제자들에게 초막 셋은 머무는 곳이 아니라, 지나가야 할 곳임을 분명히 한다. 그때의 초막은, 그러니까 잠시 머물렀다가 떠나야 하는 초막은 모세의 초막이고, 엘리야의 초막이고, 예수의 초막이다. 다시 말해 예수의 초막도 잠시 머물렀다 떠나는 곳이어야지 그곳이 영원히 머물게 되는 초막이 아니라는 말이다. 변화 산의 구름 너머에서 들려 오는 "이는ούτός 내 사랑하는 아들이요, 내 기뻐하는 자니 너희는 저의 말을 들으라"라고 할 때의 '이는' 혹은 '저의 말을 들으라αύτοῦ ἀκούετε 에서 저의αύτοῦ'는 대부분 '예수'로 생각하려는 경향이 있다. 물론 일차적으로는 예수를 지시하는 지시대명사로 볼 수도 있다.

그러나 거기서 한 걸음 더 들어가야 한다. 홀연히 구름이 덮은 것은 모세와 엘리야만이 아니다. 예수도 함께 덮었다는 사실이다. 모든 선지자는 잠시 머무는 임시 거처이지 언제까지나 머물 수 있는 영원한 거처가 아니다. 멘토는 잠시 머무는 초막집이다. 모든 종주宗主는 거쳐 가는 곳이어야 한다. 거기 머물러서는 안 된다.

이는 내 사랑하는 아들이요 내 기뻐하는 자는 모세와 엘리야와 예수를 지나쳐 passers-by 제자들 속에서 마침내 존재로 새로 태어날 진정한 아들 υἱός 이다. 각자의 자기 존재로부터 비로소 '들으라'는 말이다. '그에게서 들으라 αὐτοῦ ἀκούετε'는 의미다. 예수는 건너야 할 강이지, 머물러야 할 우상이 되어서는 안 된다. 모든 종교의 종주宗主는 넘지 못할 금단의 땅이 아니다. 지나가야 한다. 누군가에 머물면 그곳이 곧 무덤이 된다. 의식 활동은 그를 넘어서 '그대 자신'을 향해야 한다.

> 말할 때에 홀연히 빛난 구름이 저희를 덮으며 구름 속에서 소리가 나서 가로되 이는 내 사랑하는 아들이요 내 기뻐하는 자니 너희는 저의 말을 들으라 하는지라(마 17:5)

뿐만이랴. 모든 깨달음은 잠시의 양식이고 잠시의 기쁨이고, 잠시의 앎일 뿐이다. 거기 머물게 되면 자기 깨달음이 준거가 되고 그 지식으로 사람을 보고 세상을 해석하는 패악질을 일삼게 된다.

생명은 호흡이고 흐름이며 바람이다. 바람이 그물에 잡히지 않듯, 생명은, 앎은, 깨달음은 고정된 것이 아니다. 깨달음을 의식에 포착하여 말로 혹은 언어로 표현하려는 것은 자연스러운 생명의 특성이다. 그 또한 하나에 머물거나 고정하지 말고 언제나 지나가야 한다.

하나의 깨달음을 직조해 두꺼운 양장을 만들어 생명을 덮어버리는 것은 이론을 좋아하는 이들의 집요한 특징이다. 니체에 따르면 그 또한 권력의지의 작용이다. 하나의 포충망에 포집하여 잘 짜인 옷감처럼 문양을 넣고 가로세로 엮어 만든 지식의 시스템은 많은 이들의 구미를 당기게 한다.

머물지 말라. '히브리인이 돼라.'는 뜻은 의식은 흐름이고 생명은 호흡이요 바람이라는 의미다. 이 세상은 허망한 것이니, 영원을 바라보며 여기서는 나그네처럼 살라는 주석은 종교폭력이다. 종말론(?)적 해석을 빙자해 지금 여기의 삶을 소홀케 하고 종말 후의 가상세계를 판타지로 종교적 맹종에 빠지게 하는 주석이다. 물론 종말론적이라는 신학적 의미가 그런 의미로만 쓰이는 것은 아니다.

나그네가 돼라. 머물지 말라. 히브리인이 돼라. 로기온 42는 헤겔의 변증법에서도 잘 엿볼 수 있다. 정신의 특성은 언제나 즉자존재가 대자존재가 되고 대자존재가 즉자-대자 존재가 된다. 이는 무한 반복해서 이뤄진다. 즉자-대자 존재에 멈춰서 있으면 그 순간 의식은 박제되고 생명력을 잃는다. 다시 즉자존재_{사물존재}처럼 멈춘 존재가 된다. 생명의 특성은 그럴 수 없다. 그 안에 역동이 일어나서 다시 자기 자신을 향하여 서게 된다. 자기 자신의 자신 됨을 향하여 역동적으로 꿈틀거리게 된다. 한곳에 머물 수 없는 의식의 특성이다. 의식은 한곳에 머물면 '죽은 자'가 된다. 비록 몸이 꿈틀거리고 무엇인가 생각을 계속하며 사는 것 같지만, 하여 살아있는 자인듯하나 그것은 죽은 의식이다. 고정된 하나의 시선을 고집하게 된다.

보수保守는 '그 자체로'만 있으려는 특징을 갖기 때문에 즉자적 in itself 이고 진보進步는 끊임없이 그 자체로만 있으려 하지 않고 새로운 자신을 위해 있는 존재여서 대자적 for itself 이다. 의식이 즉자 존재, 즉 사물 존재로 멈춰 있는 것, 매몰되어 있는 것을 성서는 '죽은 자다나토스'라고 한다.

생명은, '죽음을 맛보지 않는 삶'은 그러므로 언제나 즉자에서 대자를 향한다. 로기온 42는 웅장한 심장박동, 생명의 원리를 말하고 있다. 네 의식이 하나의 고정관념과 편견에 갇혀 있지 말라는 뜻이기도 하고 언제든 네가 갇혀 있는 너의 '고집'에 머물지 말라는 말이다. 생명의 숨결은 거기에 머무는 것이다. 즉자와 대자를 무한 반복하면서 정신은 마침내 거룩한 정신 홀리 스피릿 Holy Spirit 에 이르게 된다. 팀스피릿 Team Spirit 은 즉자 존재의 특성이고, 홀리 스피릿은 즉자에서 대자의 변증법을 통해 마침내 다다르게 되는 거룩한 정신이다. 생명의 특성은 거룩한 정신을 지향해 서 있다.

예수는 지나가시다가(?) 제자들을 부르게 되고 또 만난다. 인생은 지나가면서 Be passers-by 수많은 인연을 만난다. 바람은 언제나 그렇게 분다.

히브리인은 가나안에서 애굽으로 애굽에서 광야로 광야에서 다시 가나안으로 가나안에서 바벨론으로 바벨론에서 다시 가나안으로, 늘 길을 떠나는 나그네의 삶이다. 순례자가 그러하다.

유프라테스강을 지나 가나안으로, 애굽에서 정착하였다가 홍해를 건너고, 광야를 지나 요단강을 건너 가나안을 향한다. 가나안에 잠시 머물다가 다시 바빌론으로, 바빌론에서 다시 강을 건너 가나안에 귀환한다. 순례의 길이란 머물지 않고 떠나는 것.

성서의 이야기는 곧 로기온 42에 수렴된다.

말씀 43 유대인의 질문방식
그리고 나무와 열매

43.1 제자들이 그에게 말했다.
"우리에게 이런 말을 하는 당신은 누구십니까?"
43.2 (예수께서 그들에게 말씀하셨다.)
"내가 너희에게 말하는 것으로 내가 누구인지 알지 못하는구나.
43.3 오히려 너희는 유대인들처럼 되었구나.
그들은 나무는 사랑하지만 열매는 미워하고, 열매는 사랑하지만
나무는 미워하느니라."27)

제자들이 ΜΑΘΗΤΗΣ 그에게 말했다. '우리에게 이런 말을 하는 당신은 누구십니까?'

여기서 '이런 말'은 곧 로기온 42번이라고 할 수 있다. 비록 도마복음의 로기온은 114개의 독립된 각각의 아포리즘으로 구성되었지만, 동시에 편집배열의 의미를 무시할 수 없다. 각각의 로기온은 앞과 뒤가 서로 연관 관계를 갖는다. 책을 편집해본 사

---

27) 43.1 ΠΕΧΑΥ ΝΑϤ ΝϬΙ ΝΕϤΜΑΘΗΤΗΣ ΧΕ ΝΤΑΚ ΝΙΜ ΕΚΧΩ ΝΝΑΪ ΝΑΝ 43.2 ϨΝ ΝΕΤΧΩ ΜΜΟΟΥ ΝΗΤΝ ΝΤΕΤΝΕΙΜΕ ΑΝ ΧΕ ΑΝΟΚ ΝΙΜ 43.3 ΑΛΛΑ Ν ΤΩΤΝ ΑΤΕΤΝϢΩΠΕ ΝΘΕ ΝΝΪΙΟΥΔΑΙΟΣ ΧΕ ΣΕΜΕ ΜΠϢΗΝ ΣΕΜΟΣΤΕ ΜΠΕϤΚΑ ΡΠΟΣ ΑΥΩ ΣΕΜΕ ΜΠΚΑΡΠΟΣ ΣΕΜΟΣΤΕ ΜΠϢΗΝ

람은 이를 잘 안다. 목차를 구성해 본 사람은 아무런 의미 없이 무작위로 목차를 구성하지 않는다. 나름의 어떤 연관 관계 속에서 목차를 배열한다. 그러므로 로기온 43번에서 '이런 말'이란 로기온 42번을 일컫는다. '머물지 말라', 혹은 '나그네가 되라' 혹은 '히브리인이 돼라'라고 말하는 당신은 도대체 누구십니까? 하고 제자들이 되묻는 것으로 해석한다고 해도 무리가 아니라는 말이다. 물론 더 넓게는 로기온 1~42번까지로 포괄할 수도 있다. 이런 말을 하는 당신은 도대체 누구십니까?

지금까지 예수의 어록을 듣고 있던 제자들이 새삼 예수의 정체성을 묻는다. 예수의 대답을 들어보자. 물론 원문에는 '예수께서 그들에게 말씀하셨다'가 빠져있다. 지금까지 도마복음의 어록을 전달하는 문체를 눈여겨보면 '예수께서 그들에게 말씀하셨다'가 들어가야 마땅하나 여기서는 생략되었다. 크게 문제 될 것은 없다. 비슷한 생략은 로기온 113에도 나타난다.

예수의 대답은 43-2 '내가 너희에게 말하는 것으로 내가 누구인지 알지 못하는구나.' 예수의 답답함이 묻어 있다. 내가 하는 말 속에 나의 정체성이 있거늘, 내가 너희에게 말하는 것으로 내가 누구인지 알지 못한다고 탄식한다. 오늘날도 마찬가지다. 그가 말하는 것으로, 그의 정체성을 알려 하지 않는다. 그가 걸어온 이력으로 그의 정체성을 파악하려 한다. 그의 이력이 그의 정체성일까? 그가 나사렛 출신이라는 것, 그가 갈릴리 어촌에서 활동한 것이 그의 말을 담보하는 것일까? 유대교인들은 대부분 예루살렘 출신이고 바리새파 출신이고 사두개파 출신이고 에세네파 출신이다.

바울이 가말리엘의 문하생이고 유대인 중 유대인이고 베냐민 지파이고 로마 시민권자인 것이 그의 로마서와 기타 서신서의 텍스트를 보장해주는 것이고 바울의 정체성인가? 전혀 아니다. 바울의 바울 됨은 로마의 시민권자도, 베냐민 지파인 것도, 가말리엘의 계보에 속한 것도 전혀 아니다. 바울의 바울 됨을 알게 하는 것은 그의 말인 로마서고 갈라디아서며 각종 바울의 서신서가 그의 정체성이며 그의 그 됨을 드러낸다. 예수의 말이 예수의 정체성임에도 제자들의 질문은 예수의 말에 담겨 있는 예수의 정체성에는 관심이 없다.

당신은 누구시길래 이러한 말을 하십니까? '히브리인이 돼라. 나그네가 되라'고 말하는 당신은 도대체 누구십니까? 지금까지 예수를 따르던 제자들의 질문이 이러하다. '이런 말을 하는 당신의 정체가 무엇인지 우리가 이해할 수 있도록 말해주시오.' 이런 질문이 제자들의 정체성을 잘 드러내 주고 있다. 어떤 정체성인가. 이런 질문은 유대인의 질문방식이다.

저희가 말하되 네가 누구냐Σὺ τίς εἶ 예수께서 가라사대 나는 처음부터 너희에게 말하여 온 자니라(요 8:25)

간음하다 현장에 잡힌 여인을 바라보며 '죄 없는 자가 돌로 치라'는 유명한 일화 이후 유대인과 격렬한 논쟁 중에 나온 질문이다. 네가 누구냐Σὺ τίς εἶ는 질문은 유대인의 질문이었다. 공관복음에서는 예수가 역으로 질문한 적이 있다. 너희는 나를 누구라 하느냐?Ὑμεῖς δὲ τίνα με 마 16:15; 막 8:29; 눅 9:20 이때 이미 제자들은 비록 오해가 담긴 말이었긴 하여도, '주는 그리스도시요, 살아계신 하나님의 아들이십니다'라고 예수의 정체성에 대해 고백한 바 있다. 물론 매우 불완전한 정체성 이해다.

요한복음에서는 유대인들이 계속하여 질문한다. 너는 너 자신을 누구라 하느냐?τίνα σεαυτὸν σὺ ποιεῖς; 요 8:53 그런데, 여기 로기온 43에서 이렇게 말하는 당신은 누구냐?ⲚⲦⲀⲔ` ⲚⲒⲘ` ⲈⲔϪⲰ 엔타크 님 에크조 고 묻는다. 마치 유대인들이 물었던 것과 같다. 도마복음의 맥락을 정확히 알 수는 없으나, 이때의 제자들은 마치 유대인들이 질문하던 것과 다를 바 없었고 예수는 이에 대해 '너희는 유대인들처럼 되었다'고 탄식한다. '나그네가 되어라.' '머물지 말라' '히브리인이 되어라'는 말이 의미하는 생명의 특성을 소화하지 못한 까닭에 그 같은 질문이 나온 것이다.

히브리인과 유대인은 동의어가 아니다. 히브리인은 '강을 건너는 자'의 의미가 있고 '한곳에 머물지 말라'는 의미가 있지만, 유대인은 남북 분열 왕국 이후 남유다를 중심으로 형성된 정체성이고, 이후 형성된 유대교인을 유대인이라 칭한다. 히브리인의 열두 지파 중 하나인 유다 지파를 중심으로 형성된 유대교인을 유대인이라고 보면 된다. 이후 히브리인을 유대인이라 혼용하기도 하나 이는 틀린 어법이다. 만일 혼용해서 사용하게 되면 혈통으로는 예수나 제자들도 유대인이라 칭해도 틀린 말이 아니다. 그러나 여기서 유대인이란 혈통의 유대인을 말하는 것이 아니라, 유대교에 속한 유대인을 일컫는다. 예수와 제자들, 바울은 혈통으로는 유대인에 속하나엄밀히 말하면 유대교 지파가 아니니 유대인이라 포괄하게 되면 모순이 발생 탈 유대교인이다. 탈 유대교인으로 유대교에 대해 요한복음 8장에서 예수는 매우 격렬한 반응을 보인다. 유대교인 중 바리새인과 서기관들에 대해 통렬하게 지적한다. 그들의 하나님, 그들의 유일신, 그들이 말하는 아브라함의 하나님을 향해 너희 아비 마귀라고 칭하고 너희는 너희 아비 마귀에게서 났다고 유대교인들의 종교적 정체성을 질타한다. 거기 종교 간의 대화는 없다. 그들의 향벽설위의 하나님은 살인자고 거짓말하는 자고 미워하는 자고 처음부터 거짓을 말하고 속이는 자라고 그들 아비의 정체성을 탄로 낸다. 그렇게 말하는 예수를 향해 묻는 말이 '너는 누구냐?'이며 '너는 너에 대해 누구라고 말하느냐?'고 묻는다.

나는 내 아버지에게서 본 것을 말하고 너희는 너희 아비에게서 들은 것을 행하느니라(요 8:38)
어찌하여 내 말을 깨닫지 못하느냐 이는 내 말을 들을 줄 알지 못함이로다(요 8:43)
하나님께 속한 자는 하나님의 말씀을 듣나니 너희가 듣지 아니함은 하나님께 속하지 아니하였음이로다(요 8:47)

그런데, 로기온 43에서 제자들이 그렇게 묻는다. '이렇게 말하는 당신은 누구십니까?'라고 어이없다. 유대인과 똑같은 질문을 한다. 탈 유대교인 너희가, 나를 따른다는 나의 제자 너희가 마치 유대교인과 다름없는 질문을 하는구나. 내가 너희에게 말하는 것으로 내가 누구인지 알지 못하다니……

그의 말은 그의 존재를 드러내 주는 그의 정체성이다. 그가 어디 출신이고 어느 대학을 나왔느냐가 그의 정체성이 아니다. 나사렛 출신이 그의 정체성이 아니다. 예루살렘 출신이고, 베냐민 지파고, 바리새파이고 사두개파이고 에세네파라는 것을 중시하는 유대교인들은, 그가 그렇게 말하고 있는 것과 상관없이 너의 정체가 무엇이냐? 너는 어디 출신이냐? 너는 누구냐? 라고 묻는다. 존재는 그의 말에 있다. 모름지기 타자 자아에 속해서 배운 말을 하느냐? 존재 자아의 말을 하느냐? 가 그의 정체성을 결정한다. 유대인들은 예수의 말이 거할 곳이 없다. 무슨 말인지 종잡을 수 없다. 무엇인가 새로운 말인 것은 분명하여 묻는다. 너는 누구냐?

유대교인들의 결정적인 특징은 무엇일까? 유대교의 대표 선수는 바리새파와 사두개파다. 물론 수많은 계파가 존재한다. 바리새파는 부활을 믿는다. 그러나 그들의 부활은 예수가 말하는 부활과 다르다. 나사로의 누이 마르다가 말한 세상 끝날에 일어날 부활을 믿는다. 즉, 죽은 다음의 천국과 죽은 다음의 부활을 믿는다. 그들의 열매는 부활이다. 그들은 열매를 좋아한다. 종교적 판타지 속 미래를 홍보한다. 죽은 다음의 부활을 강조한다. 그들의 열매는 부활이고 죽은 다음의 천국이다. 그래서 그들은 지금 여기의 나무는 중요치 않다. 오늘은 내일을 위한 희생의 시간이고 헌신의 시간이다. 그들의 열매는 나무를 기만한다. 오늘을 기만한다. 내일의 약속으로 오늘을 금욕과 절제와 헌신으로 희생한다. 열매는 사랑하지만, 나무는 미워한다.

유대교인의 또 다른 분파인 사두개파는 그와 반대다. 그들은 부활 같은 것은 없다고 한다. 중요한 것은 오늘 지금 여기에서 풍요다. 물론 그들은 나무를 사랑한다. 오늘을 사랑한다. 이다음의 부활은 미워한다. 부활 같은 것은 없다. 나무는 사랑하고 열매는 미워한다. 바리새인과 사두개인은 사상이 정반대인 것 같으나 둘 다 육신의 생각을 좇는다는 점에서는 같다. 이다음의 천국은 판타지고 가상세계며 미래의 환상을 빌미로 오늘을 희생시킨다. 그러므로 바리새인의 부활과 천국은 기만이고 원인무효다.

오늘 기독교는 유대교와 다를 바가 없다. 그런 부활은 있을 수 없다는 사두개인들은 오늘 육신의 삶만을 강조한다. 오늘 잘 먹고 잘사는 것은 오로지 육체의 원하는 바를 만족시키는 것에 있다고 한다. 육신의 원하는 바를 따른다는 점에서 둘은 차이가 없다. 미래의 판타지를 좇는 것도 육신의 원하는 바고, 오늘 현실에서 육체의 삶만을 좇는 것도 여전히 육신의 생각을 좇는 것이다.

이것이 유대인의 특징이다. 여기서 유대인이란 유대교인을 의미한다. 유대교는 바리새파든 사두개파든 서로 사상이 다르나 육신의 소욕을 좇는다는 점에서는 같다. 예수는 이들 모두를 비판한다. 그들의 신은 여전히 유일하신 하나님이고, 아브라함의 하나님이라는 이름을 달고 있다 하더라도 그들의 신은 향벽설위의 신으로 인간을 철저히 기만한다는 사실이다. 물론 사두개인의 사상은 그것과 조금 다르다 해도 인간의 숭고한 가치인 부활을 부정한다는 점에서 마찬가지다. 유신론, 곧 초월적 신에 대한 예수의 관점이 여실히 드러난다.

예수의 부활은 이다음 죽은 다음 사후 세계에서 부활하는 것으로 수많은 종파가 선동선전하나 그의 부활은 마르다가 믿는다는 부활과 전혀 다르다. 도리어 마르다의 부활에 대해 예수는 통분痛忿 ἐμβριμάομαι, to snort with anger 진실된 충고로 책망하다, 엄히 꾸짖다, 위협적으로 금지하다.히 여기면서 지금 여기서 죽은 나사로가 살아난다는 부활을 강조한다. 죽은 나사로의 부활 이야기는 비록 이야기 서사구조를 띠고 있으나 그 이야기는 해석이 필요하다. 나사로의 부활은 죽어서 돌무덤에 갇혀 있고 베옷으로 동여 매인 채 죽은 지 나흘 된 시체였다. 율법의 돌무덤에 갇혀서 숨을 쉬지 못하는 인생의 상징이다. 즉, 죽은 자, 죽음을 맛보며 사는 자나토스가 죽음을 맛보는 것에서 죽은 자네크로스가 되었다는 상징이다. 이것은 그의 정신이 율법선악으로 살다가나토스 그것에서 죽었다는 것의 상징이다. 사망의 법으로 사는 것에서 죽어 생명의 법으로 다시 사는 것, 일러 죽은 자에크 네크로스로부터 부활하는 도를 예수는 끊임없이 외치고 있다. 이것이 예수의 도였고 예수의 길이었다.

사두개인은 부활이 없다고 하므로 예수의 도에 담겨 있는 부활까지도 부정하게 된다. 예수의 도에 담겨 있는 부활은 바리새인의 부활과 전혀 다른 부활이다. 예수의 부활은 인류의 희망이고 인생의 희망이다. '아카다르토스 프뉴마'가 '하기오스 프뉴마'로 대전환을 이루는 부활이다. 그러므로 예수의 부활은 내일의 부활이 아니다. 지금 여기서 죽은 나사로가 살아나는 부활이다. 지금 여기서 죽은 자로부터 새로 살아나는 정신의 부활이 없다는 것은 예수의 도가 아니다.

사두개인은 나무를 사랑하고 열매를 미워하는 도며, 바리새인은 열매는 사랑하나 나무를 미워하는 도다. 그러나 그들이 말하는 열매도 열매가 아니며 나무도 나무가 아니다. 다만 나무와 열매로 비유하나 한 걸음 들어가 생각하면 그들이 말하는 열매도 허위이며 그들이 말하는 나무도 허위다. 사망의 법 아래에 있는 인간의 자기기만이다.

로기온 43은 로기온 42를 다시 상기시킨다. 나무도 사랑하고 열매도 사랑하는 자는 언제나 지금 여기에서 어제를 고집하지 않고, 자신의 깨달음과 앎을 박제시키고 도그마 화하지 않는다. 편견과 선입관에 잡히지 않고 즉자에서 언제나 대자를 향한다. 이를 바울은 날마다 죽는다고 표현한다. 날마다 죽는 것은 날마다 사는 것이고 날마다 죽음으로 잎을 피우고 날마다 사는 것으로 열매를 맺는다. 나무도 사랑하고 열매도 사랑하는 삶은 언제나 머물지 않고 떠나는 삶 속에 있다. 유대교인이 되는 게 아니라 히브리인이 되는 것에 있다.

> 이와 같이 좋은 나무마다 아름다운 열매를 맺고 못된 나무가 나쁜 열매를 맺나니 좋은 나무가 나쁜 열매를 맺을 수 없고 못된 나무가 아름다운 열매를 맺을 수 없느니라 아름다운 열매를 맺지 아니하는 나무마다 찍혀 불에 던지우느니라 이러므로 그의 열매로 그들을 알리라(마 7:17-20)
> 나무도 좋고 실과도 좋다 하든지 나무도 좋지 않고 실과도 좋지 않다 하든지 하라 그 실과로 나무를 아느니라 독사의 자식들아 너희는 악하니 어떻게 선한 말을 할 수 있느냐 이는 마음에 가득한 것을 입으로 말함이라 선한 사람은 그 쌓은 선에서 선한 것을 내고 악한 사람은 그 쌓은 악에서 악한 것을 내느니라(마 12:33-35)

말씀 44 모독과 사하심

44.1 예수께서 말씀하셨다. "아버지ειωτ, πατήρ를 모독훼방하는 자는 용서받을 것이다. 44.2 아들을 모독훼방하는 자는 용서받을 것이다. 44.3 그러나 성령을 모독하는 자는 땅에서도 하늘에서도 용서받지 못할 것이다."[28]

마태복음과 누가복음의 병행구를 살펴본다.

이러므로 내가 너희에게 말한다. 모든 죄와 훼방은 그 사람에게서 사하심을 받는다. 그러나 성령을 훼방하는 것은 사하심을 받지 못하리라. 누구든지 말로 인자를 거역하면 그에게서 사하심이 있다. 그러나 누구든지 말로 성령을 거역하면 그에게서 지금뿐 아니라 오는 μέλλοντι 세상 αἰῶν에서도 사하심을 받지 못하리라(마 12:31-32)

진실로 너희에게 이르노니 모든 죄와 훼방하는 훼방은 인자에게서 용서를 받는다. 그러나 만일 성령을 훼방하면 영원히 용서받지 못하고 영원한 심판죄에 처하느니라(막 3:28-29)

---

28) 44.1 ΠΕΧΕ Ī̄C ΧΕ ΠΕΤΑΧΕ ΟΥΑ(blasphemes) ΑΠΕΙΩΤˋ CΕΝΑΚΩ ΕΒΟΛ ΝΑϤˋ (will forgive) 44.2 ΑΥΩ ΠΕΤΑΧΕ ΟΥΑ ΕΠϢΗΡΕ CΕΝΑΚΩ ΕΒΟΛ ΝΑϤˋ 44.3 Π ΕΤΑΧΕ ΟΥΑ ΔΕ ΑΠΠΝ̄Ᾱ ΕΤΟΥΑΑΒ CΕΝΑΚΩ ΑΝ ΕΒΟΛ ΝΑϤˋ ΟΥΤΕ Ϩ̄Μ ΠΚΑϨ ΟΥΤΕ Ϩ̄Ν ΤΠΕ

누구든지 말로 인자를 거역?하면 그에게서는 사하심이 있다. 그러나 누구든지 성령을 훼방하면모독 사하심을 받지 못하리라(눅 12:10)

도마복음 로기온 44는 공관복음서의 병행구와 명확히 구분되는 점이 있다. 마태복음과 누가복음은 인자와 성령을 거스리는 것에 대해 대비하여 서술한다. '땅에서도 하늘에서도'는 도마복음의 독특한 표현이다.

도마복음은 아버지와 인자아이와 성령을 대비시킨다. 아버지를 훼방모독하는 것에 대해 성서의 병행구에는 언급이 없다. 그런 점에서 도마복음 44는 매우 탁월한 서술이라고 나는 이해한다. 공관복음의 병행구는 왜 이 부분을 담지 않고 있을까 아쉬움이 있을 정도다. 무슨 말인가.

1. *아버지를 훼방하는 자가 사하심을 받는다.*

성서의 이야기 이면에는 수없이 많은 아버지를 훼방하는 이야기로 점철된다. 아버지 논쟁도 무수히 많이 등장한다. 아버지 메타포는 의식 세계를 설명하는 매우 중요한 개념이다. 유대인은 그들의 아버지가 유일하신 하나님유일신관이고 아브라함의 하나님은 유대교 유일신의 정체성이고 기반이다. 그들의 엘로힘은 모세를 통해 '야웨 하나님'의 확실한 정체성을 갖게 된다. 물론 아브라함도 비록 '야웨 하나님'이라는 이름은 불렀지만, 그 의식 속에는 '엘샤다이 엘로힘' 곧 전능하신 하나님의 정체성을 따르고 있었다는 사실이다. 신 의식의 분화가 아직 이루어지기 전이다. 아브라함은 그런데도 야웨 엘로힘으로 불렀다. 내실적으로 '엘샤다이 엘로힘'이다. 모세에게 이르러서야 야웨 엘로힘의 의미와 정체성이 선명해졌다.

유대교인들은 모세에 의해 계시가 된 '야웨 엘로힘'의 이름조차 부르지 못하고 '아도나이 엘로힘주 하나님, The Lord God'으로 바꿔 부르게 된다. 하나님의 이름을 망령되이 부르지 않기 위해 바꿔 부른 이름이 하나님을 훼방하고 모독하는 것임을 꿈에서조차 생각지 못한다. 요한복음 8장에 의하면 유대인들은 아브라함의 하나님, 유일하신 하나님이 그들의 아버지πατήρ라고 고백한다. 그리고 그들은 그들의 아버지로부터 낳은 자다. 그들의 의식은 유대교로부터 태어난 자다.

예수는 탈 유대교인이다. 무슨 말인가. 그들이 부르는 아버지를 훼방하고 모독한다. 너희는 너희 아비 마귀에게서 태어났다고 유대인들의 하나님과 유대인들의 의식을 낳은 그들의 아버지를 훼방하고 모독한다. 그는 거짓말쟁이요, 처음부터 살인자라고 그들의 아버지에 대해 충격적인 선언을 한다.

우리의 성서 읽기는 매우 경직되어 있다. 발상을 조금만 전환해보자. 예수의 혁명적인 발언과 그의 생각을 좇아서 성서를 읽어 보자.

도마복음 로기온 44는 충격적인 형태로 읽어낼 수 있을 것이다.

44.1 예수께서 말씀하셨다. '아버지ειωτ, πατήρ를 모독훼방하는 자가 용서받을 것이다. 44.2 아들을 모독훼방하는 자가 용서받을

것이다. 44.3 그러나 성령을 모독하는 자는 땅에서도 하늘에서도 용서받지 못할 것이다.'

즉, '아버지를 훼방하는 자는 용서받을 것이다.'의 주어에서 우리말 주격조사 '는'을 '가'로 살짝 바꿔보자. '아버지를 훼방하는 자가 용서받을 것이다'로. 여기서 조금 더 의역해보면 만일 '아버지를 훼방하면 그는 용서받을 것이다' 혹은 '아버지를 훼방하는 자가 비로소 탕감받는다.' 이 무슨 역설인가. 아버지의 명을 거슬린 적이 없는 맏아들은 탕감받지 못한다. 그의 의식은 언제나 나는 아버지의 명을 거슬린 적이 없거늘 잔치는 어찌하여 아버지를 훼방하고 거슬린 둘째에게 벌이는가의 불평 속에 갇힌다. 예수는 유대교의 아버지를 모독하고 그들의 아버지를 훼방한다.

로기온 44는 단지 인지상정에 관한 이야기가 아니다. 머물지 말고 떠나야 한다는 나그네의 원리, 생명의 원리를 도리어 완곡하게 전달하는 표현이다. 유대교가 그들의 아버지를 지극정성으로 공경하는 것은 우상을 더욱 높고 견고하게 세움이고 인생을 질곡의 나락으로 끌고 가는 것이다. 그 하나님과 그 아버지는 훼방 되어야 한다. 아버지를 모독하지 않으면 사하심이 없다. 아버지의 질곡에 갇힌다. 아버지의 감옥에서 해방될 수 없다.

그러므로 도마복음 로기온 44는 혁명의 복음이다. 아버지를 말로 모독하면 그 사안에 대해서 용서받는다는 말일까. 아니다. 생명의 원리와 관련하여 근본의 문제를 언급한다.

예수는 아버지를 모독할 뿐만 아니라 신을 모독한다. 모든 향벽설위의 신은 죽은 신이고 사망의 신이고 거짓의 신이고 살인자의 신이라고 신을 모독하지 않으면, 신 죽음을 선언하지 않으면 사함이 없다. 신 죽음의 선언에 동방에서는 동학의 최재우가 동참했다. 이 땅에 선교사가 가져온 서학은 유사 유대교였다. 서학은 예수도가 아니라 변형된 유대교요, 다만 그리스도교라는 옷을 입고 있었을 뿐 최재우가 통렬하게 지적한 대로 향벽설위의 거짓 신이었다. 인간의 고혈을 빨아먹는 흡혈의 신이고 탐관오리의 신이다. 인육제사를 요구하는 모든 신에 대해 우리는 궐기해야 하고 모독하고 훼방해야 한다. 그래야 비로소 의식은 해방을 맛보고, 심판에 머물지 않으며 야웨 엘로힘의 부활이 이뤄진다. 신 죽음 속에 신의 꽃이 피어난다.

신에 대한 모독과 신 죽음의 선언에서만 비로소 '거룩한 영πνᾱ'에 한 걸음 다가선다. 신 죽음에서만 신의 부활이 찾아온다. 동서는 물론이고 고금의 진리다. 유대교인들이 그들의 신에게 충성하는 것, 그들의 아버지를 공경하는 것은, 예수가 말하는 아버지를 부정하는 것이고 향아설위의 신을 부정하는 것이다. 물론 입으로는 하나님은 어느 곳이나 계시고 우리 안에도 있다고 말한다. 그러나 그들은 언제나 엄위하신 하나님, 아니 계신 곳이 없는 하나님, 향벽설위에 계신 하나님을 공경하므로 향아의 하나님을 짓밟는다. 그들의 아버지 공경은 동시에 예수의 아버지를 훼방하는 것이기도 하다. 그들은 말로 훼방한 적이 없다. 그런데도 삶은 향아의 하나님을 철저히 훼방한다. 이는 아버지를 훼방하는 것이 아니라, 아버지를 모독하는 것이 아니라 '성령'을 훼방하고 모독하는 것이라는 사실.

2. 인자를 훼방하는 자가 사하심을 받는다.

사람의 아들을 훼방한다는 말이 무슨 뜻인가. 말로 예수를
욕하는 것이 그를 모독하는 것이고 훼방하는 것인가. 그것은 매
우 피상적이고 표피적이다. 속된 말로 겉으로 욕하고 모욕하는
것은 모욕도 아니고 욕도 아니다. 훼방한다는 것은 존재의 부정
을 일컫는다. 베드로는 인자를 어떻게 훼방하고 있을까. 그러니
까, 유대인들은 예수를 핍박하고 십자가에 내몰지만, 그들은 인
자를 훼방한 것이 아니라 성령을 훼방하고 있다. 이에 대해서는
후술하기로 한다. 인자를 훼방하고 인자를 모독하는 자가 사하심
을 받는단다. 이 무슨 말인가.

베드로는 예수를 메시아로 따르고 충성한다. 물론 이때 베드
로의 메시아는 메시아의 본질이 아니라 베드로가 생각하는 메시
아 곧 이스라엘을 로마로부터 해방케 할 메시아, 가이사를 대체
할 세상 임금 메시아였다. 베드로는 예수를 충실히 따랐다. 베드
로는 예수를 따른 것이 아니라 세상 임금이 될 예수를 따랐다.
그의 충성심은 목숨을 바쳐서 하는 충성이고 예수를 향한 헌신
이었지만, 정작 예수의 메시아 됨을 시인하면서도 오해한다.

그러므로 그의 충성과 헌신은 예수가 가는 길을 훼방하는 충
성이고 훼방하는 헌신이라는 말이다. 사람의 아들 예수의 길을
배반하고 훼방하는 것이었고 모독하는 것이었다. 오죽하면 나를
따르라던 예수는 어느 시점에는 베드로에게 너희가 지금까지는
나를 따랐으나 이후에 나의 가는 길을 알지 못하리라고 한다.
베드로는 여전히 자신의 방식으로 예수를 따르려고 한다. 자신의

목숨을 바치겠다고 맹세하는 것, 이것은 예수를 훼방하는 것이었고, 예수는 그것을 받지 않는다. 아니 그의 가는 길을 막아서는 것이기에 받을 수가 없다. 그것은 닭울기 전 세 번씩 부인하는 충성심이다.

일찍이 베드로가 '주는 그리스도시요, 살아계신 하나님의 아들이십니다'라고 고백했을 때, 비로소 장로들과 대제사장들에게 고난을 받고 죽음을 맞이할 것을 예고할 때, 맨 먼저 나서서 이를 막은^{훼방} 사람이 베드로다. "예수를 붙들고 간하여^{에피티마오, 꾸짖어} 말하기를 그리마옵소서 이 일이 결코 주께 미치지 아니하리이다."^{마 16:16} 다시 말해 인자의 가는 길을 훼방하고 있다. 이것은 메시아, 그리스도를 오해하여 생기는 소치다.

그의 충성심과 헌신이 역설적이게도 인자를 훼방하는 것이다. '그리마옵소서.' 그의 말이 인자를 훼방한다. 그런데 이런 훼방이, 예수의 가는 길을 가로막던 베드로의 헌신이 그것의 정체를 들통나게 하는 역할을 하게 한다. 그의 충성심은 거짓임이 곧바로 드러나게 된다. 그것은 베드로 자신도 몰랐다. 베드로는 자신의 헌신과 충성심이 거짓이고 헛된 것으로 여길 수 없었다. 자기 자신도 자신을 몰랐다. 인자를 훼방하는 사건은 이렇게 일어나고 있다.

사람의 아들을 훼방하는 이가 그 자신의 충성심이 얼마나 부질없는 것인지 들통나게 되고 그러한 헌신으로부터 해방된다. 이얼마나 역설인가. 로기온 44는 혁명의 복음을 담고 있다. 역으로 인자를 훼방하지 않는 이는 사함을 받지 못한다. 목숨 바쳐 충성과 헌신을 다짐해보고 그것이 예수의 길을 훼방하는 것임이 드러나지 않은 사람에게는 충성과 헌신의 감옥에서 벗어날 수 없다. 사하심을 받을 수 없다. 세상 임금을 향한 발걸음에서 돌이킬 수 없다. 권력 곧 힘의 의지의 노예로 살 수밖에 없다. 세상 임금, 사람의 아들 예수가 죽어야 비로소 해방된다. 사하심을 받는다. 그대의 세상 임금 예수가 죽어야 메시아는, 그리스도는 세상 임금의 원리가 아님이 드러난다.

3. 성령을 훼방하면 사하심을 받지 못한다. 땅에서도 하늘에서도

아버지를 훼방하고 인자를 훼방하는 일은 곧 거룩한 영에 다가서기다. 유대교의 아버지를 부정하고 앞에 있는 신의 아들, 사람의 아들을 부정하지 않으면 그대는 여전히 그들의 노예가 되고 만다. 신 죽음의 선언과 신에 대한 부정은 그대 안의 거룩한 영을 긍정하고 그대 안의 신성을 회복하기다. 그대 안의 거룩한 영을 부정하고 그대 안의 거룩한 영을 죽이면 그대의 존재는 존재하지 않는다. 그대는 그대 자신으로 살 수 없다. 거룩한 영은 모든 존재의 숨결이다. 나는 혹자들이 말하는 '참나' 혹은 '진아'의 개념을 무수히 많은 사람이 마구잡이로 사용해 언어가 혼탁해졌고 오염되었다고 여겨 사용하고 싶지 않다. 성서는 'Holy Sprit', '하기오스 프뉴마'를 사용한다. '하기오스 프뉴마'는 바람이고 존재의 숨결이다. 거룩한 정신을 부정하면 자신 안에 성스러움이 꽃피지 않는다. 성령을 모독하면 사하심이 없다는 말이다.

인생은 누구나 거룩의 씨를 잉태하고 있다. 누구나 그의 정신은 거룩의 씨를 갖고 있다. 거룩의 씨가 발아하지 않고 꽃피지 않는 까닭은 역설적이게도 '전능하신 하나님' 때문이다. 그리고 내 앞에 있는 신의 아들, 사람의 아들로 와 있는 수많은 멘토 때문이다. 내 앞의 눈부신 현자로 인해 내 안에 있는 신성의 씨가 발아되지 않는 역설이다.

그러므로 아버지를 훼방하고, 사람의 아들을 훼방하는 곳에 해방이 있고 거룩한 영의 씨가 발아된다. 성령을 훼방한다는 것은 여전히 아버지와 인자에게 사로잡혀 있기 때문이다. 이 무슨 헛소리냐고 반문하실 분들이 많으리라.

성령은 귀신이 아니다. 거룩한 영, 홀리 스피릿은 저 밖 어디인가 있다가 우리 안에 갑자기 훅 들어와 우리를 변화시키는 그 무엇이 아니다. 오늘날 하나님이 우상이 된 것처럼, 예수가 우상이 되어 있듯, 성령이 우상이 되어 있다. 하여 성령을 강신무의 그것처럼 밖에 있는 하늘에서 쏟아지는 것처럼 오해한다. 말세에 성령을 부어주지 아니하나 보라는 말씀들을 무수히 오해하는 데서 발생한다. 말세에 하늘에서 부어주는 하늘은 저 밖의 하늘이 아니다. 하늘은 지성소의 하늘이고 그 하늘도 그대 안에 있다. 그대 안에 있는 하늘이 열려야 그곳에서 거룩한 영이 땅을 향해 쏟아진다. 이에 대해서는 새로운 주제로 논할 기회가 주어지리라. 성령은 바람이다. 어디서 오며 어디로 가는지 알 수 없는 그것은 우리 안에 이미 씨로 주어져 있다.

신 죽음과 인자 예수의 죽음이 비로소 거룩한 영을 도래케 한다. 신 죽음과 인자 예수의 죽음은 거룩한 영의 길을 여는 앞서 일어날 일들이다. 그러므로 신을 모독하지 않고서 그 길은 열리지 않는다. 요원하다. 인자의 길을 훼방하는 일이 없고서는 거룩한 영의 도래는 없다. 그러므로 성령을 훼방한다는 것은 유대교의 신을 찬양하는 것이고 독생자 예수를 우상으로 섬기는 일이다. 그곳에는 사함이 없다. 땅에서도 없고 하늘에서도 없다. 그 신이 죽어야 하고 그 예수가 죽어야 비로소 성령을 훼방하는 일도 멈추게 된다. 그곳에 아버지가 살아나고 인자가 살아나고 거룩한 영과 하나가 된다. 아버지의 영과 아들의 영은 거룩한 영이 된다.

말씀 45 낙타의 등에서 무화과를 딸 수 없다

45.1 예수가 말했다. "사람들은 가시나무에서 포도를 따지 않고 낙타의 등세르사뮬, CP6ΔMOYλ, thorn of camel, 혹은 엉겅퀴로부터 무화과를 따지 않는다. 이것들은 아무런 열매도 주지 않는다. 45.2 좋은 사람은 그의 보물ΔϨO, treasure 로부터 좋은 것을 낸다. 45.3 그러나 나쁜 사람KΔKOC PPωME, 카코스 에르로메은 그의 마음속에 있는 그의 보물로부터ΔϨO, treasure 나쁜 것ΠONHPON 포네론을 꺼낸다. 그는 나쁜 것들을 말한다. 45.4 왜냐하면 그의 마음에 크게 차지하는 것으로부터 그는 나쁜 것들을 말한다."29)

나무와 열매KΔPΠOC 카르포스의 비유는 앞서 로기온 43에서도 있었다. 43은 '나무냐, 열매냐'의 문제였다. 로기온 44는 아버지와 인자와 성령의 문제. 45는 나무와 열매는 분리될 수 없는 하나라는 것을 강조한다. 가시나무의 정체성을 갖고 있으면 그곳에서 포도가 맺힐 수 없다는 것은 자명한 이치다. 자연의 자명한 이치를 비유로 우리 의식과 마음의 세계 역시 그러하다는 격언이

---

29) 45.1 ΠEXE ĪC MΔYXEλE EλOOλE EBOλ ϨN ϢONTE OYTE MΔYKωTϤ KNTE E BOλ ϨN CP6ΔMOYλ MΔYϯ KΔPΠOC ΓΔP 45.2 O[YΔ]ΓΔΘOC PPωME ϢΔϤEINE ÑOYΔΓΔΘON EBOλ ϨM ΠEϤEϨO 45.3 OYKΔ[KOC] PPωME ϢΔϤEINE ÑϨÑΠON HPON EBOλ ϨM ΠEϤEϨO EΘOOY ETϨÑ ΠEϤϨHT ΔYω ÑϤXω ÑϨÑΠONHPON 45.4 EBOλ ΓΔP ϨM ΘOYO ÑΦHT ϢΔϤEINE EBOλ ÑϨÑΠONHPON

다. 너무도 자명한 이야기를 새삼 왜 하는 걸까. 그런데도 가시나무에서 포도 열매를 구하는 게 인생이기 때문이다. 엉경퀴 혹은 낙타의 등에서 무화과를 기대하는 게 인생이기 때문에 나온 격언이다. 선악을 알게 하는 나무에서 생명의 열매를 취할 수 없음에도 불구하고 선악을 알게 하는 나무에서 생명 나무의 열매를 취하려 한다는 게 인생이기 때문에 위와 같은 로기온이 있다.

마음의 세계도 자연의 이치와 다를 게 없으니 나무와 열매의 비유를 생각하라는 것 아니겠는가. 여전히 마음의 세계는 복잡하다. 마음의 세계에서는 순리가 아닌 역리를 주장하는 이들이 많기 때문이리라.

45.2의 '좋은 사람ⲁⲅⲁⲑⲟⲥ ⲠⲢⲱⲘⲈ, 아가도스 에르로메'에서 '아가도스'는 헬라어를 그대로 빌린 단어다. 히브리어 '토브'에 상응하는 형용사다. 옳고 그름의 선과 악을 말하는 것일까. 만일 그런 의미의 '선한 사람'이라면, 선악의 선한 사람이 되어버리기에 이 문장의 맥락과 맞지 않는다. 아가도스의 '선'은 선악의 선과는 분명 구분되어야 한다.

선악을 말할 때도 물론 '아가도스'를 사용할 수가 있으나 창세기 2장 9절에서는 선과 악, 토브 바라아 טוב ורע 를 70인 역은 '칼루 카이 포네루καλοῦ καὶ πονηροῦ'로 번역하고 있다. 그러므로 여기서 '선한 사람'은 율법의 관점에서 옳거나 혹은 그른 것에 사용하는 의미가 아니다. 생명의 관점에서 생명에 대해 참으로 그러한토브, 아가도스 사람을 일컬어 '선한 사람ⲁⲅⲁⲑⲟⲥ ⲠⲢⲱⲘⲈ' 혹은 '좋은 사람'이라 칭한다. '좋다와 나쁘다'는 그러므로 생명의 관점에서 말해진다. '좋다와 나쁘다'는 선악의 언어가 아니다. 생명의 관점에서 '좋다 혹은 나쁘다'가 통용되는 언어다. 누군가에게 막걸리는 몸에 좋은 것일 수 있으나 누군가에게는 막걸리가 몸에 해로울 수 있다. 나쁘다κακος 카코스는 말이다. 그런 경우 막걸리는 선한 것이거나 악한 것이라 하지 않는다. 좋거나 좋지 않은 것일 뿐. 그러므로 선악의 열매는 '생명'을 해치는 것이고 '좋은 것'은 생명을 이롭게 하는 것이다. 그러므로 '좋은 사람'은 내게 좋은 사람이라는 뜻이 아니라, 생명에 이로운 사람이다. 그 '정신의 생명을 이롭게 하는 사람'을 일컬어 성서는 '좋은 사람'으로 칭한다.

마태복음은 좋은 사람과 나쁜 사람의 규정에 대해 매우 단호하다. 거짓 선지자, 양의 옷잎이 무성한 나무을 입고 있으나 속에는 노략질하는 이리κακος 나쁜 열매가 있고 그것은 그의 말을 통해서 나타난다고 한다. 즉 좋은 나무와 나쁜 나무, 나쁜 열매에 대해 거짓 선지자와 대비시킨다.

거짓 선지자들을 삼가라 양의 옷을 입고 너희에게 나아오나 속에는 노략질하는 이리라 그의 열매로 그들을 알지니 가시나무에서 포도를, 또는 엉겅퀴에서 무화과를 따겠느냐 이와 같이 좋은 나무마다 아름다운 열매를 맺고 못된 나무가 나쁜 열매를 맺나니 좋은 나무가 나쁜 열매를 맺을 수 없고 못된나쁜 나무가 아름다운 열매를 맺을 수 없느니라 아름다운 열매를 맺지 아니하는 나무마다 찍혀 불에 던지우느니라 이러므로 그의 열매로 그들을 알리라(마 7:15-20)

로기온 45에서 열매는 그의 마음에 있는 것을 내는 입술의 열매 곧 '말'이다. 부활이 그 마음에 있는 생명 나무 존재의 열매라면 '말'은 부활을 나타내는 입술의 열매다. 모든 존재는 '말'로 드러나고 나타난다.

로기온 45 마음의 '창고'로 번역하고 있는 콥트어 '아호ⲁϩⲟ, treasure'는 '보물'을 일컫는 말이다. 그러므로 '좋은 사람'의 마음에 쌓은 보물은 포도와 무화과로 비유할 수 있다. 마태복음 6장 19-20절은 번역이 잘못되어 수많은 기독교인에게 오해를 불러온 구절이다. 마태복음 6장 19-20절은 로기온 45의 보물을 선명하게 주석해 주는 성구다.

마 6:19 −21 오역한 개역성경

너희를 위하여 보물을 땅에 쌓아두지 말라 거기는 좀과 동록이 해하며 도적이 구멍을 뚫고 도적질하느니라. 오직 너희를 위하여 보물을 하늘에 쌓아두라 거기는 좀이나 동록이 해하지도 못하며 도적이 구멍을 뚫지도 못하고 도적질도 못하느니라. 네 보물이 있는 그곳에는 네 마음이 있느니라(마 6:19−21).

Μὴ θησαυρίζετε ὑμῖν θησαυροὺς ἐπὶ τῆς γῆς,
메 테사우리제테 휴민 테사우루스 에피 테스 게스

에피 테스 게스ἐπὶ τῆς γῆς 땅 위에는 문장에서 장소부사가 아니라 보물을 꾸며주는 형용사구다. 그러므로 '땅 위에 있는 보물을 네게 쌓지 말라'로 번역해줘야 한다. 동시에 '너희를 위하여 보물을 하늘에 쌓아 두라’는 번역도 오역이다. 이를 바로 잡으면 ‘그러나 너희에게 하늘에 있는 보물을 쌓으라 Θησαυρίζετε δὲ ὑμῖν Θησαυροὺς ἐν οὐρανῷ’로 번역해줘야 한다. 헌금에 관한 성경 구절로 둔갑해 그동안 노략질하는 이리에 의해 수많은 사람을 기만하는 데 사용되고 있는 성구다. 물론 지금도 여전하다.

좋은 사람과 나쁜 사람은 어떤 차이가 있는 것일까. 그들 모두는 보물을 얻으려는 사람이고 취하는 사람이다. 둘의 차이는 하늘에 있는 보물을 그의 마음에 쌓고 사는 자인가, 땅 위에 있는 보물을 그 마음에 쌓고 사는 자인가로 나뉜다. 모든 사람은 자신의 보물을 말로 드러내며 산다. 말은 그의 존재를 드러낸다. 언어는 존재의 부재를 드러내고 혹은 존재를 드러낸다. 그러므로 언어는 ‘존재의 빈집’이기도 하고 혹은 ‘존재의 집’이기도 하다.

땅 위에 있는 보물이란 ‘세상 임금’이고 ‘권력의지’의 실현이고 ‘큰 자’가 되려는 가치관을 보물로 삼고 사는 이들이다. 그들의 마음에는 그같은 것이 쌓여 있다. 저 깊은 무의식의 저층 아뢰야식에까지 쌓여 있는 것, 그들의 보물을 거기에 쌓아 놓고 있다. 그들의 깊은 상처인 트라우마조차도 ‘큰 자’가 되려는 자신의 보물이 좌절당할 때마다 치유되지 않는 상처가 되어 좌절과 분노를 섞어 무의식의 저층에 쌓아 놓고 있다. 그의 말은 그의 존재를 드러낸다. 그들의 말은 언제나 선과 악의 가치를 기준으로 말하게 된다. 그들의 보물이어서 자신에게는 옳음이고 선이지만, 그것은 매우 나쁜카코스 말χω 조 say 로 나타난다. 즉 생명으로 사는데 이롭지 않다는 말이다. 그 정신의 생명을 해치는 말이다.

아브람 אברם 은 ‘크신 아버지’라는 뜻이다. 아브람은 하갈을 통해 '이스마엘 ישמעאל'을 낳는다. 그 뜻은 '하나님께서 들으실 것이다.' '하갈의 울부짖음을 들으셨다.'는 데서 유래한 것이고, 이에 대해 하갈은 '당신은 저를 돌보시는 하나님입니다'라고 고백한다. 이같은 '말'이 하갈과 이스마엘의 언어구조다. 큰 자를 지향하는 인생들은 언제나 그들의 배경에 '엘로힘'을 세우고 그가 우리를 돌보시고, 그는 나의 울부짖음을 들으시고, 언제나 내게 은혜를 베푸시는 하나님으로 고백한다. 큰 자를 지향하는 이들의 언어다. '아브람' 곧 '크신 아버지'를 향해 서 있을 때의 언어다. 여기서 맺히는 열매는 '이스마엘'이다. 그의 언어에는 존재가 깃들어 있지 않다. 그의 언어는 존재의 빈 집이다.

아브람의 시대에는 결코 '이삭'을 열매로 맺을 수 없다. 아브람과 아브라함 אברהם 은 나무가 다르다. 같은 육체를 갖고 있고 하나의 몸을 하고 있는데 그 둘은 서로 다른 나무다. 아브람이 모든 큰 자를 지향하는 이들의 아버지라면 아브라함 אברהם 은 열국의 아비다. 열국의 아비라함은 모든 나라의 아비라는 뜻일까. 나라 중 나라의 아비라는 의미가 아니다. 모든 작은 자의 아버지라는 의미다. 아브람은 사울의 아비요 아브라함은 바울의 아버지다. 아브람은 이스마엘의 아비요 아브라함은 이삭의 아비다. 아니 아브람은 이스마엘을 낳고 아브라함은 이삭을 낳는다. 이스마엘은 하나님께서 내게 은혜를 베푸셨다고 하나_{신은 언제나 자신의 편,} 이삭은 비로소 웃는다. 사레가 공주요 왕비라면 사라는 모든 자의 어머니가 된다. 모든 자란 티끌과 먼지와 같지만, 비로소 존재로 드러나는 모든 이들의 어미가 된다.

사레는 이삭을 낳지 못한다. 하갈을 통해 이스마엘을 낳는다.

사라는 이삭을 낳는다. 엉겅퀴에서는 무화과를 맺지 못한다. 가시나무에서 포도를 맺는 법은 없다. 땅 위에 있는 보물은 이스마엘이요, 하늘에 있는 보물은 이삭이다. 땅 위에 있는 보물 이스마엘을 그의 마음에 낳고 있으면 그는 이스마엘의 언어로 말할 것이고, 하늘에 있는 보물 이삭을 그의 마음에 낳고 있으면 그는 자기 마음에 쌓고 있는 좋은 것아가도스에서 좋은 말을 하게 될 것이다. 이스마엘이 그의 마음의 창고보물에 있으면 그는 카코스나쁜한 말을 하게 될 뿐이다. 이삭은 부활의 열매요 생명 나무지만 이스마엘은 땅 위의 보물, 땅 위에 있는 예루살렘이니 선악의 투쟁을 통해 자신의 보물을 쟁취하려는 속성이 세운 건축물이다. 그가 아무리 종교적인 말, '하나님이 나를 도우셨다'는 말을 한다고 해도 그것은 이스마엘의 존재존재의 빈 집 곧 부재를 드러내는 말이고 가시나무요 엉겅퀴이지 포도와 무화과는 될 수 없다. 하늘의 보물은 사흘 만에 다시 세운 새로운 건축물이다. 낙타의 등에서 무화과를 취할 수 없다. 너무나 자명한 이치다.

> 선한 사람은 마음의 쌓은 선에서 선을 내고 악한 자는 그 쌓은 악에서 악을 내나니 이는 마음의 가득한 것을 입으로 말함이니라(눅 6:45)

이것은 다음과 같이 번역할 수 있다.

좋은 사람은 그 마음의 좋은 보물로부터 좋은 것을 내고 나쁜 사람은 나쁜 것으로부터 나쁜 것을 낸다. 왜냐하면 그의 입이 마음에 가득한 것을 말하기 때문이다.

말씀 46 여인이 낳은 큰 자와 말의 구원

46.1 예수가 말했다. "아담에서 시작하여 세례 요한까지, 여인이 낳은 자 중 세례 요한보다 큰 자는 없다. 그래서 그의 눈은 주눅 들지 않을 것이다. 46.2 나는 말한다. 그러나 그대 안에 오실 분은 작은 사람이고, 그는 왕국을 알 것이며, 그는 요한보다 높을 것이다."30)

큰 자와 작은 자의 이야기는 로기온 45 나무와 열매 이야기에서도 조금은 짐작할 수 있었다. 아니 큰 자를 지향하는

ϪΙϹΕ지세, raise up; lift up; climb up

아브람의 시대가 먼저 찾아오고 작은 자의 형상에서 하늘의 보화와 아브라함이 낳게 되는 '이삭'의 메타포를 읽을 수 있었다. 로기온 46은 조금 더 분명해진다. 세례 요한의 이야기를 빌어 큰 자와 작은 자의 이야기를 대비시킨다. 아브람은 아브라함이 내어쫓는다. 아브라함으로 이름이 바뀌면 아브람 시대는 지나간다. 그때의 흔적은 이스마엘로 남는다.

---

30) 46.1 ΠΕϪΕ ῙC̄ ϪΕ ϪΙΝ` ΑΔΑΜ ϢΑ ϊΩϨΑ(Ν)ΝΗC ΠΒΑΠΤΙCΤΗC ϨΝ̄ Ν̄ϪΠΟ Ν̄Ν̄Ϩΐ
ΟΜΕ ΜΝ̄ ΠΕΤϪΟCΕ ἀϊΩϨΑΝΝΗC ΠΒΑΠΤΙCΤΗC ϢΙΝΑ ϪΕ ΝΟΥΩϬΠ` Ν̄ϬΙ ΝΕϥΒΑ
λ 46.2 ΑΕΙϪΟΟC ΔΕ ϪΕ ΠΕΤΝΑϢΩΠΕ ϨΝ̄ ΤΗΥΤΝ̄ ΕϥΟ Ν̄ΚΟΥΕΙ ϥΝΑCΟΥΩΝ Τ
ΜΝ̄ΤΕΡΟ ΑΥΩ ϥΝΑϪΙCΕ ἀϊΩϨΑΝΝΗC

이스마엘은 아브라함과 이삭이 집에서 내어 보낸다. 아브람은 인생이 모두 꿈꾸는 처음의 이상이다. 인생이 큰 자를 꿈꾸면서 낳은 자가 이스마엘이다. 아담은 가인을 낳고 아브람은 이스마엘을 낳고 리브가는 에서를 먼저 낳는다. 먼저 낳은 자 큰 자는 언제나 나중 낳은 자에 의해 밀려난다. 맏아들은 둘째 아들에 의해서 하늘의 잔칫상을 빼앗긴다. 맏아들은 큰 자를 지향하는 것의 메타포다. 큰 자의 지향이 허상이며 가상세계요 판타지일 뿐이라는 것을 알아차리고 새로운 정신으로 태어나는 자가 비로소 작은 자, 어린아이이며 둘째 아들이다.

성서에서 상징하는 처음과 나중의 메타포다. 그러므로 가상세계는 큰 자의 힘이며 큰 자의 꿈이고 비전이다. 큰 자의 삶을 이끌어가는 동력이다. 문명을 일으키는 강력한 힘을 발휘한다. 힘의 근원으로 배후에 아브람이 세워지고 엘로힘이 세워지고 동기부여를 하는 내 앞의 현자들, 강력한 리더를 앞에 세운다. 그러나 이들 모두는 존재의 나와는 상관없이 나의 욕망이 만들어 낸 판타지요 가상현실이다. 가상현실이 헛되다는 것을 알게 해 주는 것, 결국 솔로몬 지혜의 총합이 들의 백합의 영광보다 못하다는 것을 알게 해 주는 것은 두 번째 태어난 정신으로 가능하다. 그러므로 아브람은 내가 속아 온 귀신이고, 이스마엘은 나의 욕망에 속아서 태어난 나의 존재와 상관없는 나의 허상이다. 곧 귀신이다. 가상현실에 취해 사는 것, 그것을 이끄는 실체가 귀신이다. 귀신은 내 안의 '작은 자'가 내어 쫓는다. 하늘의 왕국이 가상세계에 취해 사는 아브람과 이스마엘과 에서의 삶의 양태를 내어쫓는다. 왕국은 그렇게 임한다.

아브람과 이스마엘과 에서의 집약이 세례자 요한이다. 모세와 엘리야의 집약이 세례 요한이다. 요한은 여인이 낳은 자 중 가장 큰 자라고 하지 않는가. 무슨 뜻일까. 그는 거칠 것이 없었다. 가이사의 분봉왕 헤롯의 부정不正, corruption 을 큰 소리로 꾸짖는다. 당시 세상 임금 헤롯을 꾸짖는데 거칠 것이 없으니 그의 의식의 눈은 헤롯을 향해서 부릅뜨고 꾸짖을 만큼 호기롭고 당당하다. 누구 앞에서도 눈꼬리를 내리뜨지 않는다. 주눅 드는 법이 없을 만큼 큰 자라는 말이다. 그가 큰 벼슬을 해서 큰 자라는 뜻이 아니다. 그의 의식이 큰 자로 서 있다. 왜 요한은 여인이 낳은 자 중 가장 큰 자라고 말하는 걸까. 큰 자, 크신 아버지 아브람은 반드시 큰 자의 종말을 예비한다. 아브람은 아브라함의 길을 예비한다. 아브람의 목이 떨어지고 나서야 아브라함이 도래하듯, 세례자 요한이 큰 자라는 뜻은 큰 자의 마지막을 의미한다. 세례 요한의 목이 베어져 헤로디아의 생일 선물로 소반에 담기고 나서야 예수의 길이 찾아온다. 그러므로 여기서 '큰 자'는 다분히 한 세대의 끝에 다다른 종말론적 관점에서 '큰 자'를 일컫는 개념이다.

여인이 낳은 자

여인이 낳은 자 중 가장 큰 자의 메타포는 모든 인생의 마지막 때를 상징한다. 베드로에게는 '당신을 위해 목숨을 바치겠습니다'의 순간이 세례자 요한의 모습을 하는 큰 자의 마지막 모습이고, '네가 세 번 닭이 울기 전에 나를 부인하리라'가 베드로에게서 세례 요한의 목이 떨어져 나가는 순간이다. 물론 예수의 죽음으로 베드로의 큰 자가 떨어져 나가게 되고 베드로 속 세례 요한의 목이 잘린다.

'여자가 낳은 자'에서 '여자'란 모든 인생의 처음 정신의 유형을 일컫는다. 처음 정신의 형상은 남자가 아니라 여자라는 점이다. 인간의 정신은 누군가로부터 씨를 받아야 비로소 의식이 활성화되기 때문이다. 누군가의 말을 듣고서 그 의식이 싹트고 활성화되며 성장한다. 누군가의 말을 듣지 않고는 의식의 세계가 열리지 않는다. 의식의 세계가 태어나지 않는다. 그러므로 그 의식은 씨를 받아야 하는 여자의 형상을 하고 있다. 그러므로 씨를 받아야 하는 여자의 형상이란, 타자 자아로 살 수밖에 없는 때를 일컫는다. 이 시기를 지나 존재 자아로 다시 태어나는 때를 일컬어 여자가 비로소 남자가 되었다고 말한다. 밖에서 주어지는 씨로 사는 게 아니라, 비로소 씨알의 사람, 씨주머니의 사람, 얼 사람으로 다시 태어나는 것, 로기온 114에서 말하듯 여자가 남자가 되는 원리를 일컫는다.

그러므로 타자의 말에 중독되어 gaslighting 타자의 언어를 자기 말인 양 살아가는 앵무새 시대의 정신 현상이 여자다. 생물학적 여성성을 정신의 메타포로 옛사람들이 그렇게 그리고 있다. 그러므로 앵무새의 언어는 존재의 빈집일 뿐, 거기 화려한 수사로 표현된다 해도 타자의 그림자가 머물고 자기 자신의 존재는 보이지 않는다. 이때는 의존적일 때이고, 자신의 삶을 스스로 살지 못한다. 누군가의 판단과 결정에 의존한다.

따라서 자신의 근거가 자신에게 있는 것이 아니라, 타자 곧 거기 그렇게 있는 예수를 기둥으로 삼고자 한다. '당신을 위해 목숨을 바치겠습니다'의 충성 맹세와 서약의 언어가 난무한다. 여자가 낳은 자로 살 때는 자신의 언어가 없다. 자기 언어의 부재, 타인의 언어를 국어로 삼는다. 이른바 창씨를 개명하고 모국어를 잃어버리고 사는 것, 타인의 언어에 포로가 되어 식민 백성으로 사는 때. 그 정신의 형상이 여인이다. 이것은 여성 폄하가 아니라, 여성의 생물학적 특성을 비유로 정신의 현상을 설명하는 옛사람들의 어법이고 비유다. 그러므로 생물학적 여성을 여성이라고 하는 게 아니다. 생물학적 여성이라 해도 그 정신은 얼마든지 남성성을 담고 있을 때, 몸은 여성이나 그의 정신은 남성이다. 열두 제자도 생물학적으로는 남성이나 그의 정신의 형상은 여자다. 그가 남자가 되기까지는 '여자'로 묘사된다.<요 16:21 참조, 생물학적 남성의 제자들을 해산하는 여인으로 비유>

그런 점에서 여자가 낳은 자 중 가장 큰 세례자 요한에 대한 상징이 있다는 것. 그는 율법의 마지막에 나타난다. 두로 왕의 모습이고 헤롯을 엄하게 꾸짖는 정의의 사도 모습을 하고 있지만, 그 목이 잘려나가지 않으면 작은 자 예수가 올 수 없다.

베드로에게 예수는 먼저 작은 자 예수가 아니라 큰 자 예수로 온다. 큰 자 예수로 오해하여 그에게 충성 맹세를 하는 때가 베드로에게 있는 세례자 요한의 모습이라는 것.

자기 언어를 찾고 회복하게 하는 것, 나라와 방언에 생명의 소리가 전파되어야 할 까닭이 아닌가. 아담부터 요한에 이르기까지 여자가 낳은 자 중에 세례 요한이 가장 큰 자라는 말이 뜻하는 바라고 나는 그렇게 해석한다. 큰 자를 지향하는 율법 시대의 사람은 누군가에게는 눈을 내리깔고 혹은 누군가에게는 눈을 부릅뜬다. 헤롯을 꾸짖을 때는 기세가 등등한 눈을 하고 있으나, 하늘의 은총을 구할 때는 한없이 눈을 땅 아래로 향하고 위를 보지 못한다. 비록 고개를 들어 하늘을 우러러보며 기도한다고 할지라도 그의 눈은 한없이 작아져 있고 쇠약한 눈ἐκλείποντας ὀφθαλμούς 을 하고 있다.신명기 28:65 참조 브레이크 아이ⲚⲞⲨⲰϭⲠ ̄Ⲛϭⲓ ⲚⲈϤⲂⲁⲗ, breaken eye, 깨진 눈가 아닐까.

아브라함의 자손이라는 유대인의 자부심에 이 돌들로도 아브라함의 자손을 만들리라. 도끼가 나무뿌리에 놓여 있다고 외쳐 말할 때, 요한보다 큰 자가 또 있을까. 그러므로 세례 요한이 주눅 들지 않는 눈을 하고 있다는 것은 큰 자를 상징하는 표현이지만 역설적으로 그 눈에 힘이 들어가 있다는 뜻이기도 하니 이면에는 그 반대의 뜻도 내포한다. 마치 한밤중 온 동리의 개가 일제히 우렁차게 짖어대는 소리는 동시에 두려움의 표현이기도 하듯, 큰 자를 지향해 서 있는 이들의 특성이다.

큰 자를 지향하는 세례 요한의 시대가 지나가야 작은 자의 왕국이 찾아온다. 아브람이 지나가야 아브라함이 찾아온다. 사울의 기세등등이 지나가야 바울의 시대가 찾아온다. 모세와 엘리야와 예수의 때가 지나가야 그대 안에 있는 작은 음성, 미세한 소리를 듣게 된다. '이는 내 사랑하는 아들이요 내 기뻐하는 자'는 그대 안에 있는 생명의 존재 작은 자다. 어린아이로 그대 안에서 제소리로 그대에게 말하기 시작한다. 그대는 그의 소리작은 자를 들어야 한다. 그럴 때 의식은 자신의 언어로 독립하게 되고 존재의 빛을 발하게 된다. 존재의 불안이 해소되고 자기 소리,

자기 말, 자기 언어를 갖게 된다. 비로소 '말'이 타자로부터 해
방되고 자신의 언어를 갖게 되니 '말'의 구원이다.

말씀 47 두 마리의 말과 두 개의 활

47.1 예수께서 말씀하셨다. "사람이 두 마리의 말을 타거나 두 개의 활을 당길 수는 없다. 47.2 종이 두 주인을 섬길 수도 없다. 그렇지 않으면 한 주인은 공경하고 다른 주인은 모욕할 것이다. 47.3 아무도 묵은 포도주를 마시고 곧바로 새 포도주를 마시고 싶어하지 않는다. 47.4 새 포도주를 낡은 가죽 부대에 넣지 아니하니 찢어지지 아니하고 묵은 포도주를 새 가죽 부대에 넣지 아니하니 찢어지지 아니하고 47.5 낡은 천을 새 옷에 꿰매지 아니하니 찢어질 것이기 때문이라."31)

47.1은 헬라어로 기록되지 않은 예수의 말씀이다. 곧 아그라 파 ἄγραφον ; '그리스어로 쓰이지 않은'이라는 뜻이고 단수형으로 ágraphon 이다는 정경 복음서에 나오지 않는 예수의 말씀이다. 1776년 독일 성경 학자 JG 쾨르너가 처음 사용한 용어다. 두 마리의 말을 타는 얘기,

---

31) 47.1 ⲡⲉϫⲉ ⲓⲥ̄ ϫⲉ ⲙⲛ̄ ϭⲟⲙ ⲛ̄ⲧⲉ ⲟⲩⲣⲱⲙⲉ ⲧⲉⲗⲟ ⲁϩⲧⲟ ⲥⲛⲁⲩ ⲛ̄ϥϫⲱⲗⲕ̀ ⲙ̄ⲡⲓⲧ ⲉ ⲥⲛ̄ⲧⲉ 47.2 ⲁⲩⲱ ⲙⲛ̄ϭⲟⲙ̀ ⲛ̄ⲧⲉ ⲟⲩϩⲙ̄ϩⲁⲗ ϣⲙ̄ϣⲉ ϫⲟⲉⲓⲥ ⲥⲛⲁⲩ ⲏ ϥⲛⲁⲣ̄ⲧⲓⲙⲁ ⲙ̄ⲡⲟⲩⲁ̀ ⲁⲩⲱ ⲡⲕⲉⲟⲩⲁ ϥⲛⲁⲣ̄ϩⲩⲃⲣⲓⲍⲉ ⲙ̄ⲙⲟϥ̀ 47.3 ⲙⲁⲣⲉ ⲣⲱⲙⲉ ⲥⲉ ⲣ̄ⲡⲁⲥ ⲁⲩⲱ ⲛ̄ⲧⲉⲩⲛⲟⲩ ⲛ̄ϥ̀ⲉⲡⲓⲑⲩⲙⲉⲓ ⲁⲥⲱ ⲏⲣⲡ̀ ⲃ̄ⲃⲣⲣⲉ 47.4 ⲁⲩⲱ ⲙⲁⲩⲛⲟⲩϫ̀ ⲏⲣⲡ̀ ⲃ̄ ⲣ̄ⲃⲣⲣⲉ ⲉⲁⲥⲕⲟⲥ ⲛ̄ⲁⲥ ϫⲉⲕⲁⲁⲥ ⲛ̄ⲛⲟⲩⲡⲱϩ ⲁⲩⲱ ⲙⲁⲩⲛⲉϫ̀ ⲏⲣⲡ̀ ⲛ̄ⲁⲥ ⲉⲁⲥⲕⲟⲥ ⲃ̄ⲃ ⲣ̄ⲃⲣⲣⲉ ϣⲓⲛⲁ ϫⲉ ⲛⲉϥⲧⲉⲕⲁϥ̀ 47.5 ⲙⲁⲩϫⲗ̄ϭ ⲧⲟⲉⲓⲥ ⲛ̄ⲁⲥ ⲁϣⲧⲏ(ⲛ) ⲛ̄ϣⲁⲉⲓ ⲉⲡⲉⲓ ⲟ ⲩⲛ ⲟⲩⲡⲱϩ ⲛⲁϣⲱⲡⲉ

두 개의 활을 당길 수 없다는 얘기는 정경복음에 나오지 않는다. 그러나 도마복음은 예수의 말씀이라 기록한다. 비유가 명증하다. 두 주인을 섬길 수 없다는 것은 너무나 자명하다는 것이다. 그런데도 둘 사이에서 갈등하는 장면이 로마서 7장이다.

로마서 7장에 나오는 두 마리의 말 혹은 두 개의 활은 두 남편으로 비유된다고 하겠다. 율법의 화살이 있고, 그리스도의 화살이 있다. 마음에는 두 법이 싸운다고 바울은 매우 실존적 묘사를 한다. 두 마리의 말을 탈 수 없는 것은 너무나 자명한 이치임에도 불구하고 마음의 법에서는 두 법의 지배를 받으려는 갈등의 시기가 있다는 것 아니겠는가. 사망의 법과 생명의 법은 두 마리의 말인 셈이다. 두 개의 활인 셈이다. 이럴 수는 있겠다. 한 번은 적토마를 탔다가 다른 때는 흑토 마를 바꿔 탈 수는 있겠다. 그런데도 동시에 두 마리의 말을 탈 수는 없는 법이다.

도마복음은 두 주인이 재물과 하나님이라고 명시적으로 말하지는 않는다. 공관복음에는 두 주인이 재물과 하나님이라고 명시적으로 말한다. 그런 점에서 공관복음이 도마복음의 의미를 확장하고 주석하고 있다고 보아도 무리가 아니다. 도마복음의 아포리즘이 공관복음보다 앞선 것으로 추론하는 근거가 되기도 한다.

맘모니즘이 어느 시대나 전면에 등장하지만, 재물이란 단지 돈이나 명예를 탐하는 것을 의미하지 않는다. 성서에서 화폐는 매우 상징적인 장치다. 불의의 재물이란 가이사의 형상이 그려져 있는 돈을 불의의 재물이라고 은유한다. 그러므로 여기서 재물은 보다 더 깊은 의미가 있다. 인간의 정신은 가이사의 형상을 한 가이사의 화폐로 상징되거나, 하나님과 그리스도의 형상을 한 하나님의 화폐로 나뉜다. 따라서 재물이란 불의의 재물, 하나님의 형상과는 전혀 다른 가이사의 형상 혹은 네부카드네자르의 신상의 모습을 하는 인간의 정신 현상을 일컫는다. 소유형 인간, 재물을 사랑하고 혹은 재물을 주인으로 섬기는 자의 정신 현상이다.

저기 있는 토지나 건물은 죄라거나 의가 아니다. 선한 것도 악한 것도 아니다. 의롭다거나 불의한 것도 아니다. 돈은 말 그대로 중성이고 중립이다. 그것을 향해 서 있는 인간의 정신 유형, 그것이 문제다. 재물 곧 가이사의 형상으로 만들어진 화폐를 좇아서 사는 것, 비록 하나님의 이름을 전면에 내세운다 해도 그는 재물을 주인으로 섬기는 사람이다.

모세는 바로 공주의 아들로 여기는 애굽의 보화를 좇기보다 그리스도로 인하여 고난받는 것을 더 큰 재물로 혹은 더 큰 보화로 여겼다고 하지 않는가. 그러므로 바로의 형상은 주인과 노예의 형상이다. 큰 자 이데올로기에 종속되어 사는 이는 누군가에게는 큰 자로 주인 역할을 하려 하고 또 누군가에게는 늘 굴종적이고 노예로 사는 유형이다. 그 정신이 가이사의 형상과 바로의 형상과 네부카드네자르의 형상을 하고 있다. 인간은 두 마리의 말을 동시에 탈 수 없고 두 개의 활을 동시에 사용할 수 없다. 하나님의 이름을 빌려 말한다 해도 그에게 예수 가이사, 야웨 가이사, 엘로힘 가이사의 그림이 그려져 있는 가이사의 화폐는 하나님과 상관없다. 하나님의 것은 하나님에게 가이사의 것은 가이사를 향할 뿐이다. 둘은 결코 양립할 수 없다. 그러나 머리가 두 개인 괴물은 언제나 있게 마련이다.

가이사의 형상을 한 가이사의 것, 그는 옛 포도주를 즐긴다. 오래된 술을 더 선호한다. 묵은 것이 깊은 맛을 내고 값어치 있다고 한다. 본래 장맛과 술은 오래될수록 맛이 있다고 하지 않는가. 누가복음의 지적대로 "묵은 포도주를 마시고 새것을 원하는 자가 없나니 이는 묵은 것이 좋다 함이니라"눅 5:39는 것이 일반적이다. 오늘날도 술에 관한 관행은 마찬가지다. 오래된 것일수록 비싼 값을 지급한다. 오래된 것과 새것으로 말한다면 술의 비유가 적절하지 않다고 여기는 이들도 있어 보인다. 옛 술과 새 술은 재물과 하나님의 비유와 자연스럽지 않다는 것이다.

성서는 이 점에서 단호하다. 옛 술에 대해서는 '술 취하지 말라'고 하는가 하면 새 술에 대해서는 '새 술에 취하라'고 권고한다. 보편적인 포도주 문화에 대한 상식과 반한다. 그러므로 여기에 등장하는 술은 당연히 매우 상징적인 메타포인 셈이다. 새 술은 물이 변하여 포도주가 된 술이다. 아브람 시대에는 이스마엘을 낳고 그들은 '하나님이 나를 도우셨다.' '하나님이 나의 울부짖음을 들으셨다.'라는 술에 취해서 산다. 솔로몬의 성전을 건축하고 수레에 싣고 온 시바 여왕의 보물에 취해서 산다. 솔로몬의 지혜가 탐스러워 보이고 부와 귀를 은혜로 베푸시는 하나님의 은총에 감읍한다. 이 포도주는 마침내 진노의 포도주가 되어 버린다.

누가복음에 "묵은 포도주를 마시고 새것을 원하는 자가 없나니"는 그러므로 세태에 대한 장탄식이다. 즉자존재옛 술로 머물려고 하고 그 관성에 젖어 새로운 자신을 향해 나아가려는 대자존재새 술에 대해 무관심한 이들의 속성을 탄식하는 소리다. 생명은 머무는 것이 아니다. 흐름이고 바람이기 때문에 날마다 옛것에 대해 죽고 새것에 대해 사는 것이다. 그러나 사람들은 옛것을 좋아한다. 머물기를 좋아하고 타성에 취해서 산다. 오래되어 굳어진 습성에서 벗어나는 것을 몹시도 싫어한다. 왜 그럴까. 묵은 포도주에 아브람은 99년 길들었기 때문에 명년 이맘때에 네게 아들이 있으리라는 새 포도주의 예언에 대해 아브람과 사래는 웃어넘긴다. 묵은 포도주가 익숙한 맛이기 때문이다. 묵은 포도주가 훨씬 깊고 부드럽다고 여기기 때문이다.

오래 굳어진 습성에서 벗어나는 것을 싫어하고 그대로 유지하려는 관성을 흔히 보수적인 성향이라고 하나, 생명은 그렇게 박제되어 있을 수 없다. 가죽 부대는 끊임없이 새로 생산된다. 한 번 생산된 가죽 부대를 영원히 간직할 수 없다. 인생의 의식은 어느 곳에선가 잠시 머물며 기쁨을 누리다가도 언제나 새로운 것을 향해 떠나는 유목민의 속성이 있다. 노마드는 정신의 생명적 속성을 잘 표현한다. 생명은 머물지 않고 떠나는 나그네의 속성이 있는 것이고, 생명은 정착촌이 아니라 바람처럼 흐름을 좇아서 사는 근본적 속성이 있다. 이를 거부하는 것에서 도그마가 형성되고 정신은 지배와 피지배, 주인과 노예의 프레임에 갇히게 된다.

옛 술을 담았던 가죽 부대는 새로운 술을 담을 수 없다. 새 술은 이미 발효과정을 끝내고 숙성하고 있는 것을 담고 있던 낡은 가죽 부대를 찢는다. 새 술은 역동적으로 발효를 계속하기 때문이다. 술을 빚어본 이들은 새 술이 빚어지는 동안 얼마나 요동하는지 낡은 가죽 부대가 감당할 수 없을 만큼 발효과정이 역동적이라는 것을 안다. 그러므로 가죽 부대에 술을 담가 마시던 중근동의 옛날 사람들에게는 매우 자연스러운 표현인듯하다.

생 베 조각과 낡은 옷으로도 비유하고 있다. 혹은 낡은 천과 새 옷으로도 비유하고 있다. 마태복음과 마가복음은 생 베 조각을 낡은 옷에 기우는 것으로 서술된다. 도마복음은 새 옷에 낡은 베 조각을 기우는 것으로 비유한다. 물론 베옷은 우리말로 번역하면서 채택된 것일 테지만 비유를 훼손하지는 않는다.

도마복음 47의 아포리즘은 두 마리의 말을 탈 수 없고 두 개의 화살을 동시에 쏠 수 없는 자명한 이치를 말하고 있다. 그런데도 정신과 의식의 세계에서는 그 같은 어처구니없는 일들이 일어나기에 이런 로기온이 기록된다.

낡은 옷에 새 천을 깁는 시도는 의미가 없다. 낡은 옷도 찢어지고 새로운 천도 낭비되고 만다. 에너지만 소비된다. 역으로도 마찬가지다. 새 옷에 낡은 천을 기우려 하지 마라. 생명의 흐름에 박제된 교리를 가져다 훈계하려는 시도는 에너지만 낭비된다.

로마서에 담겨 있는 바울의 도도한 생명의 흐름을 좇고 있는데, 1500년 이후의 인물인 깔뱅의 예정론을 들이대며 바울의 새 옷을 예정론의 헌 조각을 붙여서 옷 매무새를 새롭게 하려는 것은 누더기 옷을 만드는 것일 뿐 교란과 갈등, 끝없는 미로에 빠지게 한다. 가짜 뉴스가 실제가 되고 다수의 사람은 분별할 능력이 없어 어느덧 가짜가 주류를 형성한다.

내가 보기에 깔뱅의 예지예정론과 선택 교리는 바울의 표현을 오해한 대표적인 가짜 뉴스였음에도 불구하고 오백 년을 넘게 개신교를 지배하고 있다. 대부분 개신교인은 죽은 깔뱅의 교리에 포획된 채 그 정신이 심하게 병들어 있다. 개신교인들은 유대교보다도 더한 선민의식에 찌들어 있다. 극우 파시스트적 성향의 뿌리에 중시조 깔뱅이 있다고 하면 지나친 표현일까. 새 옷에 헌 옷 조각을 붙여 만든 옷을 입고 있는 오늘 기독교의 파괴적 군상이다.

그 역도 마찬가지다. 이제 기독교는 헌 옷을 입고 있다. 생베 몇 조각 붙인다고 해서 새 옷이 될 수 없다. 그러므로 기독교가 개혁되기를 기대하지 않는다. 그곳에서 벗어나는 길밖에 없다. 살기 위해 가나안 교인이 된다. 새 술은 새 부대에 담아야 하고, 새 천과 낡은 천을 섞어서 옷을 만들 수는 없다.

두 주인을 섬길 수 없고 두 마리의 말을 동시에 탈 수 없고 두 개의 활을 쏠 수 없는 자명한 이치가 있음에도 불구하고 현실에서 그 의식 활동은 끊임없이 둘을 섞어 합금을 만들려는 시도가 무한 반복되고 있어서 로기온 47은 오늘도 우리에게 무서운 경구로 읽힌다.

말씀 48 긍휼과 진리의 만남
의와 화평의 입맞춤

예수께서 말씀하다. "한ογωτ, single 집에서 두 사람이 서로 화평을ειρηνη, 에이레네 이루고, 산ταγ, 타우에게 '이동하라'고 하면, 산이 움직일 것이다."32)

공관복음의 평행구절은 마태복음 18:19; 마가복음 11:23마태복음 21:21; 고린도전서 13:2 참조 절이다.

한 집에서 둘이 평화를 이룬다는 것, 성서의 이야기 속에는 한 집안의 다툼과 화해의 이야기로 수놓아져 있다. 아담의 집에는 가인과 아벨의 다툼이 있었다. 아브람과 아브라함, 그리고 이스마엘과 이삭의 갈등. 대를 이어 갈등은 계속된다. 이삭의 가정에서는 에서와 야곱이 있다. 분명 둘의 다툼과 갈등으로 점철된다. 화평의 방법도 조금씩 다 다르다. 다툼과 갈등은 둘이 전혀 다른 시선, 다른 방향을 향해 서 있기 때문이다.

가인은 아벨을 죽인다. 가인의 승(?)이다. 그러나 죽은 아벨

---

32) ΠΕΧΕ ĪC ΧΕ ΕΡϢΑ CΝΑΥ Ρ̄ ΕΙΡΗΝΗ ΜΝ̄ ΝΟΥΕΡΗΥ Ζ̄Μ ΠΕΙΗΕΙ ΟΥΟΤ` CΕΝΑΧ

ΟΟC Μ̄ΠΤΑΥ ΧΕ ΠΩΩΝΕ ΕΒΟΛ ΑΥΩ ϤΝΑΠΩΩΝΕ

대신 다시 셋이 태어난다. 가인은 아담의 집에서 쫓겨난다. 한 집안에서 이뤄지는 화평은 한 사람 가인이 내어 쫓김으로 평화가 찾아온다. 이것은 이스마엘과 이삭도 같은 패턴이다. 아벨이 죽고 셋이 태어난 그림은 모리아 산에서 이삭이 제물이 되려는 순간 숲에 있던 어린양이 제물 되는 것으로 이삭이 다시 살아난다. 여호와 이레라는 유명한 말을 남기는 그림에서 조금 변주가 이뤄지긴 하였으나 아벨과 셋의 유형이 그곳에 서려 있다. 여기서 잠시의 평화는 그렇게 찾아온다.

에서와 야곱은 어떠한가. 형제 사랑은 에서와 야곱에서 실현된다. 에서와 야곱은 한 집 안에 있던 둘이 평화를 이루는 매우 좋은 사례다. 에서가 먼저 태어난다. 에서는 자유자 이삭이 낳은 자이니 자유를 우선하는 우리 인생들의 속성이다. 자유는 사랑을 움츠러들게 한다. 야곱은 사랑의 상징이다. 나의 자유를 우선하게 되면 자유는 팥죽을 선호하게 된다. 왜냐하면 그것이 자유의 특권이기 때문이다. 에서는 팥죽을 취하는 것이 전혀 이상하지 않았다. 자신의 권리를 행사한 것이기 때문이다. 자신의 권리가 우선되면 배려와 긍휼의 마음자리가 설 곳을 잃는다. 동생 야곱은 주눅 들어 있고 움츠리게 된다.

왜 사랑이 동생일까. 그것은 자유가 찾아온 다음에 태어나는 것이기 때문이다. 자유가 없는 사람에게 요구되는 '사랑'은 강요요 폭력이고 율법 중의 율법이다. 자유가 없는 사람에게 요구되는 사랑은 연자맷돌이다. 그에게 사랑은 질 수 없는 무거운 계명이 되고 만다.

그러므로 사랑은 자유의 동생이다. 자유의사에 따라 베푸는 사랑은 결코 무거운 짐이 아니다. 후회가 없다. 그러므로 자유는 사랑으로 완성된다. 사랑의 속살이 채워질 때 비로소 자유도 자유가 된다. 자유와 사랑이 둘이 아니라 하나가 될 때 자유는 자유로 완성되고 사랑은 자유에 의해 꽃핀다. 자유와 사랑이 둘이 아니라 '하나'가 되는 것. 각자의 방향을 향해 있는 것이 아니라, 같은 방향을 향해 멍에를 메는 것, 자유와 사랑은 두 마리의 말이 아니라 한 마리 말이 될 때 비로소 화평이 찾아온다. 한 집안에 둘이 아니라 Single One 이 되는 것은 에서와 야곱, 야곱과 에서의 관계에서 비로소 찾아온다. 형제 사랑 이야기는 야곱의 세대에서 가능한 이야기다.

하나님 나라의 유업은 아브라함과 이삭과 야곱을 통해 이뤄진다. 각 세대아이온마다 조금씩 유형을 달리한다는 것은 세대를 넘어서 생명의 계보가 이뤄진다는 말이고, 이는 동시에 각각의 절기를 따라서 이뤄진다는 말이기도 하다.

한 집안 둘 이야기는 내면에서 두 정신의 현상을 일컫는다. 갈등과 전쟁은 둘이 있기 때문이다. 생각이 하나면 갈등이 있을 수 없다. 한 집안에는 항상 둘이 있게 마련이다. 양립할 수 없는 타자 자아와 존재 자아가 한 집안에 있다. 때로는 하나를 내어쫓아서 평화를 이루고 때로는 둘이 화해하고 하나를 이룬다.

산을 옮긴다는 것

'산 히 הר 할, 콥 ται타우, 헬 ὄρος 오로스'

영어 Hill 은 히브리어 '할'에서 유래했음을 짐작할 수 있다.

그 뜻은 Mountain, hill, hill country 다.

산이란 무엇일까. 산을 옮긴다는 말은 어떤 뜻으로 하는 말일까.

신약성서에는 산을 옮길 만한 믿음으로 겨자씨를 일컫는다. 아울러 산을 옮길 만한 믿음이 있어도 사랑이 없으면 아무것도 아니라고도 말한다.

그렇다면 믿음의 결국은 산을 옮기는 것이고, 산을 옮기는 것의 결국은 영혼의 구원 곧 사랑에 있다는 것. 산을 옮긴다는 것은 그것을 바다에 던질 수도 있으나 산을 옮겨 므깃도의 언덕hill을 이루게 하는 것. 그러므로 산을 옮긴다는 것은 마지막 큰 전쟁을 하는 것이기도 하다. 어떤 전쟁일까.

믿음은 자유를 잉태하고 자유는 더 큰 자유와 사랑을 잉태한다. 믿음은 태산산같은 자신의 의, 큰 자를 향해 용맹정진하며 지금까지 쌓아 올린 수많은 스펙에 대한 자긍심 등을 므깃도로 내버리면서 자유를 낳고, 자유는 자유로 이룬 자유의 대헌장을 자제하며 사랑을 낳는다.

사랑은 그에게 믿음을 낳게 하고 그가 자유를 잉태케 하고 그에게 사랑의 사람을 향해 서 있게 한다.

이때 산은 무엇을 말하는 것일까? 앞서 세운 교리체계, 삶의 규칙을 전승해주는 모든 현자의 시스템은 산을 이룬다. 모든 교리체계는 큰 자를 향해 있다. 종교적인 달콤한 이야기들도 결국은 천국에서 큰 자를 향해 있다. 사랑과 헌신과 인류애의 당의정을 입고 있지만, 그 속에는 더 큰 자를 향한 욕망을 담고 있다. 모든 교리체계는 큰 자 아브람의 하나님을 중심으로 세워진다.

인생의 처음에는 수많은 교리체계가 삶의 규칙을 정해준다. 산 같은 현자들의 깨우침을 배워 사람답게 사는 도리를 터득하려 얼마나 많은 수고를 아끼지 않는가. 타자의 가르침과 전승을 통해 얻은 배움을 토대로 무던히 애쓰며 자신의 삶을 세워가려는 것, 이것이 또다시 산을 이룬다. 진리가 여기 있다는 소리에 그것을 따라 계보를 만들고 학파를 이루며 그룹을 형성한다. 성서는 이런 현상을 '산'으로 비유한다. 산은 감히 옮길 수 없다. 엄두가 나지 않기 때문이다. 이산은 옮겨야 할 산이고 바다에 던지거나 므깃도의 언덕에서 피 흘리며 베어져야 할 산이다.

현대인들은 말할 것이다. 산은 믿음으로 옮기는 게 아니라 포크레인으로 옮기는 거다. 자고 나면 산이 없어지고 도시가 들어선다. 네옴시티의 거대프로젝트 앞에서 사막에 샘이 나는 것은 현대인의 자본과 기술력이 만든다고 할 것이다. 겨자씨의 믿음은 현대인의 자본력과 기술력 앞에서 고리타분한 이야기가 되고 말 것이다.

그러므로 산을 옮긴다는 산은 내 눈앞의 저 산을 일컫는 게 아니라는 말이다. 이야기꾼들은 산을 이야기에 담을 때, 단순한 물리적인 산을 의미하지 않는다. 가나안의 중심에 에발산과 그리심산이 있었고 그 각각의 종교적 의미가 담겨 있듯, 산은 옛사람들에게 각별한 의미가 있다. 전쟁이 나면 적을 피해 숨어드는 곳이 산이었으니 피난처요 생명을 보존하는 곳이 산이다. 숲은 수많은 생명을 살리는 곳이기도 하고 기도처이기도 하고 피난처이기도 하고 각각 종교적 의미를 담고 인간과 호흡하는 곳이다. 가능한 한 높은 산에 올라 신께 제단을 쌓는 풍습은 어느 민족이나 있게 마련이다. 산은 종교적 의미와 밀접하게 연관을 갖는다.

성서는 크게 두 종류의 산이 언급된다. 하나님의 산들로 묘사되는 시온 산, 여호와의 산, 압제당하는 자가 피할 산성으로 여호와의 산이 자주 등장한다. 그런가 하면 대척점에 성격을 전혀 달리하는 산이 등장한다. 너희 높은 산들아 어찌하여 하나님이 거하시려 하는 산을 시기하여 보느뇨시 68:16 모름지기 높은 산들을 향하여 탄식하는 시詩다. 하나님이 거하는 산을 시기하는 산이 있다.

시내산은 모세가 율법을 받아 돌비에 담아온 산으로 유명하다. 시내산은 율법의 시스템을 상징한다. 시인은 노래한다. 광야를 행진할 때, 저 시내산도 진동하였다고

하나님이여 주의 백성 앞에서 앞서 나가사 광야에 행진하셨을 때에(셀라) 땅이 진동하며 하늘이 하나님 앞에서 떨어지며 저 시내산도 하나님 곧 이스라엘의 하나님 앞에서 진동하였나이다(시 68:7-8)

비록 그가 처음에는 법의 봉우리를 피난처로 삼고, 비록 처음에는 헌신과 충성을 통해 자기 의를 이루는 높은 산에 오른다 해도 겨자씨만한 믿음만 있으면 그 산은 옮길 수 있다. 태산같이 무거운 율법의 산이 무너지게 할 수 있다는 말이다. 예루살렘 성전은 높은 산 위에 세워져 있다. 해발 800여 미터 위에 세워진 산성이다.

겨자씨의 믿음은 땅을 진동케 하고 대지를 가른다. 하늘이 열리고 개천의 시간을 맞이한다. 그들이 세운 교리체계의 산봉우리에 올라 진리를 설파하려는 유혹에서 비로소 벗어난다. 깔뱅의 후예들이 체계를 세운 깔뱅주의의 높은 산봉우리, 깔뱅 학파의 견고한 성을 두려움 없이 바다에 던질 수 있다. 그러므로 산을 옮긴다는 말은 앞선 타자가 세워놓은 각종 이론체계와 교리체계들이다. 우리의 정신을 포획하는 각종 그물이다. 너무나 촘촘한 논리에 의해 높아진 봉우리여서 감히 옮길 수 없다. 너무나 눈부서서 제대로 쳐다볼 수조차 없다. 무지를 한탄하고 믿음 없음을 탓하게 하는 수많은 눈부신 교리체계들, 높은 산들을 어떻게 넘어설 수 있을까.

저 견고한 돌로 지은 예루살렘 성전은 땅에 있는 산을 상징하는 결정체다. 예수는 돌 하나도 돌 위에 남지 않고 다 무너지리라고 예언했다. 산이 무너지고 산은 다시 세워진다. 그 산은 곧 땅 위의 예루살렘이 아니라, 시온 산이다. 시온 산은 야웨의 산이다. 시내 산이 진동하고 다시 맞이하는 산, 시온 산을 향해 서 있다. 산을 옮겼다 해도 사랑이 없으면 아무것도 아니란다. 바울이 고린도 에클레시아에 보내는 서신에서 하는 말이다.

겨자씨 같은 믿음이 산을 옮기는 것이지만, 한 집에서 둘이 하나가 되는 것, 그것이 산을 옮기게 하는 비법이라고 도마복음 48은 말한다. 도마복음 48이 말하는 산은 그러므로 시내산의 상징을 넘어선다. 수많은 산의 종류가 있으나 도마복음 48에서 말하는 '산'은 에서의 자유가 넘치는 산이다. 에서는 자유의 산을 높이 세운다. 자유만이 지고의 가치다. '자유 아니면 죽음을 달라.’ 18세기 미국의 독립운동가 패트릭 헨리의 외침이다. 자유의 높은 산은 자신의 자유에 대한 고집으로 타인을 위축시킨다. 사랑이 움츠러든다. 그러므로 자유가 자신의 자유를 가지고 자유를 기꺼이 자제하는 데서 사랑이 움트고 자유와 사랑은 둘이 아니라 하나가 된다. 자유를 주창하는 자유로 높아진 에서의 산을 무너뜨리고 에서와 야곱은 둘이 하나가 되는 비결이 도마복음 48에 숨어 있다.

시인은 이런 노래를 부른다.

긍휼과 진리가 같이 만나고 의와 화평이 서로 입맞추었다
(시 85:10)

이는 너무나 아름답고 위대하다. 긍휼과 진리가 서로 따로따로일 때가 있다는 말이 아닌가. 의와 화평이 한 집안의 형제이나 따로 국밥으로 놀 때가 있다는 말이 아니고 무엇이랴.

날카로운 진리는 긍휼의 자리를 박탈한다. 진리는 긍휼의 마음을 약화하고 자신의 산 같은 의는 타인을 향해 의롭지 못하다고 비난하니 거기 평화가 숨을 쉬지 못한다.

그러므로 긍휼과 진리가 같이 만나고 의와 화평이 서로 입맞춤할 때, 비로소 산은 옮겨 바다에 내던질 수 있다.

주의 의는 하나님의 산들과 같고 주의 판단은 큰 바다와 일반이라 여호와여 주는 사람과 짐승을 보호하시나이다(시 36:6)

여호와는 또 압제를 당하는 자의 산성이시요 환난 때의 산성이시로다(시 9:9)

여호와의 산에 오를 자 누구며 그 거룩한 곳에 설 자가 누군고(시 24:3)

주는 나의 반석과 산성이시니 그러므로 주의 이름을 인하여 나를 인도하시고 지도하소서 저희가 나를 위하여 비밀히 친 그물에서 빼어 내소서 주는 나의 산성이시니이다(시 31:3-4)

너희 높은 산들아 어찌하여 하나님이 거하시려 하는 산을 시기하여 보느뇨 진실로 여호와께서 이 산에 영영히 거하시리로다(시 68:16)

여호와의 도가 정직한 자에게는 산성이요 행악하는 자에게는 멸망이니라(잠 10:29)

진리는 땅에서 솟아나고 의는 하늘에서 하감하였도다(시 85:11)

낮은 형제는 자기의 높음을 자랑하고 부한 형제는 자기의 낮아짐을 자랑할지니 이는 풀의 꽃과 같이 지나감이라(약 1:9-10)

말씀 49 모나코스와 소티프
단독자와 선택된 자

49.1 예수가 말했다. "단독자ₘₒₙₐₓₒ꜀ 모나코스와 선택된꜀ₒₜₙ 소티프 자는 복이 있다ₘₐₖₐₚₗₒ꜀ 마카리오스. 너희는 왕국ₘₙ̄ₜₑ₋ₚₒ을 발견할 것이기 때문이다. 49.2 너희는 거기로부터 나왔기 때문에 거기로 다시 돌아갈 것이다."[33]

모나코스ₘₒₙₐₓₒ꜀는 코이네 그리스어 모나코스 μοναχός 를 콥트어로 표기한 것일 뿐이다. 헬라오 모나코스는 모노스 μόνος, alone 에서 유래했고, 신약성서에서는 사용례를 찾아볼 수 없다. 가족어로, 유명한 모노게네스 μονογενής only, only-begotten; unique, ΜΟΝΟΓΕΝΗϹ 가 신약성서에 사용되고 있다. 모노스 μόνος alone, only 와 게노스 γένος, kind or offspring 가 결합하여 모노게네스가 되었고, '독생'의 의미로 사용된다.

모나코스는 수도사 혹은 승려의 뜻으로도 쓰였다. 도마복음에는 모나코스가 3회 등장한다.16, 49, 75 모노게네스 μονογενής 에 상응하는 히브리어는 유일한 것, 야히드 יחיד 다. 구약성서 시편에 2

---

33)49.1 ΠΕΧΕ Ī꜀ ΧΕ ϨΕΝΜΑΚΑΡΙΟϹ ΝΕ ΝΜΟΝΑΧΟϹ ΑΥω ΕΤϹΟΤΠ˙ ΧΕ ΤΕΤΝΑϨΕ ΑΤΜΝ̄ΤΕ-ΡΟ 49.2 ΧΕ Ν̄ΤωΤΝ̄ ϨΝ̄ΕΒΟλ Ν̄ϨΗΤϹ̄ ΠΑλΙΝ ΕΤΕΤΝΑΒωΚ˙ ΕΜΑΥ

회 등장한다.^{시 22:20; 35:17} 물론 모나코스와 모노게네스가 같은 의미는 아니다. 가족 유사성이 있는 단어인 셈이다. 모노게네스와 야히드의 의미에서 모나코스의 뜻에 대해 힌트를 얻을 수 있다는 말이다.

야히드는 야하드 יחד 에서 비롯되었는데, 야하드는 to be united or to join 이다. 즉 '통일되다. 함께 만나다'는 뜻에서 유래하였다. 헬라어로는 모노게네스^{μονογενής} 다. 신약에서는 "only begotten" 혹은 "unique"로 사용된다.

> 내 영혼을 칼에서 건지시며 내 유일 יחד 한 것을 개의 세력에서 구하소서(시 22:20)
> 주여 어느 때까지 관망하시리이까 내 영혼을 저 멸망자에게서 구원하시며 내 유일 יחד 한 것을 사자들에게서 건지소서 (시 35:17)

선택된_{COTΠ} 소티프 자

히브리어로 '선택하다'는 '바하르 בחר'라 한다. 이에 상응하는 헬라어로는 에크레고마이^{ἐκλέγομαι} 다. 선택한다는 말은 좋아한다는 말이기도 하다. 모든 인생은 저마다 자신이 좋아하는 것을 선택한다.

하나님의 아들들이 사람의 딸들의 아름다움을 보고 자기들의 좋아하는 בחר 모든 자로 아내를 삼는지라^{창 6:2}

그러므로 단독자들과 선택된_{COTΠ} 소티프 자들은 복이 있다고 할 때, 선택된다는 것은 칼빈의 예정론의 방식으로 누구는 피택되고 누구는 버림받는다는 말이 아니다. 아브람으로는 하나님 나라의 유업을 받을 수 없고 아브라함이 하나님 나라의 유업을 받는다는 말이다. 여기서 아브람은 선택받은 자가 아니고 아브라함이 선택받은 자에 속한다. 육체로는 같은 인물 아닌가. 그러나 그의 내면에 있는 아브람의 속성과 아브라함의 속성을 놓고 보면, 선택이라는 말의 뜻을 분명하게 이해할 수 있다. 기독교인들은 선택이라는 말을 지독하게 오해한다. 깔뱅의 영향 때문이다.

우리 안에는 두 존재가 있는데 이스마엘의 속성은 하나님 나라를 유업으로 받지 못하고 이삭의 속성이 하나님 나라의 유업을 받는다는 말이다. 에서는 하나님의 속성과 맞지 않는다는 말이며 야곱이 하나님 나라의 유업을 이을 자라는 말을 하는 것이다.

큰 자를 향해 서려는 속성, 애굽의 장자가 되려는 것, 그것은 폭력이고 이기적인 것으로 다툼과 전쟁의 아르케다. 따라서 그것을 향해 신성이라고 말할 수 없다. 하나님이 그곳에 머문다고 말할 수 없다. 생명을 죽이는 사망의 몸짓을 일러 하나님은 사망을 선택하지 않는다고 이야기에서 표현한다. 하나님은 생명의 속성을 선택한다는 말이다. 이를 이야기로 구성할 때, 에서는 미워하고 야곱은 사랑한다는 말로 서술하게 되는 것이다. 이를 아무개는 택하고 아무개는 불택한다는 교리로 엮어버리면 이 얼마나 배타적이고 참담한가. 거기 신본주의도 없고 인본주의도 없다. 선민의식의 허황한 망령만이 판을 치게 된다.

하나님이 택한다는 말의 의미는 그대 안에 두 존재 중 홀로 하나인 모나코스를 선택한다는 말이다. 홀로 하나가 된다는 것, 개의 세력에서 멀리 떨어져 있는 유일한 자, 그가 선택받은 자다. 개의 세력이란 언제나 먼저 온 자요, 먼저 온 것은 다수를 이루고 세력을 이루게 된다. 내 안의 유일한 자는 오로지 '나'요, 유일한 '나'며, 다시 태어난 '나'다. 아벨이고 셋이며, 아브라함이고 이삭이고 야곱이다. 그들이 상징하는 유일한 '그'가 그대 안에 있다. 그가 선택받은 자다. 그러나 '그'를 그대가 외면하고 있는 것 아닌가. 그대는 유일한 '그대' 자신보다는 다수를 이루고 있는 무수히 많은 '그대'를 좋아한다. 그것이 문제일 뿐이다. 홀로 하나인 '나'는 어디서 온 것인가. 비유로 말한다면 홀로 하나인 '나'는 수많은 전통과 높은 산에서 온 것이 아니다. 시내 산과 수많은 고봉으로부터는 개들과 술객들이 태어난다.

홀로 하나인 '나'는 그 무엇에게서 온 것이 아니다. 동정녀에게서 왔고, 그것은 시온 산으로부터 왔다. 그것은 골방에서 온 것이고 그것은 오로지 그대 홀로 있는 고요의 시간 '삼매'로부터 왔다. 그것은 오로지 지극히 거룩한 처소인 지성소에서 왔고 지성소의 법궤에서 왔다. 지극히 거룩한 처소인 지성소는 아무것도 없는 그러나 모든 것이 있는 무극無極에서 온 것이다. 홀로 하나인 그대는 무극에서 태어난, 없으나 있는 것이고 그것은 선택받은 생명의 有인 셈이다. 그가 유일한 자요, 그가 중도의 사람이다. 그가 아무것도 없으나 모든 것이 가능한, 태극의 휘모리를 약동케 하는 근원에서 난 자다. 그는 그것에서 왔고 또 그곳으로 간다. 모든 인생의 각성한 정신은 지성소에서 태어나 지성소를 향해 있는 것. 성서의 언어로 지성소일 뿐, 동양의 언어로 하면 무극에서 태어나 무극으로 가는 것만 있을 뿐이다. 삼매에서 나와 삼매로 돌아간다. 생명의 수레는 그렇게 바퀴를 굴린다.

그들이 왕국을 발견할 것이고 그들이 누리게 될 지복이여Μακάριος 마카리오스!

왕국은 바로 그들의 것이다.

말씀 50 네 안에 있는 빛
'움직임은 있을 뿐, 쉼은 없다.'

50.1 예수께서 말씀하셨다. "만약 그들이 너희에게 '너는 어디서 왔느냐?'고 묻는다면, 그들에게 '우리는 빛_{OYOEIN 우오에인}에서 왔고, 빛이 스스로 생겨나 그들의 형상으로 서 있고 나타났다'고 말하여라. 50.2 만약 그들이 너희에게 '너냐?'고 묻는다면, '우리는 그 자녀이며 살아 계신 아버지의 택함을 받은 자들이다'고 말하여라. 50.3 만약 그들이 너희에게 '네 안에 있는 네 아버지의 표징은 무엇이냐?'고 묻는다면, 그들에게 '그것은 움직임이고 멈춤이 아니다_{MN ANAΠAYCIC 엠엔 아나파우시스}'고 말하여라."34)

만일 그들이 너희에게 '너는 어디서 왔느냐?'고 묻는다면, 그들에게 이렇게 말하여라. '우리는 빛에서 나왔고, 빛이 스스로 생겼다. 그는 발로 서서 그들의 형상을 나타냈다.' 만일 그들이 너희에게 '너희 자신이냐?'고 묻는다면, 이렇게 말하여라. '우리

---

34) 50.1 ΠЄΧЄ ĪC ΧЄ ЄYϢANΧOOC NHTN̄ ΧЄ N̄TATЄTN̄ϢШΠЄ ЄBOΛ TШN ΧOOC NAY ΧЄ N̄TANЄI ЄBOΛ ҀM̄ ΠOYOЄIN ΠMA ЄNTA ΠOYOЄIN ϢШΠЄ M̄MAY ЄBO Λ ҀITOOTϤˋ OYAATϤˋ AϤШҀ[Є ЄPATϤ] AYШ AϤOYШNҀ Є[B]OΛ ҀN̄ TOYҀIKШN 50.2 ЄYϢAΧOOC NHTN̄ ΧЄ N̄TШTN̄ ΠЄ ΧOOC ΧЄ ANON NЄϤϢHPЄ AYШ ANO N N̄CШTⲠ̄ M̄ΠЄIШT ЄTONҀ 50.3 ЄYϢANΧNЄ THYTN̄ ΧЄ OY ΠЄ ΠMAЄIN M̄ΠЄ TN̄ЄIШTˋ ЄTҀN̄ THYTN̄ ΧOOC ЄPOOY ΧЄ OYKIM ΠЄ MN̄ OYANAΠAYCIC

는 그분의 자녀이며 살아 계신 아버지께 택함받은 자들이다.' 만일 그들이 너희에게 '너희 안에 있는 아버지의 표징은 무엇인가?'고 묻는다면, 이렇게 말하여라: '움직임은 있을 뿐, 휴식은 없다.'

로기온 49에서는 '왕국'이었다. 왕국에서 나와 왕국으로 돌아가는 것, 홀로 하나인 자, 선택받은 자가 발견하게 되는 그곳, 아브라함과 이삭과 야곱에게 주어지는 하나님 나라의 유업이 있는 그곳을 일컬어 도마복음은 왕국이라고 칭하고 있다.

로기온 50에서는 49의 왕국을 조금 다른 표현으로 다시 한 번 상기시킨다. '너는 어디서 왔느냐?' 왕국에 대한 또 다른 표현은 빛ΟΥΟΕΙΝ이다. '빛에서 왔다.' 빛은 스스로 생겼다. 빛은 발로 서서 그들의 형상을 나타낸다.

무슨 말인가.

타자로부터 전승된 지혜는 본디 탐스러워 보인다. 타인에게 있는 그것은 웬지 먹음직도 하고 보암직도 하고 지혜롭게 할 만큼 탐스러워 보이게 마련이다. 선악을 알게 하는 나무란, 지식을 중심으로 서 있는 타인의 세계이기도 하다. 지식은 지식을 탐하고 선악은 선악을 탐한다. 선악을 알게 하는 지식의 나무란, 선악의 나무가 되어 있는 인생을 의미한다. 동산 중앙에는 선악을 알게 하는 나무와 생명 나무가 있다. 처음의 사람은 선악의 지식을 빛으로 삼는다. 그것은 타자에게서 온다. 타자의 정점에 종교적인 의미부여가 되어 있는 하나님, 뱀이 자리 잡고 있다. 모든 지식은 신을 빙자해서 발출할 때 사람들이 이를 탐스럽게 여기고 먹음직스럽게 여긴다. 영험한 대감님, 신령님, 혹은 유일하신 하나님이 배후에서 안내해주는 것일 때 지식의 효험이 극대화된다. 사람들은 타인의 지식에 현혹된다. 이때의 빛은 빛이 아니라 어둠이다. 그들은 어둠을 빛으로 삼는 것이 있을 뿐이다.

너는 어디서 왔느냐? 우리는 빛에서 나왔고 이 빛은 스스로 생겼다. 이것이 너희 자신이다. 나는 내 안의 아버지지성소의 빛에 의해 다시 태어난 빛의 자녀이며, 나는 나다. 너는 너다. 우리는 그로부터 태어난 자녀이며, 그에게 택함을 받은 자다. 곧 나인 나다. 타자로부터 비롯된 내가 아니라 내 안의 빛에 의해서 다시 태어난 '나.' 그것이 곧 존재의 '나'다. 빛이란 나의 존재를 존재하게 하는 것을 일러 빛이라고 하는 것이다. 나를 나로 존재하게 하는 것, 그것은 요한복음에 의하면 말씀이고, 말씀은 사람들의 빛이고 이것은 곧 생명이라고 서술한다. 그러므로 이때 말씀은 타인에게 전승되어 온 주입된 지식이 아니라는 말이다. 자신 안에 있는 빛에 의해서 비로소 '내가 나'인 자신의 언어, 자신의 존재 언어, 그것이 빛의 형상이고 두 발로 굳게 서 있는 자신의 모양이다.

그러므로 도마복음 말씀 50은 말씀 49의 심화 편이라고 해도 좋겠다. 살아계신 아버지께 택함받은 자란, 내 안의 두 존재 곧 타자 자아가 아니라 존재 자아라는 말이다. 내 안의 두 존재 중 아브람이 아니고 아브라함이며, 내 안의 두 존재 중 이스마엘이 아니고 이삭이라는 말이며 내 안의 두 존재 중 에서가 아니고 야곱이라는 말이다.

만일 그들이 너희에게 '너희 자신이냐?'고 묻는다면, 이렇게

말하여라: ‘우리는 그분의 자녀이며 살아 계신 아버지께 택함을 받은 자들이다.’ 나는 아브라함이고 나는 이삭이고 나는 야곱이고 나는 나다. 그의 택함은 내 안의 빛으로 난 자요, 그가 곧 나다.

네가 보고 있는 외모의 내가 내가 아니다. 화려하거나 혹은 빈곤한 스팩의 내가 ‘나’가 아니다. 부하거나 혹은 가난한 내가 내가 아니다. 키가 크거나 혹은 작거나 잘생겼거나 혹은 못생겼거나의 내가 ‘나’가 아니다. 학식이 많거나 혹은 무지한 내가 내가 아니다.

나는 오로지 그 빛에 의해 새로 태어난 ‘나’가 나요, 아브라함의 내가 나요, 언약의 자녀, 백세가 되어서야 태어난 이삭의 내가 곧 나다. 자유자 이삭에게서 태어났지만, 자유만을 주장하는 내가 나가 아니라, 자유를 자제하며 긍휼의 마음과 배려의 마음으로 태어난 내가 나다. 자유자 에서를 더는 두려워하지 않고 그를 끌어안을 수 있는 내가 ‘나’다. 도마복음 로기온 50은 그같이 외치라고 알려준다.

그러니까 네가 보고 있는 내가 내가 아니란다. 나는 그런 나가 내가 아니라, 빛으로부터 다시 태어난 존재의 나, 무극 곧 아무것도 없으나 모든 것이 있는 곳에서 반짝이는 빛이 곧 나요, 삼매의 골방에서 모든 것을 멈추고止 어느 한순간 빛이 찾아와 보게 되고觀 본 것을 제 말로 말하는 그가 바로 ‘나’다. 그가 바로 내 안의 지성소의 빛아버지에 의해 선택받은 자다.

50.3에서 콥트어 ‘우킴 페 엠엔 우아나파우시스ογκιμ πε μ̄ν ογαν απαγcιc’가 나온다. Μ̄ν엠엔을 대부분의 번역서들은 등위접속사로

처리하여 '움직임과 휴식'으로 번역하고 있다. 본래 등위접속사로는 아우오ⲀⲨⲱ, and 가 있다. 도마복음에 아우오ⲀⲨⲱ는 129회가 등장한다. ⲘⲚ엠 엔 은 부정어다. 'not to be, there is not' 이것을 등위접속사로 처리하는 것이 옳은가.

도마복음의 번역자들 사이에 두 견해가 나뉜다. 다수는 '움직임과 휴식이다.It is motion and rest.'로 번역한다. 소수 의견으로 '움직임은 있을 뿐 멈춤은 없다a movement is, there is not a Repose.-Martijn Linssen, MA'로 번역한다.35) 기존 다수의 번역을 따를 것인가는 독자의 몫이다. 문장만 보면 소수의 의견을 따라야 하나 해석에서 머뭇거리게 된다. 쉼은 없고 운동만 있다는 것을 이해하기가 쉽지 않기 때문이다. 그것이 의미하는 바가 명증할 때 마르틴 린센의 의견에 동의할 수 있다.

로기온 51은 휴식쉼, 안식이 주제다. 로기온 51의 안식과 연관해서 50을 살피지 않을 수 없기 때문에 더욱 그러하다. 그러나 로기온 51은 다른 관점에서의 쉼을 말하는 것이고, 로기온 50에서는 '움직임과 쉼'으로 번역하거나 해석하기보다는 너희 안에 있는 아버지의 표징은 '쉼 없는 움직임이다.'가 콥트어 텍스트의 원문 번역에 맞을 뿐만 아니라 해석도 난해한 것이 아니다.

생명의 상징인 심장은 쉼 없는 운동이다. 심장이 쉬게 되면 생명도 멈춘다. 호흡도 마찬가지여서 호와 흡을 운동과 쉼으로도 볼 수 있으나 호흡 그 자체를 놓고 보면 쉼 없는 운동이 아닌가. 맥박이 운동과 쉼을 반복한다고 말할 수도 있겠으나 그것은

---

35) Martijn Linssen, The true words of Thomas, Interactive Coptic-English translation. MA Version 1.9.5. 2020. p. 17

쉼이 없이 뛴다. 그러므로 '너희 안에 있는 아버지의 표징은 무엇인가?'고 묻는다면, 이렇게 말하여라. '움직임은 있을 뿐, 쉼은 없다.' 네 안에 있는 빛은 존재를 존재로 세우는데 쉼 없이 움직인다.

케테르와 호크마와 비나의 움직임은 어느 한순간도 멈춤 없이 그대 안에서 역동적으로 빛을 발하고 있다. 마치 심장박동이 자율신경에 의해 쉼 없이 움직이듯, 내가 잠을 자는 순간도 쉼 없이 박동하듯 빛은 어느 한순간도 멈춤 없이 우리 의식의 세계를 생명으로 작동시킨다. 진리는 긍휼과 입맞춤하고 게부라와 만나며 아름다움을 향해가는 발걸음을 한순간도 멈추지 않는다. 그 안에는 마치 건강한 남성의 생식샘에서 정精이 차올라 넘치듯 의식 활동에 자가 동력의 빛이 한순간도 멈추지 않고 생성된다.

말씀 51 아나파우시스, 죽은 자의 안식에 관하여

51.1 그의 제자들이 그에게 물었다. "죽은 자들에게는 어느 날
　　　안식이 올까요? 그리고 새 세상은 어느 날에 올까요?"
51.2 그는 그들에게 말했다. "너희가 바라는 그 세상이 왔다.
　　　오히려 여러분 자신은 그것을 모른다."36)

창세기 2장 17절은 "선악을 알게 하는 나무의 실과는 먹지
말라 네가 먹는 날에는 반드시 죽으리라 מות תמות 하시니라"한다.

מות תמות 모트 타무트는 무트가 두 번 반복되면서 '죽는다'를 강
조한다. 즉 '정녕 죽으리라'가 아니라 '반드시 죽는다'는 의미다.
'죽는다'의 원형은 무트 מות 다. 콥트어 모우트MOOYT원형은 모우 MOY 역시
그 연원은 히브리어로 추측할 수 있다. 히브리어 무트는 헬라어
다나토스θάνατος 로 번역된다. 콥트어는 헬라어 다나토스를 차용
한 게 아니라, 히브리어 무트에서 유래했음을 알 수 있다. 로기
온 51에서 말하는 죽은 자를 이해하기 위해서는 성서, 특히 구

---

36) 51.1 ΠЄΧΑΥ ΝΑϤ˙ ÑϬΙ ΝЄϤΜΑΘΗΤΗС ΧЄ ΑϢ Ñ2ΟΟΥ ЄΤΑΝΑΠΑΥСΙС ÑΝЄΤΜΟ
ΟΥΤ˙ ΝΑϢШΠЄ ΑΥШ ΑϢ Ñ2ΟΟΥ ЄΠΚΟСΜΟС B̄B̄P̄PЄ ΝΗΥ 51.2 ΠЄΧΑϤ ΝΑΥ
ΧЄ ΤΗ Є- ΤЄΤÑϬШϢΤ˙ ЄΒΟλ 2ΗΤС̄ ΑСЄΙ ΑλλΑ ÑΤШΤÑ ΤЄΤÑСΟΟΥΝ ΑΝ M̄ΜΟС

약성서의 배경 속에서 이해하지 않으면 안 되기 때문이다.

다수의 주석서는 놀라울 정도로 이점을 간과하고 있다. '죽은 자'를 단지 '육체가 죽은 자'를 전제로 주석을 달고 있다. 그러므로 사후 세계의 물음과 대답으로 이 질문에 접근한다. 물론 그의 제자들이 물을 때, 그러한 의미로 질문한 것으로 보인다. 죽은 자의 사후에 그들을 위한 안식이 언제 올까요? 라고 묻는다. 언제 그들을 위한 새로운 세상이 올까요? 라고 물었다고 여기더라도, 대답을 보라. 너희가 찾는 그것이 이미 와 있으나 너희가 그것을 모른다는 답변에서 죽음은 그러한 죽음이 아니라는 걸 전제로 답변하고 있지 않은가.

혹여 질문자가 죽은 자의 사후에 관해 물었다고 하더라도 답변에서 그런 질문으로 답변하지 않는다. 동문서답일까?

우리는 여기서 성서의 죽음 개념을 다시 이해해야 한다. 에덴 이야기에서의 '무트죽는다' 개념을 분명히 하지 않으면 히브리 문학 속에 전승하고자 하는 죽음을 매우 오해한다. 육체의 죽음과 사후 세계에 관한 것으로 지독하게 오해한다. 거기서 아나파우시스ανάπαυσις, 안식 50, 51, 60, 90 도마복음에 4회 등장에 대해서도 오해한다. 유사 단어로 아나스타시스ανάστασις, 부활가 있다. 아나스타시스는 헬라어로도 부활이다. '위를 향해 서 있음'이다. 아나스타시스와 아나파우시스 부활과 안식이다. 안식은 코스모스 곧 세상의 질서로부터 '놓여 남'이다.release from the cosmos 여기서 안식은 평안을 의미하기도 한다. 전쟁의 마침이다. 위를 향해 서 있음은 곧 평안의 찾아옴이다. 따라서 이 둘아나파우시스와 아나스타시스은 전혀 별개의 개념이라고 할 수도 있으나 부활과 안식은 매우 연관 관계가 있다.

죽은 자에 대한 이해가 선행되어야 이 문제는 자연스럽게 풀리고, 또한 대답에 담겨 있는 의미에 대한 해석을 발견할 수 있다.

에덴 이야기에서 죽은 자는 선악을 알게 하는 나무의 열매를 먹은 후의 상태를 일컬어 죽은 자 '무트'라 하고 70인 역에서는 이를 다나토스θάνατος로 번역하고 있다. 그 정신이 선악으로 살게 된 것을 '죽은 자'라고 한다는 점을 분명히 하지 않으면 로기온 51의 해석이 명쾌해지지 않는다. 제자들의 질문도 그렇게 질문한 것으로 이해할 수 있다. 선악의 지식으로 사는 죽은 자들의 안식이 언제 찾아오겠습니까? 라는 질문을 독자가 육체가 죽어서 무덤에 갇혀 있는 자의 안식에 대한 질문으로 곡해해서 주석하는 것은 아닐까? 물론 질문에 대한 억측이 될 수도 있다.

선악을 알게 하는 지식의 나무 열매를 먹게 되면 죽은 자로 산다. 사망의 법으로 산다. 옳고 그름으로 판단하며 산다. 그 의식 활동은 선악의 오퍼레이팅 시스템에 의해 작동된다. 늘 자기 기준으로 판단과 심판을 하면서 자기 옳음에 사로잡혀 산다. 그 역으로도 성립한다. 심판받으며 산다. 이를 사망의 법으로 산다고 하는 것이며, 이렇게 사는 정신 현상을 성서는 '죽은 자'라고 말한다. 다나토스란 육체가 죽어 무덤에 갇힌 자를 일컫는 개념이 아니라는 말이다. 그들은 언제나 수고하며 땀을 흘려야 양식을 얻는다. 그들의 정신은 언제나 땀을 흘리는 수고가 따른다. 즉, 쉼ΑΝΑΠΑΥCIC, 아나파우시스이 없다는 말이다. 다툼과 갈등 형제 살인이 그치질 않는다.

제자들이 예수에게 질문한다. 언제 죽은 자들의 안식이 있겠습니까? 로기온 51번에서 던지는 질문은 죽어서 무덤에 갇힌 자들에게 언제 안식이 있겠습니까? 라는 질문으로 이해할 수 있다. 육체가 죽어 무덤에서 시신이 썩고 있는 그들을 위한 질문일까? 물론 사람들은 사후 세계에 관한 관심과 궁금증이 지대하다. 그것에 기생해서 종교가 발흥하는 것도 사실이다. 아니 로기온 52에 의하면, 죽은 선지자들에 대해 말하는 것을 보면 제자들은 육체가 죽어 무덤에 갇혀 있는 사람들에 대해서 하는 질문으로 해석해야 마땅하다고 할 수도 있다. 그렇더라도 로기온 51의 제자들의 질문을 예수는 그의 대답을 통해 바꿔버리고 환원한다. 어떻게 환원하고 있는가. 성서의 이야기 속에서 문학적 배경을 좀 더 살펴보자.

에덴 이야기에서 아담에게 땀을 흘리는 수고와 전쟁, 살육이 멈추고 안식이 찾아오는 것은 아벨의 죽음 이후 셋에 이르러서야 비로소 평안과 안식이 찾아온다. 그것은 안식인 동시에 죽은 아벨의 부활이기도 하다. 이때 죽은 자 아벨은 다나토스가 아니다. 다나토스 곧 죽은 자의 삶, 사망의 법에 따라서 사는 삶의 종착역에 도달하여 다나토스 곧 죽음의 법칙이 죽는 사건의 상징이다. 아벨의 죽음은 다나토스의 죽음이고 이때의 죽은 자는 헬라어에서 '네크로스 νεκρός'라 하고 '다나토스'와 전혀 다른 단어를 사용한다.

여기서도 죽은 자, '네크로스'는 육체가 죽어 무덤에 갇힌 자를 일컫는 게 아니다. 선악으로 사는 삶의 규칙에서 죽은 자를 일컫는다. 다나토스에서 죽은 자를 일컫는다. 즉 죽음으로 사는 삶의 방식에서 죽은 자를 '네크로스'라 한다. 성서의 컨셉이 그러하다.

다나토스에서 죽게 되면 비로소 찾아오는 것이 안식이다. 더는 갈등과 전쟁을 겪지 않는다. 아니 그것이 지나가게 된다. 그렇게 죽은 자를 네크로스νεκρός 라 일컫고, 여기서 비로소 생명의 성령의 법으로 사는 새로운 존재가 태어난다. 이를 안식과 더불어 새로 태어난 존재 '셋'을 일컬어 부활, 곧 아나스타시스ANACTACIC 라고 일컫는다.

그러므로 부활이란 이다음 사후 세계에 일어나는 가상세계를 일컫는 게 아니다. 셋은 지금 여기에서 새로 태어날 새로운 '존재의 나'요, 선악의 시스템에 의해 작동되는 의식 세계를 떠나 생명의 법으로 사는 존재를 일컫는다. 성서는 이를 하나님의 형상과 모양의 사람이라 말한다. 창세기 1장의 문법으로 하면 제 6일에 하나님의 형상과 모양의 사람으로 태어나 비로소 제 7일에 이르러 '안식'에 머무는 존재다. 그러므로 여기서 7일 창조는 일곱 번 거듭 태어나는 정신의 일곱 절기를 말한다. 그러므로 부활과 안식의 개념은 모두 지금 여기에서 사용되는 개념이다. 이는 예수의 답변 속에 더욱 선명하다.

51.2 그는 그들에게 말했다: 너희가 바라는 그 세상이 왔다.
오히려 여러분 자신은 그것을 모른다.

반복해 말한다. 무덤 속에 시신이 썩고 있는 자들이 어떻게 될 것인지에 대해서만 관심을 가지려 한다. 물론 그것은 자신의 사후에 관한 관심에서 찾아온 것이지만 말이다. 이 부분이 어느 시대나 종교인과 생명과 존재의 삶을 찾는 이들 사이에 생기는 엇나가는 지점이다. 성서는 사후의 세계에 대해 침묵한다. 누구도 사후의 세계를 함부로 말할 수 없다. 아무런 근거나 논거도 없이 눈먼 자기 확신과 맹목의 신념체계를 바탕으로 사후의 세계를 갖고 자신을 기만하고 타인을 농락한다. 그러한 맹목적 신념체계로 성서의 텍스트를 해석하려 한다. 본디 본다고 하는 눈먼 신념체계의 목소리가 더 큰 법이다. 종교적인 기만과 사기가 그곳에 판을 친다. 모르는 것, 불가지의 세계에 대해서는 차라리 침묵하라. 로기온 51의 제자들이 그를 바탕으로 질문한다.

너희가 찾는 안식은 이미 와 있다. 너희 안에 죽은 자의 부활과 씨알로 이미 와 있다. 다만 너희가 그것을 모를 뿐이다. 어떻게 모를 수가 있을까? 여기서 '모른다ⲥⲟⲟⲩⲛ ⲁⲛ 소운 안'에서 안ⲁⲛ은 부정어 not 이고 소운ⲥⲟⲟⲩⲛ은 알다, 인식하다, 구별하다know, recognize, distinguish 는 의미다. 구별하여 인식하지 못하고 있을 뿐이다. 이미 네 안에 안식과 부활의 생명이 와 있으나 구별하지 못한다. 선악의 그림자가 너무 짙어서 생명의 활동과 그 역동성을 알아채지 못하고 있을 뿐이다. 그렇더라도 때가 되면 선명하게 인식하게 되리라.

그렇다면, 우리는 로기온 50에 나오는 '아나파우시스'와 51에 나오는 '아나파우시스'의 연관 관계를 해명해야 할 것이다. 빛은, 아니 네 안에 있는 아버지의 표징은 움직임이고 쉼이 아니라고 해석한 로기온 50의 아나파우시스는 51의 아나파우시스와 동일개념이 아니라는 말이냐의 문제 제기가 가능할 것이다.

결국, 이것은 절기의 문제이기도 하다. 사실은 생명의 법칙으로 구동되는 의식 활동의 심장박동은 안식이고 동시에 부활이고 동시에 움직임이다. 쉼 없는 움직이며 쉼 없는 안식이다. 도마복음은 로기온과 로기온이 분절된듯하나 서로 맥락을 이룬다. 다시 말하면 생명의 법으로 뛰는 심장박동은 그 자체가 운동이고 동시에 안식이다.

이때 안식은 운동의 대조 개념으로서 안식을 말하는 것이 아니다. 심장은 쉬려고 하는 것, 불규칙하게 뛰게 되면 부정맥으로 진단한다. 심장이 쉬는 것은 안식이 아니다. 심장이 쉬는 것은 안식이 아니라 죽음이다. 그러므로 심장은 쉼 없이 박동하는 것이 곧 안식이라는 말이다. 그런 의미에서 쉼 없이 움직이는 움직임은 곧 안식이다. 로기온 50의 아나파우시스와 51의 아나파우시스는 같은 단어이나 다른 맥락에서 읽혀야 한다. 로기온 51의 안식은 땀을 흘려 수고하여야 식물을 먹을 수밖에 없는 다나토스의 수고하고 무거운 짐으로부터, 죽은 다음 에크 네크로스ἐκ νεκρός 죽은 자로부터의 부활에 찾아오는 쉼 없는 빛의 활동에서 오는 안식이다.

말씀 52 죽은 사람, 살아있는 사람

52.1 그의 제자들이 그에게 말했다. "이스라엘에서 스물네 명의 선지자가 말했는데, 그들이 모두 당신에 대해 말했나요?" 52.2 그는 그들에게 말했다. "당신들은 당신 앞에 있는 살아있는 사람을 소홀히 하고 죽은 사람에 대해 말합니다."[37]

이십사 선지자는 도마복음의 독특한 표현이다. 요한계시록에는 24 장로가 나온다. 로기온 51과 연동되는 단어는 공교롭게도 모우트ⲘⲞⲞⲨⲦ다. 문맥을 따르면 죽은 자는 이십사 선지자ⲠⲢⲞⲪⲎⲦⲎⲤ, 프로페테스를 칭한다. 이때 무트는 이미 앞서 활동했던 구약의 선지자들을 통칭하는 개념으로 볼 수도 있다. 대표 선수로는 모세와 엘리야다. 그러므로 활동 시기를 놓고 보면 '육체가 죽어 무덤에 있는 죽은 선지자들'이라 하겠다. 51에서의 '죽은 자' 논리와 같

---

37) 52.1 ⲡⲉϫⲁⲩ ⲛⲁϥ ⲛ̄ϭⲓ ⲛⲉϥⲙⲁⲑⲏⲧⲏⲥ ϫⲉ ϫⲟⲩⲧⲁϥⲧⲉ ⲙ̄ⲡⲣⲟⲫⲏⲧⲏⲥ ⲁⲩϣⲁϫⲉ ϩ̄ⲙ ⲡⲓⲥⲣⲁⲏⲗ ⲁⲩⲱ ⲁⲩϣⲁϫⲉ ⲧⲏⲣⲟⲩ ϩⲣⲁⲓ ⲛ̄ϩⲏⲧⲕ 52.2 ⲡⲉϫⲁϥ ⲛⲁⲩ ϫⲉ ⲁⲧⲉⲧⲛ̄ⲕⲱ ⲙ̄ⲡⲉⲧⲟⲛϩ ⲙ̄ⲡⲉⲧⲛ̄ⲙ̄ⲧⲟ ⲉⲃⲟⲗ ⲁⲩⲱ ⲁⲧⲉⲧⲛ̄ϣⲁϫⲉ ϩⲁ ⲛⲉⲧⲙⲟⲟⲩⲧ

그들은 그에게 말했다. 곧 그의 제자들이다. 이스라엘에서 24명의 선지자가 말했고, 그들은 모두 당신에게 말했다. 그가 그들에게 말했다. 너희는 네 면전에 살아있는 그를 내쫓았고, 죽은 사람들에 관해 말한다.

다.

예수의 제자들이 모세와 엘리야와 예수와 함께 변화 산에 있을 때, 눈앞에는 모세가 있고 엘리야가 있고 예수가 있다. 즉, 육체로는 죽은 자다. 그러나 조상들은 그들을 지배하는 정신으로는 죽지 않고 살아있다. 제자들에게는 모세도 살아있고, 엘리야도 살아있고, 눈앞에 있는 예수도 살아있다. 육체로 말하면 셋 중 예수만이 육체로 살아서 제자들 앞에 있다. 그러나 그렇게 성서를 읽는 데서 오해가 발생한다. 변화 산에서 구름에 가린 것은 모세와 엘리야만 가린 게 아니다. 구름은 예수도 가렸다. 구름 너머에서 들려 오는 소리가 있었다. "너희는 저의 말을 들으라" 사람들은 이를 모세도 아니고 엘리야도 아니고 '오직 예수의 말씀'만 들어야 하는 것으로 해석한다. 이는 "내 사랑하는 아들이요 내 기뻐하는 자"를 오직 예수에 초점을 맞춘다. '페이드 인 예수Fade in Jesus'로 해석한다. 로기온 52에서도 그렇게 읽고 해석하려 한다. 그것이 온당한가. 로기온 52가 가리키고 있는 '달'은 예수인가.

공자의 사당祠堂에서 이천 오백 년 전의 공자를 기리며 죽은 공자에게 제를 올리는 유생에게 공자는 죽었으나 죽지 않고 그의 정신에 살아있는 것과 마찬가지다. 공자의 어록을 통해 공자의 생각과 사상을 만난다. 공자의 가르침을 따르려는 이들에게 공자는 죽었으나 죽지 않은 것이다.

로기온 52를 단순히 표층으로 읽으면 곤란하다. 죽음을 단순히 육체의 죽음으로만 읽으면 도마복음의 영지그노시스를 간과하게 된다. 도마복음의 텍스트는 그 심층에 흐르는 더 깊은 곳을 통찰하여 읽어야 한다.

제자들의 질문이다.

'이스라엘에서 스물네 명의 선지자가 말했는데, 그들이 모두 당신에 대해 말했나요?' 기존 기독교 교리를 소환하면, 모든 선지자는 내게 대하여 증거하는 것이고, '선지자에게 듣고 배운 사람마다 내게로 오느니라'고 하고 있으니, 예수에게로 향하게 하는 것인가? 성서를 읽는 이들은 그렇게 배우고 또 그렇게 가르친다.

너희가 성경에서 영생을 얻는 줄 생각하고 성경을 상고하거니와 이 성경이 곧 내게 대하여 증거하는 것이로다 그러나 너희가 영생을 얻기 위하여 내게 오기를 원하지 아니하는도다 나는 사람에게 영광을 취하지 아니하노라(요 5:39-41)
선지자의 글에 저희가 다 하나님의 가르치심을 받으리라 기록되었은즉 아버지께 듣고 배운 사람마다 내게로 오느니라 이는 아버지를 본 자가 있다는 것이 아니라 오직 하나님에게서 온 자만 아버지를 보았느니라(요 6:45)

그런가 하면 이런 대목도 나온다.
너는 이미 죽은 우리 조상 아브라함보다 크냐 또 선지자들도 죽었거늘 ἀποθνήσκω, 아포드네스코, 여기서는 분명 육체의 죽음을 일컫는다. 히브리어 무트는 문맥에 따라 육체의 죽음을 일컫기도 하나, 에덴 이야기에서처럼 다나토스의 의미로 혼용한다. 너는 너를 누구라 하느냐? (요 8:53)

그러므로 사람들은 이십사 선지자들을 이미 죽은 ἀπέθανον 동사 직설법 부정과거 3인칭 것으로 칭하나, 로기온 52의 문답에서는 단지 그런 의미의 죽은 자들이 아니다. 육체는 이미 죽었으나 모세와 엘리야는 그들의 정신을 지배하고 있는 의식에서는 살아있다. 그들의 가르침이 곧 당신에 대해 말하는 것이냐고 묻고 있다. 당신에게 귀결되는 것이냐고 묻는 것이다.

여기에도 깊은 함정이 있다.

사람들은 그들의 눈앞에 있는 예수에 대해서도 선지자 중의 선지자라고 탄복하며 말하는 장면이 신약성서에 다수 등장한다. 그때마다 예수는 그러한 사람들의 인식을 제지하거나 특별한 이의를 달지 않고 그냥 놔둔다.

> 빌립이 나다나엘을 찾아 이르되 모세가 율법에 기록하였고 여러 선지자가 기록한 그이를 우리가 만났으니 요셉의 아들 나사렛 예수니라(요 1:45)
> 여자가 가로되 주여 내가 보니 선지자로소이다(요 4:19)
> 친히 증거하시기를 선지자가 고향에서는 높임을 받지 못한다 하시고(요 4:44)
> 그 사람들이 예수의 행하신 이 표적을 보고 말하되 이는 참으로 세상에 오실 그 선지자라 하더라(요 6:45)
> 이 말씀을 들은 무리 중에서 혹은 이가 참으로 그 선지자라 하며(요 7:52)

심지어 친히 증거 하기를 선지자가 고향에서는 높임을 받지 못한다고 할 때는 예수 자신을 선지자의 정체성으로 비유하기도 한다.

무슨 말인가. 예수도 선지자 중의 선지자라는 말이다. 꾸란에
서는 예수를 메시아로 보지 않고 선지자 중 하나로 본다. 이것
이 예수를 둘러싸고 있는 당시 주변에서 일컫고 있는 다양한 인
식이다.

여기서 예수와 제자들 사이에 새로운 예수의 정체성에 대한
논란이 이뤄지고 있다. 사람들에게 언급되고 있는 정체성에 대해
예수가 제자들에게 다시 묻는 장면이 나온다.

"너희는 나를 누구라 하느냐?" 이것은 사람들이 묻기를 "너
는 너를 누구라 하느냐?"요 8:53와 반대로 묻는 것이다. 그때 베드
로가 답하기를 "주는 그리스도시요, 살아계신 하나님의 아들이십
니다"라고 고백한다. 그런가?

베드로는 그 그리스도를 칭한 것인가. 이때 베드로가 고백한
그 그리스도는 그 그리스도가 아니다. 살아계신 하나님의 아들도
그 아들이 아니다. 즉, 죽은 그리스도요, 죽은 하나님의 아들이
다. 눈앞에 살아있는 그리스도요 살아있는 아들이 아닌가. 유감
스럽게도 베드로는 죽은 그리스도 육체로 보이는 예수를 산 그리스도라
고 부르고 있다. 살아계신 하나님의 아들이라고 고백하고 있지
만, 사실은 죽은 하나님의 아들이다. 모세는, 엘리야는, 베드로는
그리스도에 대해 말했고, 메시아에 대해 말했다. 그 그리스도가
여기 네 눈앞에 있는 그 예수인가.

이 또한 속임이다. 표층만을 읽으면 독자는 모두 그 표현에
속는다. 행간과 이면을 놓치게 된다.

육체의 눈앞에 있는 살아있는 예수를 가리킨다고 로기온 52
의 문답을 읽어가는 것은 여전히 육체 예수에 눈이 가 있는 것

에 불과하다. 그것은 죽은 예수요, 죽은 선지자의 말이다.

스물네 선지자가 메시아를 말하고 아들에 대해 말한 것이 제자들 눈앞에 있는 살아있는 예수인가. 얼핏 모든 손가락이 그를 가리키고 있다. 모든 표지판이 예수를 향해 있다. 독자들이 속을 수밖에 없는 지점이 바로 여기다. 로기온 52에서도 같은 것이 반복된다.

그 예수는 떠나보내야 할 예수다. 예수 자신도 그러한 '페이드 인 예수'가 떠나야 너희에게 유익이라고 하지 않던가. 그러므로 여기 스물네 선지자는 비록 육체로 죽은 자냐 아니냐의 문제가 아니다. 제자들 눈앞에 있는 살아있는 예수조차도 육체로 바라보면 그것은 벌써 선악을 알게 하는 나무 중 하나로 예수를 바라볼 뿐이다. 제자들의 의식 속에서는 살아있는 예수라고 하면서 '세상 임금 예수'로 바라볼 뿐이다. 즉, 사망의 법이 지배하는 것의 대상으로 삼을 뿐이다. 예수를 우상으로 세우고 있을 뿐이다. 우상이 된 예수는 제자들의 눈앞에 살아있다 해도 '죽은 예수'일 뿐이다. 그래서 그 예수는 떠나보내야 한다. 제자들은 떠나보낼 수 없다. 예수는 십자가의 길을 걷는다. 그것이 제자들에게 유익이기 때문이다.

그러므로 로기온 52.2에서 말하는 '당신들은 당신 앞에 있는 살아있는 사람을 소홀히 하고 죽은 사람에 대해 말했습니다.'에서 말하는 살아있는 사람은 눈앞의 육체 예수가 아니다. 육체 예수는 달이 아니다. 도리어 죽은 사람이고 세상 임금일 뿐이다. 그러므로 죽은 사람이란 육체로 죽었느냐 아니냐로 판단할 문제가 아니다. 내가 그를 어떤 대상으로 삼고 있느냐의 문제일 뿐이다. 스물네 선지자가 죽었으나 그들의 의식을 지배하고 있으니 죽은 것이 아니라 살아있다고 앞서 표현했다. 이때 그들의 의식을 지배하고 있는 스물네 선지자는 죽은 사람이다. 죽은 정신이 우리를 지배하고 있다는 말이다. 육체로 죽은 정신이라는 뜻이 아니다. 그들은 타자요, 구름에 덮여 가려져야 할 존재인 그들이 ^{예수를 포함} 여전히 지배력을 행사하는 것, 그것이 죽은 선지자라는 뜻이다.

우리는 여전히 구름 너머에서 들려 오는 소리, 이는 내 사랑하는 아들이요 내 기뻐하는 자라. 너희는 저의 말을 들으라고 하는 변화산 구름 너머의 소리에 귀를 기울여야 한다. 이는 내 사랑하는 아들과 내 기뻐하는 자가 예수와 선지자들이 가리키는 '달'이다. 페이드 인 사랑하는 아들은 예수가 아니라 그대 안에 빛으로 있는 자요, 아버지며 아버지가 낳은 자 그대 자신을 일컫는다. 쉼 없는 운동이며 비로소 안식인 그대 안에 있는 자, 그에게서 들어야 한다.

이것이 '너희는 네 면전에 살아있는 그를 내쫓았고, 죽은 사람들에 관해 말한다.'는 예수의 대답이 갖는 진정한 의미가 아닌가.

너희는 성경을 탐구한다. 너희가 그 안에 영생이 있다고 생각하기 때문이다. 그러나 그 성경이 나를 증거한다. 그러나 너희는 생명을 얻기 위하여 나에게 오기를 거부한다. (요 5:39-40)

　여기서 언급하는 '나'도 그 예수에서 그대 자신 안에 빛으로 있는 생명의 '나'를 가리키는 것으로 한 걸음 더 깊이 들어가서 읽어야 한다. '너희는 생명을 얻기 위하여 나에게 오기를 거부한다.'의 '나에게'가 가리키는 '달'은 예수가 떠나가면서 보여주고 싶어 했던 '그 나'라는 말이다. 당신 앞에 있는 살아있는 사람은 곧 그대 안에 살아있는 또 다른 그대의 모습이다. 지성소의 빛에 의해 다시 태어난 가인과 아벨을 지나 '셋'으로 형상화된 '하나님의 형상과 모양의 사람', 이제는 그의 말을 들어야 한다. 인생은 이를 소홀히 하고 죽은 사람에 대해서만 말하고 있다.

말씀 53 할례는 유익한가

53.1 그의 제자들이 그에게 물었다. "할례는 이로운 일입니까?"
53.2 그는 그들에게 말했다. "만일 그것이 이로운 일이라면, 아버지들은 이미 할례받은 어머니에게서 자녀를 낳을 것이다. 53.3 오히려 영 안에서 참된 할례는 전적으로 유익하다."38)

로기온 51. 52에 이어 제자들ΜΑΘΗΤΗC, 마데테스이 예수에게 묻는 형식의 로기온이다. '할례ⅭBBE, circumcision는 유익한 것인가' 이 하나의 물음은 매우 많은 것을 포함한다. 금식은 유익한 것인가. 십일조는 유익한 것인가? 헌신과 봉사는 유익한 것인가. 원어 성서를 읽는 것은 유익한 것인가. 콥트어로 도마복음을 읽는 것은 유익한 것인가. 불교를 공부하는 것은 유익한 것인가. '할례'의 자리에 그대가 소중하다고 여기는 것, 즉 없어서는 안 될 그 무엇을 치환해서 넣고 질문해보라. '자유'를 마음껏 누리고 사는 것은 유익한 것인가? '재물'을 소중히 여기는 것은 유익한 것인가. '철학과 신학과 인문학'을 공부하는 것은 유익한 것인가.

---

38) 53.1 ⲠⲈⲬⲀⲨ ⲚⲀⳊ Ⲛ̄ⳆⲒ ⲚⲈⳊⲘⲀⲐⲎⲦⲎⳐ ⲬⲈ ⲠⳐ̄ⲂⲂⲈ Ⲣ̄Ⲱ̄ⲪⲈⲗⲈⲒ Ⲏ Ⲙ̄ⲘⲞⲚ 53.2 ⲠⲈⲬⲁⳊˋ ⲚⲀⲨ ⲬⲈ ⲚⲈⳊⲢ̄ⲰⲪⲈⲗⲈⲒ ⲚⲈ ⲠⲞⲨⲈⲒⲰⲦˋ ⲚⲀⲬⲠⲞⲞⲨ ⲈⲂⲞⲗ Ⲥ̄Ⲛ̄ ⲦⲞⲨⲘⲀⲀⲨ ⲈⲨⳐ Ⲃ̄ⲂⲎⲨ 53.3 ⲀⲗⲗⲀ ⲠⳐ̄ⲂⲂⲈ Ⲙ̄ⲘⲈ Ⲥ̄Ⲙ̄ ⲠⲚⲀ̄ ⲀⳊ6Ⲛ̄ ⲤⲏⲨ ⲦⲎⲢⳊˋ

'깨달음'을 갖는 것은 유익한 것인가.

'할례는 이로운 것입니까' 유대교에 매우 크게 부각 되었던 할례는 육체의 의식에서 '종교의식宗敎儀式'으로 중요하게 여겨졌다. 유대교는 할례자와 무할례자로 사람을 나눈다. 무할례자를 이방인 취급한다. 그들에게 이방인은 '개'와 다를 바가 없다. 할례자는 선택받은 자요 그들 끼리는 서로 '우리 편'이나 나머지는 '네 편'이다. 즉 '할례'가 진영의 기준이 되었다. 진영 밖의 사람은 사람 취급을 하지 않는다. '개'보다 못한 존재로 취급한다.

따라서 이럴 때, '할례'는 그 자체의 유익과 무익의 단계를 넘어 의식의 세계를 심각하게 좀먹는 것이 되었다. 오늘날 생식기의 생피를 베는 할례는 보편화 되어 유대인이 아니라 해도 대부분 병원에서 할례를 행한다. 생피를 베어낸다. 왜냐하면, 육체로는 유익하기 때문이다. 할례가 보편화 된 오늘날, 할례를 중심으로 할례받은 자와 무할례자를 나누는 어리석은 이는 없다. 생식기의 생피를 베어 할례를 행한 것이 자긍심으로 작용하지 않는다. 더구나 종교적 의미부여는 없다. 대신 '할례'의 자리에 다른 무수히 많은 것들이 들어와 있다.

앞서 '할례'의 자리에 대신 넣었던 수많은 덕목은 육체의 관점에서는 각자 자기 자신에게 유익하다고 여긴다. 깨달음이 어찌 유익하지 않겠는가. 깨달음이 주어지는 순간, 무지에서 해방되고 많은 자유가 찾아오는 걸 어찌 깨달음이 유익하지 않겠는가. 공부하는 것이 무익하다면 누가 공부를 할 것인가. 공부는 육체의 삶을 영위하는데 어찌 유익함이 없을까. 문제는 그대의 유익함을 따라 좇아간 그것이 타인을 재단하는 기준이 되고 진영을 나누는 경계가 되는 순간 그것은 육체의 유익과 무익의 단계를 넘어서는 것이 된다. 육체의 유무익을 떠나 타인의 정신을 살해하고 해치는 '독'이 된다. 그럴 때, '깨달음'은 유익이 아니라 '독극물'이다. 그대의 자유가 타인의 자유를 억압하는 파시즘의 씨앗이 되어버린다. '자유'가 살인의 도구가 되어버린다. 그대의 목숨 걸고 사수하려는 '사상'이 타인을 억압하는 전쟁의 도구가 되어버리고 만다. 그럴 때 이데올로기는 살인귀가 되고 만다.

그러므로 '할례'의 종교적 의미는 그것을 기준으로 할례자와 무할례자를 나누고 경계 짓고 선민의식을 고취하는 데 있는 것이 아니다. 육체의 할례는 단지 육체의 유익과 무익이 있을 따름이다. 그 이상도 이하도 아니다. 영을 좇는 사람에게 육체의 할례는 하나의 징표다. 마음의 할례를 위한 징표다. 만일 육체의 할례는 하였으되 마음의 할례를 이루지 못하면 '저주 아래에 있는 자'가 되고 만다. 머리의 깨달음을 갖고 마음의 깨달음이 찾아오지 않으면 자신의 깨달음이 저주가 되고 만다. 타인을 심판하는 심판의 도구로 깨달음이 전락하고 만다. 타인을 비판하고 비난하는 준거가 되고 만다. 금식이 유익합니까? 금식은 자신도 해치는 것일 뿐만 아니라 타인도 해친다. 금식이 하나의 준거가 되어 작용할 때 얼마나 많은 폐해를 주고 있는 것인가. 한국에 금식기도원이 유행했던 때가 있었다. 나에게 좋은 것이 누구나 좋은 것은 아니다.

할례의 이야기는 성서에 아브라함 이야기에서 처음 나온다. 아브람이 구십 구세에 아브라함이 되는 길목에서 '할례'가 언약의 징표로 등장한다. 이야기 속에서 '할례'는 아브라함이 열국의 아비가 되는 언약의 징표로 선포된다. 그러므로 할례는 단지 육체의 할례가 아니다. 아브람, '큰 자의 아비'를 내려놓고 작은 자 모두의 아버지 곧 열국의 아버지가 되는 경계선에서 이루어지는 매우 중요한 행위다. 마음의 가죽을 베어내는 것을 상징한다. 할례는 마음에 하는 것이고 할례는 듣는 귀에 하는 것이다. 마음과 마음의 귀에 할례를 행하지 않으면, 아브람의 세계관을 고집한다. 아브라함과 이삭의 세계를 드러낼 수 없다. 선악의 의식을 베어내는 것이 선행되지 않으면 육체의 할례, 그것의 유무익을 질문하는 것에 머문다.

모름지기 지식을 선호하는 돌비기억력에 새기는 것을 베어내고 마음에 새기는 것이 새 언약의 시작이다. 마음에서 이뤄지는 할례는 비로소 앞서 언급한 수많은 덕목이 머리에서 헤아리는 것이 아니라, 마음에 들어서야 한다. 깨달음은 머리에서 하는 것을 지나가야 한다. 깨달음은 마음에서 이뤄져야 타인을 심판하는 도구로 삼지 않는다. 마음의 할례는 나와 너를 구분하고, 이방인과 향토인을 나눠 텃세하는 것으로 날을 세우지 않는다. 귀가 할례를 받으면 듣고 싶은 것만 듣지 않고 들려지는 것을 듣는다. '깨달음'이 그대의 목을 곧게 한다면, 그 깨달음은 복이 아니라 저주가 된다. 살인의 도구가 된다는 말이다. 즉 그러한 '깨달음'은 '깨달음'이 아니다.

그러므로 영 안에서 참된 할례는 마음과 귀에 하는 할례다. 그것은 자신과 사람을 죽이는 것이 아니라 자신을 살리고 타인을 살린다. 육체의 할례는 육체에 유익하나 그것이 종교적 의미 부여가 이뤄지면 자신의 정신도 죽이고 타인도 살해한다. 마음과 귀의 할례 없이 이뤄지는 모든 것은 정신을 해치는 독극물이 된다. 마음과 귀의 할례 없이 원어 성경을 공부하는 것, 헬라어와 히브리어와 콥트어는 그에게 해가 되고 만다. 마음의 할례 없이 수많은 논문을 발표하고 업적을 쌓는 것, 목을 곧게 하는데 유익할 뿐 아무런 유익을 주지 못한다. 그 역도 마찬가지다. 깨달음은 목을 곧게 하는 것이니 나는 아무런 깨달음이 필요 없다는 이도 무지를 방패로 목이 곧은 것은 마찬가지다. 깨달음이 벼슬이 아니듯, 무지가 벼슬일 수 없다.

'만일 그것이 이로운 일이라면, 아버지들은 이미 할례받은 어머니에게서 자녀를 낳을 것이다. 53.3 오히려 영 안에서 참된 할례는 전적으로 유익하다.'

목이 곧고 마음과 귀에 할례를 받지 못한 사람들아 너희가 항상 성령을 거스려 너희 조상과 같이 너희도 하는도다 너희 조상들은 선지자 중에 누구를 핍박지 아니하였느냐 의인이 오시리라 예고한 자들을 저희가 죽였고 이제 너희는 그 의인을 잡아 준 자요 살인한 자가 되나니(행 7:51-52)

말씀 54 가난한 자와 부자 이야기

예수께서 말씀하셨다.
"가난한 자는 복이 있나니 천국이 너희의 것이니라."[39]

어떤 부자가 있었다. 이 사람은 언제나 가장 비싼 옷을 입고 매일 호화스럽게 살았다. 한편 그 집 대문 앞에는 나사로라는 한 가난한 사람이 누워 있었는데, 몸에는 부스럼투성이였다. 그가 부자의 식탁에서 떨어지는 부스러기로 주린 배를 채우기를 원했다. … 어느 날 그 거지가 죽어 천사들에게 이끌려 아브라함의 팔에 안겼다. 부자도 죽어 땅에 묻혔다(눅 16:19~22)

예수는 탁발승이었다. 제자들이 먹을 것을 구하러 동리에 다녀오곤 했다. 예수는 육체의 양식과 별도의 먹을 양식이 있었다. 사마리아 여인과 나눈 대화로 인해 그는 이미 배불러 있었다. 제자들은 자신들보다 먼저 누가 먹을 것을 가져다주었는지 의아스럽다.

먹을 것, 양식은 육체의 양식이 있는가 하면 그 정신이 먹고 배부른 양식이 있다. 정신이 배고프면 육체의 산해진미로 정신의

---

39) ΠΕΧΕ ΙC ΧΕ ϨΝ̄ΜΑΚΑΡΙΟC ΝΕ ΝϨΗΚΕ ΧΕ ΤΩΤΝ̄ ΤΕ ΤΜΝ̄ΤΕΡΟ ΝΜ̄ΠΗΥΕˋ

허기를 달랠 수 없다. 그 역도 성립한다. 육체가 배고프면 아무리 신기한 깨달음도 귀에 들리지 않는다.

부자와 거지 나사로는 천국을 선명한 대비로 설명하는 성서의 논법이다. 부자도 비유고 거지 πτωχοί 프토코이, ⲑⲏⲕⲉ 헤케, 가난한 자도 비유며 상징이다.

만일 부자를 물질의 소유로만 읽는다면 현대 자본주의와 성서는 양립할 수 없다. 자본주의와 결탁한 교회의 부는 천문학적이다. 부자는 천국에 들어가기가 약대가 바늘귀로 들어가기보다 어렵다고 하니 자본주의와 결탁한 교회, 각종 종교재단의 자본 활동은 천국과는 거리가 지극히 멀다.

그렇다고 가난하면 천국에 들어가는가. 자본주의에서 소외된 노동자나 가난한 이들에게 허용된 천국이라면, 부를 포기하고 일부러라도 가난을 선택해야 하지 않을까. 성서의 부자와 가난은 비록 물질의 부자와 가난이 비유는 될 수 있어도 온전한 설명이 되지 않는다.

정신의 세계에서 부자와 가난한 자를 잘 대비해주는 비유는 누가복음의 탕자 이야기다.

맏아들, 곧 형은 아버지의 명을 어긴 적이 없다는 종교적 자부심과 계명을 지켰다는 의식으로 가득하다. 부자의 상징이다. 둘째는 아버지의 분깃을 모두 다 탕진했다. 정신이 결핍에 시달리고 쥐엄 열매로 주린 배를 채우고자 한다. 가난은 탕진을 통해서 찾아온다. 아버지의 명을 어긴 적이 없다는 자부심은 불평과 심판과 저주를 수반한다. 물론 거기에는 재물도 포함되겠지만, 물질 재물은 단지 하나의 요소일 뿐이다. 부잣집 소유물의 재산 목록에는 있음도 있고 없음도 있다.

우월도 재산 목록이고 열등도 재산 목록이다. 의식의 세계에는 수많은 소유의 리스트가 존재한다. 불필요한 가구가 가득 쌓여 있다. 휴지통에 버려야 할 게 얼마나 많은가. 컴퓨터 하드에 저장된 무수한 폴더, 핸드폰에 저장된 무수한 자료들처럼, 의식의 세계에는 저 무의식의 저층에서부터 쌓여 있는 것들이 켜켜하다. 고고학자의 발굴로 수만 년 전, 기와 조각을 통해 당시의 문화나 생활양식이 드러나듯, 의식의 창고, 그 저장고에는 전승되어 쌓아 놓은 태곳적 집단 무의식까지 무수히 많은 것을 담고 있다.

고고학자의 발굴과 해석의 도움을 받듯, 정신분석학자의 도움을 통해 무의식의 저장고가 분석되기도 한다. 얼마나 많은 소유물을 갖고 있는가. 인생은 부자다. 처음 사람은 부자다. 비록 물질로는 가난한 자리에 있다 해도 그 의식은 열등의식으로 혹은 우월의식, 혹은 수많은 상처와 트라우마로 가득 채운 부자 중 부자다. 그 의식과 무의식의 창고에 저장된 재물이 하늘처럼 높고 바다처럼 깊다. 그것이재물 자신의 삶을 지배한다. 편견과 선입관은 물론이고 지배와 피지배의 인자요소가 창고에 가득하다. 삶을 굴리는 굴렁쇠의 원리가 창고에 저장된 그의 보물, 땅 위에 있는 보물이 원리다. 다시 말해 자신의 삶을 구동시키는 원리는 그의 창고에 쌓여 있는 것에 의해 진행된다. 부자는 천국에 들어갈 수 없다. 차라리 약대가 바늘귀를 통과하기가 쉽다.

이를 탕진해야 가난한 자가 된다. 교만이 하늘 높이 치솟아 뭇별 위에 비길 자 없음의 지혜가 얼마나 허망한 것인지 드러나야 탕진이 이뤄진다. 열등의 나락에 빠져 저 지옥을 다녀와 본 이가 열등의식이 뼈를 상하게 하고 인생을 죽이는 것임을 알게 된다. 의식의 창고에 가득 담겨 있는 열등의 소유물을 내어버리기 전에는 그것에 발목 잡히고 열등의식의 노예가 된다. 자신의 삶을 피폐하게 한다. 자신의 소유물에 의해 자신의 삶이 규정된다. 거기 존재는 없고 그가 가진 재물, 열등의식과 우월의식 사이의 시소게임만 있다. 부자가 가난하게 되려면 소유를 탕진해야 한다.

엘리트의식이 문명을 일으키는 동력이기도 하나, 엘리트의식에는 파시스트의 폭력적 씨앗이 깊이 내장되어 있다. 그것을 지독히 경험하고 나서야 그것이 도적놈인 것을 알게 된다. 한국 사회가 작금 앓고 있는 몸살은 엘리트의식의 벗은 몸, 그 속살이 낱낱이 드러나는 과정의 몸살이다. 도적놈이 판을 친다. 도적놈의 정체가 우리 자신 안에 있고 우리 내부에 있다.

자신의 눈이 자신을 속이고 자신의 귀가 자신을 속인다. 자신의 꿈이 자신을 속인다. 재물이 탕진되지 않으면 가난이 무엇인지 드러나지 않는다. 안이비설신의가 자신을 속이고 살해하는 도적놈이라는 사실이 들통나야 비로소 더는 도적놈에게 속지 않는다. 다시 말해 그것(육근과 육경에 의해 형성된 육식의 세계)에 의해 축적하고 쌓아 놓은 재물이 나의 존재를 존재하게 하는 것이 아니라는 사실이 들통나야 땅 위에 있는 각종 재물을 탕진할 수 있다. 내어다 버리거나 그것의 헛됨이 찾아온다.

자신의 존재 기반으로 그것이 아무런 가치가 없다고 드러나기 전까지 인생은 모두 그것에 목숨을 건다. 버릴 수 없고 탕진할 수 없다. 육식六識의 세계는 아버지의 분깃이다. 둘째 아들이 탕진한 것은 바로 육식에 의해 형성된 처음의 세계관 그 모든 것의 허무를 경험한 순간, 그것은 더는 재물의 기능을 할 수 없다. 더는 그의 양식이 될 수 없었다.

쓰레기를 보물창고에 둘 수는 없는 것 아닌가. 애굽의 재물, 바로 공주의 아들이라 칭하는 것이 재물일 수 없고, 보물일 수 없는 모세는 애굽의 재물을 떠나 광야의 고난을 감수한다. 바로 공주의 아들이 보물인 사람에게 그것은 '쓰레기야!'라고 말한다면 미친 사람이다. 그것이 쓰레기 곧 헛된 것임이 드러난 이에게만 그것은 '쓰레기'일 뿐이라는 말이다. 그것이 보물인 사람은 결코 버리지 못한다. 애굽의 총리대신이 되는 것, 바로 공주의 아들이 되는 것, 그것이 하나님의 축복이라는 이들에게 그것을 버리는 것이 천국이 임하는 것이라는 말이 가당키나 한 것인가. 다수의 교회는 '쓰레기'를 하나님의 축복이고 보물이라고 한다. 한국 교회의 비극이다. 아니 본래 그들의 민낯이다.

광야는 애굽의 재물을 탕진하는 여정이다. 애굽의 금은 보화를 버리는 장소요, 애굽의 향신료 마늘 냄새와 고기 냄새를 탕진하는 여행이다. 바로를 의존하던 노예근성과 노예도덕을 청산하는 장소가 광야 생활이다. 그러므로 가난한 자가 되는 과정이다. 가나안 땅을 기업으로 받기 위해 통과하는 여정이다.

가난프토코이을 정의한다고 가난에 이르는 것이 아니다.

가인은 부자다. 아벨은 가난한 자다. 셋은 하나님 나라가 그의 것으로 임한 자다. 아브람은 큰 자의 아비요 부요한 자다. 아브라함은 가난한 자다. 천국이 그의 것이다. 하나님 나라를 유업으로 받는다. 이스마엘은 부자다. 그는 늘 하나님이 자신의 고통 소리를 들어 주셨고 하나님이 자신의 기도를 들어주신다고 간증한다. 이스마엘에 의하면, 그 이름의 의미만 살펴도 하나님은 이스마엘과만 함께 하는 것이다. 하나님을 독점하고 있으니 얼마나 큰 부자인가. 이스마엘로 천국에 들어가기는 약대가 바늘귀로 들어가기보다 어렵다. 이삭은 가난한 자요 웃는 자다. 하나님 나라의 유업이 그에게 있다.

자유자 '에서'는 부자다. 그는 하나님 나라보다는 팥죽을 선호한다. 팥죽을 먹고 붉은 자가 되었어도 하나님 나라의 유업은 그에게 없다. 팥죽은 많은 것을 상징한다. 재물을 상징하고 깨달음을 상징하고 목이 곧은 것을 상징하고, 그가 선호하는 보물을 상징한다. 자유를 가지고 선택할 수 있는 모든 것의 상징물이 팥죽이다. 소유를 취하기 위해 피 흘리기를 마다하지 않는다. 그래서 그는 에돔이고 붉은 자다. 그에 비하면 야곱은 가난한 자다. 비록 형의 사냥에서 얻은 것의 일부를 얻어먹을지라도 하나님 나라가 그의 것이다.

가난이 덕목인 사람들에 의해 '탁발'이 시작되었다. 그들에 의하면 '가난'은 곧 물질의 가난이다. 물질의 가난이 정신을 풍요롭게 하는 것으로 치환된 것이다. 탁발이 자긍심이 되면 그 순간 '탁발'은 그에게 재물 중 재물이 된다. '탁발'로 깨달음의 선두에 서리라는 자긍심이 그의 의식의 창고에 차 있는 부요이니 그는 부자라는 말이다. 부자와 가난을 단순히 물질의 문제로 환원하는 것은 얼마나 경박한가.

부와 가난을 물질의 소유와 무소유로 판단하는 것은 지나치게 단편적이다. 지나치게 표층에 머무는 거다. 도리어 성서를 곡해하는 것이다.

물질은 중립이다. 물질은 죄도 아니고 의도 아니다. 그러므로 여기서 가난은 도마공동체가 지향했던, 거지 생활에 있는 것인가를 물어야 한다. 때로 물질의 가난을 천국으로 여기는 이들은 거지 생활을 수행의 방편으로 삼으려 한다. 거지 생활을 자처하는 이들의 의식에 쌓여 있는 오온五蘊을 보노라면 수미산보다도 더 높은 것이 그들 의식의 창고를 가득 채우고도 넘친다. 거지를 가장한 부자 중 부자들이라는 말이다. 그것으로는 하나님 나라가 그에게 찾아올 수 없다.

도마복음 54의 병행구는 마 5:3절과 눅 6:20 후반부다.

예수께서 제자들에게 이르시되 내가 진실로 너희에게 이르노니 부자는 천국에 들어가기가 어려우니라(마 19:23)

약대가 바늘귀로 들어가는 것이 부자가 천국에 들어가기보다 쉽다고 한다. 그러므로 부자는 천국에 들어갈 수 없다는 말이다. 깨달음으로 목이 곧은 상태는 천국은 고사하고 심판과 살인이 자행된다. 그는 깨달음을 부로 소유하고 있기 때문이다. 할례가 벼슬인 사람은 마음의 할례는 없고 할례를 재물과 권력으로 삼는다. 그는 아브라함과 이삭의 세계에 들어갈 수 없다. 자유가 재물인 사람은 부유한 사람이어서 자유를 자제하지 않는다. 자신의 재물로 사람을 사귀는 데 사용하는 것이 아니라, 사람을 심판하는 데 사용한다. 자유가 재물인 에서는 팥죽 한 그릇을 우

선한다. 깨달음을 소유로 삼고 자유를 마음껏 구가하는 것을 전
리품으로 삼는다. 그의 재물은 '자유'인 셈이다. 그에게 하나님
나라의 유업은 없다. 그에게 자유는 이미 재물이기 때문이다.

마태복음은 천국은 가난한 자의 것이라고 말하나 도마복음은
제자들을 향해 천국은 너희 것이라고 말한다. 가난한 자가 복이
있는데, 그 천국은 바로 너희τωτν, 토템 yours 의 것이라고 말하고 있
다. 이것은 누가복음의 표현과 일치한다.

예수께서 눈을 들어 제자들을 보시고 가라사대 가난한 자는
복이 있나니 Μακάριοι 하나님의 나라가 너희 ὑμετέρα 것임이요
이제 주린 자는 복이 있나니 너희가 배부름을 얻을 것임이
요 이제 우는 자는 복이 있나니 너희가 웃을 것임이요(눅
6:20)

있고와 없고를 소유한다. 소유자는 소유를 소유하고 무소유자
는 무소유를 소유한다. 가난한 자는 '가난'을 소유한다. 부자는
'부'를 소유하고 없는 자는 '없고'를 소유한다. 부자는 '깨달음'
을 소유하고, '재물'을 소유하고 '권세'를 소유한다. 없는 자는
'없음'을 벼슬로 여긴다. 열등의식을 유세한다. 열등의식을 폭력
으로 변환한다. 우월의식과 열등의식은 동전의 앞면과 뒷면이다.
그러므로 부자와 거지 나사로 이야기의 대비는 매우 신중히 읽
어야 한다. 거기 등장하는 부자는 '없음'을 재물로 여기는 '거지
부자'를 포함한다. 청빈낙도의 의를 내세우는 없는 부자의 폭력
역시 '있는 부자'의 폭력성과 조금도 다르지 않다. 현재 그것이

무엇이든 타인을 비판하는 준거가 되는 그것이 곧 그의 강력한 소유다. 부유란 바로 그와 같은 무엇이다.

심령이 가난한 자는 복이 있나니 천국이 그들의 것이니라. (마 5:3)
가난한 자는 복이 있나니 하나님의 나라가 너희의 것이니라 (눅 6:20)
사랑하는 형제들이여, 들으시오. 하나님께서 세상에서 가난한 자들을 택하여 믿음 안에서 부요하게 하시고, 그분을 사랑하는 자들에게 약속하신 왕국의 상속자가 되게 하지 아니하셨나이까?(약 2:5)

말씀 55 부모와 형제자매를 미워하는 것과 제자가 된다는 것

55.1 예수께서 말씀하셨다. "아버지와 어머니를 미워하지 않는 사람은 내 제자가 될 수 없다. 55.2 형제자매를 미워하지 않고 나처럼 십자가를 지고 가지 않는 사람은 나에게 합당하지 않다."[40)]

콥트어 텍스트의 특이점

초기 기독교 사본의 다른 곳에서 흔히 볼 수 있듯, 십자가라는 단어에 스타우로그램이 사용된다. 여기서는 십자가ϹΤΑΥΡΟϹ 스타우로스를 스타로스ΡΟϹ로 표기하고 있다. 스타우로그램이란 십자가에 로(Ρ)가 붙은 형태인데 도마복음에 스타우로그램이 보이는 것은 이런 상징이 매우 오래되었음을 보여준다. 원래는 성경을 베낄 때 '십자가'ΣΤΑΟΥΡΟΣ란 단어를 줄여 쓰는 과정에서 타우(Τ) 위에 로(Ρ)를 겹친 데에서 유래했다. 십자가 문자(☧) 또는 모노그램

---

40) 55.1 ⲡⲉϫⲉ ⲓ̅ⲥ̅ ϫⲉ ⲡⲉⲧⲛⲁⲙⲉⲥⲧⲉ ⲡⲉϥⲉⲓⲱⲧ ⲁⲛ ⲙⲛ̅ ⲧⲉϥⲙⲁⲁⲩ ϥⲛⲁϣⲣ̅ ⲙⲁⲑ ⲏⲧⲏⲥ ⲁⲛ ⲛⲁⲉⲓ 55.2 ⲁⲩⲱ ⲛ̅ϥⲙⲉⲥⲧⲉ ⲛⲉϥⲥⲛⲏⲩ ⲙⲛ̅ ⲛⲉϥⲥⲱⲛⲉ ⲛ̅ϥϥⲉⲓ ⲙ̅ⲡⲉϥ ⲥⲣⲟⲥⲥⲧⲁⲩⲣⲟⲥ ⲛ̅ⲧⲁϩⲉ ϥⲛⲁϣⲱⲡⲉ ⲁⲛ ⲉϥⲟ ⲛ̅ⲁⲍⲓⲟⲥ ⲛⲁⲉⲓ

십자가 또는 타우-로 tau-rho 는 헬라어 타우(T)와 로(P)의 중첩으로 구성된 합해진 상징 그림 문자다. 그러니까 요즘 말로 핸드폰에서 주고받는 '아이콘 문자'와 유사한 셈이다. 이런 상징문자가 로기온 55의 콥트어에 나타난다. ϹΡΟϹ스타로스, 십자가는 스타우로스ϹΤΑΥΡΟϹ, 십자가의 스타우로그램이다.

이제 본문 이해에 들어가 보자.

단순하게 말하면, 예수의 제자가 되는 길은 부모를 미워하는 것이고, 형제자매를 미워하는 것이다. 십자가를 지고 그를 따른다는 것도 단순하게 말하면 부모를 미워하는 것이고 형제와 자매를 미워하는 것이다.

부모를 미워하고 형제와 자매를 미워하는 것을 종교적 제도로 수렴한 것이 소위 출가出家다. 가톨릭의 신부와 수녀는 가족을 떠나는 것뿐만 아니라, 결혼하지 않는다. 대부분 제도권 종교의 승려들도 출가는 물론이고 가족을 이루지 않는다. 그것이 신에게 귀의하는 것이고, 그의 제자가 되는 길로 여기는 셈이다.

그 바탕에는 로기온 55와 같은 아포리즘이 있기 때문이다. 공관복음서에도 병행구가 나온다. 마 10:37-38; 눅 14:26-27; 막 8:34, 마 16:24/, 눅 9:23 참조; 로기온 101.

부모를 미워하고 형제자매를 미워하는 것, 그것이 십자가를 지는 것인가. 왜 그런가. 문자대로 출가出家를 하면 출가出家한 것인가. 부모를 떠나면 부모를 미워하는 것이고 십자가를 지고 그를 따르는 것인가. 부모를 미워하라는 것과 부모를 공경하라는 것은 서로 충돌을 일으킨다. 어느 장단에 춤을 춰야 하는가. 이 갈등을 벗어나기 위한 묘책이 소위 '고르반'이다. 신께 충성하느라 부모를 공경하지 못한 것은 당연히 면책된다는 타협안이다. 종교 때문에 피해 보는 것은 이러나저러나 우리 육신의 부모들이다. 자식을 신에게 빼앗기고, 자식으로부터 마땅히 누려야 할 부모 대접마저 반납해야 할 판이니 말이다.

인생도 가정을 이루면 자연스레 부모를 떠난다. 부모를 떠나 가족을 이루고 자녀를 낳는 것이 부모 공경이다. 그렇게 부모를 떠나는 것은 부모를 배척하는 것도 아니고 부모를 미워하는 것도 아니다. 이것은 대자연의 원리고 인륜이며 천륜이다. 이를 거스르는 것이 역설적이게도 종교다. 왜 그럴까.

로기온 55와 같은 말씀을 표면으로만 읽기 때문이다. 그것의 깊은 의미를 제대로 천착하지 않기 때문이고 이면과 심층의 의미를 간과하기 때문이다. 부모를 미워하고 형제와 자매를 미워하는 것이 그의 제자가 되는 것의 의미를 육신의 부모와 형제자매로 읽기 때문에 나타나는 현상이다. 비유와 상징의 의미를 간과하고, 그 속에 감춰진 뜻을 읽으려 하지 않기 때문에 나타나는 현상이다. 괜히 육체의 부모와 형제자매 사이에 갈등을 일으키고 천하의 불효와 불협화음을 일으키게 하는 원인이 된 셈이다.

로기온 16에서는 가족의 평화가 아니라 분쟁과 분열 미움을 주기 위해 왔다고 하지 않던가. 한 집안에 다섯이 서로를 미워하는 과정을 거쳐서야 단독자가 된다고 하지 않던가.

그러나 그들은 내가 세상에 불, 칼, 전쟁을 주러 왔다는 것을 깨닫지 못한다. 진실로 만일 한 집 안에 다섯이 있다면, 그들은 셋이 둘과, 둘이 셋과 - 아버지가 아들과, 아들이 아버지와 싸울 것이다. 그리고 그들은 단독으로 서 있을 것이다.-말씀 16

로기온 101의 앞부분은 로기온 55의 앞부분과 거의 같은 문장이다. 101에는 '내가 하는 것처럼'만 추가되었을 뿐이다.

101.1 '누구든지 자기 아버지와 어머니를 내가 하는 것처럼 미워하지 않으면 내 제자가 될 수 없다. 101.2 그리고 누구든지 자기 아버지와 어머니를 내가 하는 것처럼 사랑하지 않으면 내 제자가 될 수 없다. 101.3 나의 어머니는 [……]이지만 [나의] 참된 [어머니]는 나에게 생명을 주셨습니다.'

101.2에는 반전이 있다. 부모 공경에 대해 나온다. 미워하고 사랑하고가 함께 나온다. 부모 공경에 대해서는 로기온 101에서 살펴보기로 하자.

누가 내 모친이며 내 동생들이냐?

예수께서 무리에게 말씀하실 때에 그 모친과 동생들이 예수께 말하려고 밖에 섰더니 한 사람이 예수께 여짜오되 보소서 당신의 모친과 동생들이 당신께 말하려고 밖에 섰나이다 하니 말하던 사람에게 대답하여 가라사대 누가 내 모친이며 내 동생들이냐 하시고 손을 내밀어 제자들을 가리켜 가라사대 나의 모친과 나의 동생들을 보라 누구든지 하늘에 계신 내 아버지의 뜻대로 하는 자가 내 형제요 자매요 모친이니라 하시더라(마 12:46-50; 막 3:31-35; 눅 8:19-21 참조)

예수의 행적에는 매우 의아스러운 부분이 많다. 어머니와 동생들을 모른척한다. 이 이야기는 공관복음에 모두 나온다. 소위 가족들을 모른 체하는 장면이다. 어머니와 동생들을 부인한다. 내 아버지의 뜻대로 하는 자가 내 형제요 자매요 모친이라고 새롭게 규정한다. 독자들은, 그리고 현장에 있던 사람들은 혼돈한다. 이런 이야기가 독자들에게 전하려는 의미가 무엇일까. 어머니를 부인하고 동생들을 부인하는 것이 그의 제자가 되는 것이니, 육신의 부모와 형제를 부인하는 것이 그의 도반이 되고 제자가 되는 것인가. 예수의 기이한 언행에서 보여주려는 것, 그것은 무엇인가.

또 다른 곳에서는 전혀 상반된 모습을 보인다. 제자들에게 그의 어머니를 부탁하는 장면도 나온다.

> 예수께서 그 모친과 사랑하시는 제자가 곁에 섰는 것을 보시고 그 모친께 말씀하시되 여자여 보소서 아들이니이다 하시고 또 그 제자에게 이르시되 보라 네 어머니라 하신대 그 때부터 그 제자가 자기 집에 모시니라(요 19:26-27)

한마디로 말해
성서에는 세 종류의 부모 아버지와 어머니가 나온다.
육신의 어머니가 있다. 육신의 부모와 형제자매들이 있다.
육신의 부모와 형제자매를 비유로 우리 정신의 부모에 대해 말한다. 거기정신에는 두 종류, 두 유형의 부모와 형제가 있다. 정신을 낳고 키우는 부모는 두 종류로 나온다. 성서의 독자들은 이 부분을 혼돈한다. 정신의 두 부모와 형제 이야기를 육신의 부모 형제자매 이야기로 환원하여 혼란을 부추긴다.

예컨대 바울이 모태에서 나를 택정했다고 할 때, 그때의 모태는 육신의 어머니 태를 일컫는 게 아니다. 도그마 곧 선택 교리를 만드는 이들은 이를 '육신의 태'로 고집한다. 난독증이 춤을 춘다.

그러나 내 어머니의 태로부터 나를 택정하시고 은혜로 나를 부르신 이가(갈 1:15)

갈라디아에서는 두 어머니가 나온다. 바울이 말하는 '어머니의 태'는 '하갈의 태'가 아니라 '사라의 태'를 일컫는다. 자연스럽게 구약성서의 이야기 속에 등장하는 두 어머니에 대한 바울의 주석을 알 수 있다. 이야기 속에 등장하는 육체의 어머니는 단지 하나의 비유다. 세 어머니 중 정신의 어머니는 두 종류, 두 유형이 있음을 알 수 있다. 두 어머니가 있다고 하면 아버지도 두 아버지가 있는 셈이다. 형제와 자매는 두 부모 사이에 생산된 형제자매니 형제자매 역시 두 유형이 있다. 지금 정신의 세계에 이뤄지고 있는 우리의 다양한 모습에 관해 이야기하는 거다.

그렇다면 미워해야 할 부모와 형제 그리고 자매는 자연스럽게 알 수 있다. 우리가 치러야 할 전쟁, 미워해야 할 부모와 형제자매는 처음의 세계관에서 나를 낳고 키운 부모요 태어난 나의 형제며 자매다. 아브람과 하갈이 처음 나를 낳은 부모다. 그렇게 태어난 나는 이스마엘이고 이삭을 통해서 태어났으나 정신의 유형이 같은 에서다. 한 가정에 두 부모가 있고 두 부모로부터 태어난 형제와 자매가 있는 것이다. 이것은 정신의 세계에 이뤄지고 있는 가족 이야기다. 내 안의 여러 정신의 유형에 대해 부모와 가족 이야기를 들어 설명하는 설명 방식이다.

가인과 이스마엘과 에서는 내 안에 소유를 중심으로 약육강식의 전쟁터에서 강한 자로 살아남고 더 큰 자가 되기 위해 발버둥 쳐야 하는 육신사르크의 존재 유형의 '나'다. 모든 인생은 그러한 형태로 정신의 자기 존재를 낳는다. 나는 이를 타자 자아라 명명하고 모든 글쓰기에 인용한다. 타자 자아란 자기 존재가 아니다. 타자부모에 의해 내 내면에 심기워진씨가 뿌려진, 뱀의 씨 것이 잉태하고 출산하여 태어난 '나'여서, 그것은 '나'라는 페르소나를 쓰고 있을 뿐, '나 아닌 나'여서 '타자 자아'라고 명명한다. 타자 자아의 부모는 아브람이고 하갈이다. 아브람과 하갈이 낳은 '나'는 '이스마엘'이다. 이스마엘의 나로는 평안함이 찾아오지 않는다. 이 부분은 오늘날 정신분석학의 도움으로도 얼마든지 설명할 수 있다.

상상계의 거울 단계를 넘어 상징계에서 자신의 존재증명을 위해 얼마나 많은 이스마엘의 외침이 있는가. 상징계에 전입하고 등재되어야 자신의 존재증명을 할 수 있으리라는 여정, 그러나 그러한 몸짓은 실재계의 나를 향한 갈망의 표현일 뿐이다. 그곳을 떠나지 않으면 갈등과 전쟁이 멈추지 않는다. 존재의 불안이 있기 때문이다. 이때 존재의 불안이란 그것은 '나'일 수 없다는 것에 대한 '존재의 나'를 향한 그리움과 열망 때문이다.

따라서 부모를 미워하고 형제와 자매를 미워하지 않으면, 능히 내 제자가 될 수 없다는 로기온은 이런 점에서 진언眞言이다. 아브람은 언제나 전쟁이다. 평안이 없다. 가아假我의 에너지로 신의 뜻을 실현하려는 어리석음이 그곳을 지배하기 때문이다. 인생이 처음에는 거기에 현혹되어 산다. 너도 그러하고 나도 그러하고 우리 모두 그러하다. 그러므로 출가出家의 진정한 의미는 육체의 부모를 떠나는 것이 아니라, 아브람과 하갈의 부모를 떠나는 것에 있다.

율법의 세계에 있는 아브람과 하갈을 박차고 떠나지 않으면, 그 부모의 전토를 버리지 않으면 능히 아브라함과 이삭의 세계에 동참할 수 없다. 그런데 애매하게 육체의 부모와 형제를 떠나는 것으로 환원되어버렸다. 물론, 아브람과 하갈의 부모를 떠날 수 없으니 육체의 부모와 형제를 떠나는 것으로 몸짓을 해보는 거다. 그렇게라도 하지 않으면 견딜 수 없어서 떠나는 여행이라는 점을 어찌 이해할 수 없으랴. 그러나 처음에는 그러했을지라도 후에는 다시 돌아와야 한다. 심우도尋牛圖에서처럼 처음에는 저잣거리를 떠나지 않을 수 없어 그러했다 하더라도 후에는 다시 그곳이 삶의 진정한 터라는 것을 이해하고 돌아오지 않을 수 없다. 저잣거리가 전쟁터가 아니라 평화의 터전이고 싱그러운 생명과 존재가 꿈틀거리는 곳이라는 사실에 경배하게 된다.

부모가 그 부모가 아닌데 터무니없이 오해하였구나! 이런 사실이 해명되고 드러나면 다시 그대의 육신의 부모와도 그간의 격조한 세월을 돌아보며 따듯한 화해를 펼쳐야 하리라. 그뿐만일까. 새로운 정신의 부모에 의해서 다시 태어난다. 아브라함과 사라에 의해 다시 태어난 '이삭'이 '존재의 나'라면 이제 아버지와 어머니는 아브라함과 사라가 아닌가. 여기서 부모 공경의 새로운 존재 유형이 있는 거다. 이 부분에 대해서는 로기온 101에서 더 깊이 살피게 될 것이다.

우리는 성서가 이야기이고, 성서의 무수한 많은 이야기 속에서, 히브리 문학의 배경 속에서 신약과 도마복음이 태어났다는 사실을 부인할 수 없다. 이점은 마가복음이 먼저인가 도마복음이 먼저인가의 물음보다 훨씬 중요하다. 따라서 도마복음의 로기온은 온전히 그의 배후에 있는 히브리 문학의 배경과 이야기 속에서 파악해야 온전히 읽힌다.

말씀 56 세상과 시체

56.1 예수께서 말씀하셨다. "세상을 알게 된 사람은 시체ᴨᴛⲱⲙⲁ, πτῶμα 를 발견한 것이다. 56.2 그리고 시체를 발견한 사람은 세상이 그에게 합당하지 않다."41)

로기온 56의 중요 단어는 세상ⲕⲟⲥⲙⲟⲥ과 시체다. 시체 프토마ᴨᴛⲱⲙⲁ 는 로기온 56과 60에 등장하는데 도마복음에는 단지 4회 사용된다. 콥트어 프토마ᴨᴛⲱⲙⲁ는 헬라어 프토마πτῶμα 를 그대로 빌린 용어다. 사사기에 의하면 밀림의 왕자 사자가 세상ⲕⲟⲥⲙⲟⲥ이다. 사자는 정글의 법칙에서 으뜸이 되고자 하는 것의 상징이다. 다니엘의 꿈과 이상을 통해 드러난 바벨론 왕 벨사살의 형상에 사자가 등장한다.

얼마 후에 삼손이 그 여자를 취하려고 다시 가더니 돌이켜 그 사자의 주검 מפלת πτῶμα 을 본즉 사자의 몸에 벌떼와 꿀이 있는지라(삿 14:8)
다니엘이 진술하여 가로되 내가 밤에 이상을 보았는데 하늘

---

41) 56.1 ⲡⲉⲭⲉ ⲓ̅ⲥ̅ ϫⲉ ⲡⲉⲧⲁϩⲥⲟⲩⲱⲛ ⲡⲕⲟⲥⲙⲟⲥ ⲁϥϭⲉ ⲉⲩⲡⲧⲱⲙⲁ 56.2 ⲁⲩⲱ ⲡⲉⲛⲧⲁ- ϩ 〚 ϩ 〛 ⲉⲉ ⲁⲡⲧⲱⲙⲁ ⲡⲕⲟⲥⲙⲟⲥ ⲙ̅ⲡϣⲁ ⲙ̅ⲙⲟϥ ⲁⲛ

의 네 바람이 큰 바다로 몰려 불더니 큰 짐승 넷이 바다에
서 나왔는데 그 모양이 각각 다르니 첫째는 사자와 같은데
독수리의 날개가 있더니 내가 볼 사이에 그 날개가 뽑혔고
또 땅에서 들려서 사람처럼 두 발로 서게 함을 입었으며 또
사람의 마음을 받았으며(단 7:2-4)

바벨론 왕국의 지배력과 벨사살의 형상이 사자의 형상을 하
고 있다. 성서에 사자는 다양한 의미 맥락에서 사용된다. 사자는
세상의 이상이고, 그 결국은 주검이다. 사자의 시체에서 꿀을 따
는 문학적인 표현은 얼마나 아름다운가. 요한계시록에 의하면 하
나님의 일곱 영을 묘사하는데도 사자가 등장한다. 생명의 왕성한
속성을 나타내는데도 사자의 이미지가 동원된다.계 4:5-7 참조

그러므로 로기온 56의 세상과 시체는 각별한 의미가 있다.
세상의 정점에 세상 임금 예수가 있다. 베드로에게 예수는 꿈과
이상의 결정체였다. 그의 신앙이고 삶의 터를 내던지고 좇은 하
나님의 아들이며 메시아였다. 그의 메시아는 가이사의 세계를 몰
아내고 가이사의 자리에 예수가 세워지는 꿈이다. 모든 질서는
예수를 중심으로 다시 세워져야 한다. 그러므로 베드로의 예수는
가이사의 대체재였을 뿐, 가이사인 셈이다.

그러므로 아무리 그럴듯한 레토릭으로 예수를 치장해도 베드
로에게 예수는 세상이었다. 예수의 '세상'에다가 '왕국'이니 '하
나님의 나라'니 이름표만 바꿔 붙였을 뿐 그는 '세상'이다. 예수
의 십자가 사건은 베드로의 세상이 '주검'이고 '시체'임을 드러
내 준 사건이다. 예수가 주검이 된 것을 베드로는 본다. 그가 꿈

꾸던 세계가 물거품이고 시체가 되어 그의 눈 앞에 펼쳐진다. 사자가 주검이 되었다. 사자의 죽음은 곧 베드로의 죽음이기도 하다. 베드로의 메시아가 죽은 것이고, 베드로의 꿈이 죽은 것이다. 베드로의 욕망을 담고 있던 대상이 '시체'가 된 것이다. 세상을 알게 된다는 것, 그것은 세상이 시체임을 발견하는 것이다. 세상이 시신인 것을 발견한 사람은 세상에 합당하지 않다. 세상은 세상을 메시아로 여기는 사람에게 합당하다.

백부장에게 알아본 후에 요셉에게 시체 πτῶμα 를 내어 주는지라(막 15:45)

세상κοϲμοϲ 코스모스이란 질서를 의미한다. 카오스와 반대되는 말이다. 질서는 율법이다. 질서는 큰 자를 중심으로 세우는 서열과 계급을 낳는다. 모든 질서는 파시즘이다. 여기서 코스모스 혹은 질서란 교통질서와 같은 의미를 말하는 게 아니다. 자기를 중심으로 정렬하려는 특성을 일컫는다. 누구나 자신을 중심으로 서열화하려는 속성이 그에게 있는 세상이다. 세상은 큰 자를 중심으로 서열화하려 하고, 자신의 위치를 끊임없이 상층부에 놓으려고 하는 속성이 그대 안에 있는, 그리고 내 안에 있는 '세상'이다. 이것이 주검과 시체로 드러나야 그것으로부터 해방된다.

세상에서 태어난 세상의 아버지와 어머니를, 그리고 형제와 자매를 미워하지 않으면 세상에서 해방될 수 없다. 아브람과 하갈의 질서를 떠나지 않으면 여전히 '세상κοϲμοϲ'에 속한 자가 된다. 아직 세상이 무엇인지 알지 못한다는 말이다.

세상의 질서 정점에 세운 그대의 예수, 그대의 하나님, 그대의 엘로힘이 '시체'임이 드러나기 전에는 결코 그곳에서 해방될 수 없다. 하나님은 결코 그렇게 있는 존재가 아니다. 그대 안에 있고 내 안에 '없이 계신 존재'로 있기 때문이다. 그 하나님은 지극히 거룩한 마음의 자리에 생명의 숨결로 있을 뿐, 세상의 정점에 사자의 형상으로 있는 게 아니기 때문이다. 신이 죽어야 신이 살아난다. 신의 죽음의 자리에 신이 태어난다. 신 죽음과 신의 복권은 그대에게서 시작된다.

주검 πτῶμα이 있는 곳에는 독수리들이 모일지니라(마 24:28)
저희 시체 πτῶμα가 큰 성 길에 있으리니 그 성은 영적으로 하면 소돔이라고도 하고 애굽이라고도 하니 곧 저희 주께서 십자가에 못 박히신 곳이니라(계 11:8)
백성들과 족속과 방언과 나라 중에서 사람들이 그 시체 πτῶμα를 사흘 반 동안을 목도하며 무덤에 장사하지 못하게 하리로다(계 11:9)
주 여호와께서 두로를 대하여 말씀하시되 너의 엎드러지 מפלה는 소리에 모든 섬이 진동하지 아니하겠느냐 곧 너희 중에 상한 자가 부르짖으며 살륙을 당할 때에라(겔 26:15)

말씀 57 좋은 씨와 가라지

57.1 예수께서 말씀하셨다. "아버지의 나라는 좋은 씨를 가진 사람과 같으니라 57.2 그의 원수가 밤에 와서 좋은 씨 위에 가라지를 뿌렸다. 57.3 그 사람은 가라지를 뽑는 것을 허락하지 않았다." 그는 그들에게 말했다. "가서 가라지를 뽑고 밀도 함께 뽑을 경우를 대비해서다. 57.4 추수 날에 가라지가 드러날 것이다. 그것들은 뽑혀서 불태워질 것이다."[42]

도마복음의 열네 가지 비유 중 다섯 번째다. 소위 좋은 씨와 가라지 비유다. 비유를 분류해보면 다음과 같다. 도마복음 로기온 8, 9, 20, 57, 63, 64, 65, 76, 96, 107, 109의 11개는 복음서와 병행을 이루고 있으며, 21, 97, 98은 복음서에서 볼 수 없는 독특한 형태의 비유법이다. 로기온 57의 병행구는 마태복음 13:24-30이다.

---

42) 57.1 ⲠⲈⲬⲈ ⲒⲤ ⲬⲈ ⲦⲘⲚⲦⲈⲢⲞ ⲘⲠⲈⲒⲰⲦ ⲈⲤⲦⲚⲦⲱ(ⲛ) ⲀⲨⲢⲰⲘⲈ ⲈⲨⲚⲦⲀϤ ⲘⲘⲀⲨ ⲚⲚⲞⲨ- ϬⲢⲞϬ ⲈⲦ[ⲚⲀⲚⲞⲨ]ϥ 57.2 ⲀⲠⲈϤⲬⲀⳓⲈ ⲈⲒ ⲚⲦⲞⲨϢⲎ ⲀϤⲤⲒⲦⲈ ⲚⲞⲨⲌⲒⲌⲀⲚⲒ [ⲟ]ⲛ ⲈⳬⲚ ⲠⲈϬⲢⲞ[ϭ ⲉ]ⲦⲚⲀⲚⲞⲨϥ 57.3 ⲘⲠⲈ ⲠⲢⲰⲘⲈ ⲔⲞⲞⲨ ⲈⳞⲰⲗⲈ ⲘⲠⲒⲌⲒⲌⲀⲚⲒ Ⲟⲛ ⲠⲈⲬⲀϤ ⲚⲀⲨ ⲬⲈ ⲘⲎⲠⲰⲤ ⲚⲦⲈⲦⲚⲂⲰⲔ ⲬⲈ ⲈⲚⲀⳞⲰⲗⲈ ⲘⲠⲒⲌⲒⲌⲀⲚⲒⲞ(ⲛ) ⲚⲦⲈⲦⲚ ⳞⲰⲗⲈ ⲘⲠⲤⲞⲨⲞ ⲚⲘⲘⲀϤ 57.4 ⳞⲘ ⲪⲞⲞⲨ ⲄⲀⲢ ⲘⲠⲰ̅Ⲥ̅ ⲚⲌⲒⲌⲀⲚⲒⲞⲛ ⲚⲀⲞⲨⲰⲛⳞ ⲈⲂⲞⲗ ⲤⲈⳞⲞⲗⲞⲨ ⲚⲤⲈⲢⲞⲕⳞⲞⲨ

예수께서 그들 앞에 또 비유를 들어 이르시되 천국은 좋은 씨를 제 밭에 뿌린 사람과 같으니 사람들이 잘 때에 그 원수가 와서 곡식 가운데 가라지를 덧뿌리고 갔더니 싹이 나고 결실할 때에 가라지도 보이거늘 집 주인의 종들이 와서 말하되 주여 밭에 좋은 씨를 뿌리지 아니하였나이까 그런데 가라지가 어디서 생겼나이까 주인이 이르되 원수가 이렇게 하였구나 종들이 말하되 그러면 우리가 가서 이것을 뽑기를 원하시나이까 주인이 이르되 가만두라 가라지를 뽑다가 곡식까지 뽑을까 염려하노라 둘 다 추수 때까지 함께 자라게 두라 추수 때에 내가 추수꾼들에게 말하기를 가라지는 먼저 거두어 불사르게 단으로 묶고 곡식은 모아 내 곳간에 넣으라 하리라(마 13:24-30)

좋은 씨는 무엇이고 가라지는 무엇일까? 추수 때는 어느 때를 말하는 것일까. 공동체에서 분란을 일으키는 사람을 가라지라고 한다면 이상해도 한참 이상하다. 그의 처지에서 보면 내가 가라지일 거다. 그의 마음에 들지 않기 때문이다. 남편과 아내가 다투고 나면 남편 관점에서 자신은 알곡이고 아내는 가라지인가. 아내로서는 자신은 알곡이고 남편은 가라지인가.

그러므로 '가라지'는 그렇게 사용될 수 없는 개념이다. 공동체 운동에서 알곡과 가라지를 구분하는 것은 터무니없을뿐더러 적절치 않다. 대개 사람들 대화의 구십 프로는 뒷말요 험담이다. 서로 마음에 안 드는 것을 어떻게든 뽑아내려 한다. 서로 못된 버릇을 고쳐주려 한다. 가라지 뽑기 경쟁인가. 그것은 나와 다른 것이고 나의 마음에 안 드는 것일 뿐 가라지가 아니다. 나의 마음에 드는 누군가는 없다. 모두 자기를 중심으로 생각하고 사유하고 삶을 영위하기 때문이다. 좋은 씨와 가라지는 따라서 '사람'을 놓고 나눌 수 없다.

좋은 씨와 가라지는 내 안에 두 요소다. 타자가 우리의 정신에 뿌려 놓은 씨는 우리의 정신을 자극하고 활성화하는 매우 중요한 역할을 하지만, 내가 이룰 수 없는 그저 좋은 말씀이고 그저 지당한 말씀일 뿐 나와는 상관없다. 정신의 세계도 서로 씨를 뿌려 자신을 복제하려고 온갖 사내가 몰려든다. 우리의 정신은 씨를 받아야 사는 씨받이 여인이다. 좋은 씨를 받아야 한다고 혈안이 되어 온갖 남정네의 좋은 씨를 찾아 산을 넘고 물을 건넌다.

공자를 만나고 노자를 만나고 주자를 만나고 퇴계 이황을 만난다. 정신의 좋은 씨를 받아 좋은 사람으로 다시 태어나려고 날마다 헐떡이는 여인으로 산다. 우리의 정신은 동양의 씨알로는 모자라 서양의 수많은 좋은 씨를 찾아 나선다. 모세에게서 씨를 받는다. 엘리야에게서 씨를 받는다. 예수에게서 씨를 받는다. 소크라테스와 칸트와 하이데거와 서양의 수많은 현자의 사상을 만난다. 우리의 정신의 씨주머니에는 '정자의 전쟁'이 이뤄진다. 서로가 자신을 복제하려고 씨를 뿌려댄다. 의식의 태에 착상하여 태어난 그는 이스마엘이고 에서고 맏아들이다. 이들은 우리의 삶을 지배하는 원리로 작동한다.

그들의 씨를 통해 우리는 자신을 더 나은 존재로 새롭게 태어나게 하려 무던하고도 무수하게 애를 쓴다. 어제보다 오늘 더 근사한 나로 태어나고자 일만 스승을 둔다. 오늘도 소개되는 수

많은 서양의 학자들, 헤아릴 수 없는 학자들의 논문들이 쏟아져
물밀듯 들어온다. 그렇게 태어난 존재는 결국 존재의 내가 아니
다. 타자에 의해 낳은 타자 자아다. 아, 가라지는 다른 곳에 있
는 것이 아니라 그들의 잔재가 남아서 내 안에 있는 것이 '가라
지'다. 노자가 내 얼굴의 모습을 하고 있다. 노자의 페르소나다.
공자의 가면을 쓰고 있다. 모세의 가면을 쓰고 있다. 엘리야의
가면을 쓰고 있다. 이제는 예수의 가면으로 얼굴을 꾸민다.

왕국은, 아버지의 나라는 자기 자신을 아는 것에서 시작된다.
원수가 밤에 와서 좋은 씨 위에 가라지를 뿌렸다고 비유하지 않
는가.

그러므로 가라지는 모세와 엘리야와 예수다. 그들 모두는 달
을 가리키는 손가락이다. 그런데 달은 보이지 않고 모세만 보이
고 엘리야만 보이고 예수만 보인다. 어느덧 초막 셋을 짓는다.
모세의 초막, 엘리야의 초막, 예수의 초막을 짓고, 노자의 초막
을 짓고, 공자의 초막을 짓고, 붓다의 초막을 짓는다. 그리고 그
들의 장막 집에 머물게 된다.

초막절은 그것이 풀로 지은 임시 거처임을 깨닫고 초막집을
불태우는 때다. 비록 그때에는 모세가 필요했다. 그때에는 엘리
야가 필요했고 그때는 예수가 필요했고 그때는 노자가 필요했고
그때는 수많은 철인의 사유와 사상의 집이 필요했다. 그러나 그
들의 집은 내 집이 아니다. 잠시 머무는 처소다. 영원히 머무는
집이 아니다. 풀로 지은 집이 아닌 영원한 집, 하늘의 장막 집에
머물게 될 때, 땅의 장막 집은 불타 없어진다. 부득불 그들의 도
움이 있었다. 절기를 따라 모세의 집을 짓고 살 때가 있다. 절기

를 따라 엘리야의 집을 짓고 살 때가 있다. 절기를 따라 예수의 집을 짓고 살 때가 있다. 의식은 그들의 집에 머물면서 그들이 가리키는 곳을 향하여 서게 된다. 그러나 가리키는 달을 보지 않고 그들에게 머물게 된다. 추수 때는 이것이 분리된다.

가라지는 언제 어떻게 뿌려질까. 가라지는 원수가 뿌린다. 이때 원수는 육신의 생각이다. 사르크의 생각이 모세를 의존하게 하고 사르크의 생각이 엘리야를 의존하게 한다. 사르크의 생각이 예수를 의존하게 한다. 원수는 다른 데 있는 것이 아니다. 원수는 자기 자신 안에 있다. 절기 때마다 모양을 달리해서 악한 자의 계보가 이어진다.

더 큰 권위를 의존하려는 속성이 내 안에 있다. 자신의 견해를 제대로 펼치지 못한다. 누군가 앞선 권위의 힘을 빌려 자신의 말을 보증하려 한다. 이 모두 우리 안에 있는 가라지다. 나의 존재는 오로지 나 자신에 의해서 존재가 드러난다. 누구도 나의 존재를 대신 할 수 없다. 모든 선진들이 가리키는 달은 바로 그대 자신이 그대의 길이고 그대 자신이 그대의 진리고 그대 자신이 그대의 생명이라는 것을 향한다. 그러므로 악한 자는 자기 자신 안에 있다. 존재의 불안에 사로잡혀 있는 타자 자아가 악한 자요, 내 안에 있는 원수다. 원수는 집 밖에 있는 것이 아니라 집 안에 있다. 악한 자는 계보를 이루며 자신 안에 있다는 말이다. 아브람과 이스마엘과 에서의 문양紋樣으로 자신 안에 알곡과 함께 있다. 의식의 세계에서 좋은 씨와 가라지는 병존한다. 같이 간다. 어느 한 시점에 하나가 뿌리 뽑히는 게 아니다. 초막절과 수장절에 이르러서 그 둘은 분명히 구분될 뿐만 아니라 초막은 불태워 없어진다.

좋은 씨는 케테르와 호크마와 비나에 의해 우뚝 세워진 존재 자아의 빛에 의해 드러나는 그대 자신의 씨알이다. 씨알은 그대의 언어와 말로 나타나고 그대의 존재를 담아낸다. 그들의 말은 자양분이 될 수는 있어도 내 말이 아니다. 내 언어가 아니다. 내 말과 나의 언어는 나를 담아내는 집이다. 추수 때는 가라지를 분리해내는 때다. 그대의 길과 진리와 생명이 쉼 없이 그대의 언어를 타고 하늘에서 땅으로 빛나는 때다.

58. 예수께서 말씀하셨다. "고난받은 사람은 복이 있나니 그는 생명을 발견했고 그것에 푹 젖어 있느니라"[43]

ϩⲓⲥⲉ히세 toil, be troubled, difficult, be wearied, suffering
ϩⲉ헤 fall

도마복음의 전체 서론은

"이것은 살아 계신 예수께서 말씀하시고 디두모라고 하는 유다 도마가 기록한 비밀의 말씀이다."

로기온 1은 말씀 114 전체의 서론일 뿐만 아니라 1-57의 서론을 방불한다.

말씀 1 그리고 그가 말했다. "이 말씀들의 해석을 발견하는 자는 누구든지 결코 죽음을 맛보지 않을 것이다."

로기온 58은 도마복음 2부의 서론인 셈이다.

물론 114개의 어록을 산술적으로만 계산했을 때 1-57이 전반부1부고, 58-114는 후반부2부다. 도마복음은 의도적으로 이를

---

43) 58. ⲡⲉϫⲉ ⲓ̅ⲥ̅ ϫⲉ ⲟⲩⲙⲁⲕⲁⲣⲓⲟⲥ ⲡⲉ ⲡⲣⲱⲙⲉ ⲛ̄ⲧⲁϩϩⲓⲥⲉ ⲁϥϭⲉ ⲁⲡⲱⲛϩ

나눠서 편집했다고 여기지는 않는다. 로기온 58은 114개 중 후반부 시작의 첫 번째 로기온이기도 하다. 도마복음은 말씀 1에서 이 말씀의 해석을 발견하는 자는 죽음을 맛보지 않는다고 시작했다. '죽음을 맛보지 않는다.'를 뒤집어 읽으면 생명을 발견한 것이고, 생명에 젖어 산다는 말이다. 전자^{말씀 1}가 부정어법이라면, 후자^{말씀 58} 는 긍정어법이다.

해석을 발견하기 위해서는 육신의 생각을 내려놓고 영의 생각을 좇아야 한다. 할례와 부모를 미워하는 것, 형제와 자매를 부정하는 것을 통해서 영의 생각과 마음의 세계에 당도한다. 부모를 미워하고 형제를 미워하는 것, 이전의 세계관과 결별하는 것은 어제의 나를 부정하는 것이다. 고난^{&œ 히세}이다. 말씀 58이 후반부의 서론으로 보이는 것은 나의 개인적 관점이다. 물론 매우 단세포적인 산술적 계산이지만, 말씀 1번과 58이 마치 쌍둥이처럼 보이기 때문이다.

말씀 58의 고유한 특성이 마치 말씀 1의 거울과 같이 보여 후반부의 서론이라는 의견을 남긴다. 전반부는 말씀의 해석을 발견하는 자가 죽음을 맛보지 않는다. 말씀의 해석을 발견하기 위해서는 벗어야 하고 떠나야 한다. 자신을 아는 것이 왕국이다. 자신을 알려면 기존의 방식을 떠나야 한다. 1-57은 반복해서 여러 형태로 그것을 강조한다.

마카리오스^{MAKAPIOC, 복으로다}는 도마복음에 12차례 나온다. 79.1은 예수께서 하신 말씀이 아니다.

도마복음 7, 18, 19, 49, 54, 58, 68, 69.1, 69.2, 79.2, 103.2 열 한 차례는 예수께서 하신 말씀이다.

군중 속에서 한 여인이 그에게 말했다. "당신을 낳은 자궁과 당신에게 젖을 먹인 가슴은 복됩니다!" 로기온 79.1

로기온 58은 도마복음에서 여섯 번째 나오는 '마카리오스 MAKAPIOC'다.

누구든 육신의 생각이 사망이라는 사실을 발견하고 그것과 결별하는 것은 십자가의 경험이다. 이를 통하지 않고 해석을 발견할 수 없으며 할례를 통과하지 않고 생명에 이를 수 없다. 모름지기 피를 흘리지 않고 해석을 발견할 수 없다. 돌비에 새긴 모든 글은 심비에서 그 의미가 드러난다. 돌비에 새긴 텍스트조차 심비에서 그 의미를 다시 해석하게 마련이다.

아울러 모든 글은 피로 써야 한다. 피로 쓴 글이란, 지식의 세계를 떠나 마음의 세계를 담아야 한다는 뜻이다. 옳고 그름을 넘어 생명을 지향하고 생명의 세계를 노래하지 않는 모든 글은 완고하게 하고 목이 곧게 한다. 아브람이 피흘려야 아브라함이 찾아온다. 아브람은 타인이 지어준 이름이라면 아브라함은 마음의 깊은 곳에 참으로 그러한 없이 계신 하나님과의 만남에서 그의 개성과 그의 독특함을 통해 드러나는 신성을 담아 참으로 그러한 모습의 두 번째 이름을 짓게 된다.

첫 번째 이름은 부모와 이웃이 큰 사람이 되고 덕스러운 사람이 되라는 뜻에서 저마다 육신의 소망을 담아 지어준 이름이다. 누구나 나와 상관없이 타자가 지어준 이름이다. 두 번째 이름은 그의 됨됨이와 그의 개성과 그의 독특한 그다움의 형상과 모양을 담아 지어진 이름이다. 두 번째 이름은 아기에게 부모의 소망을 담아 지어준 첫 번째 이름과는 확연히 다르다. 두 번째 이름은 그의 됨됨이를 보고 불리는 이름이다. 그것은 어느덧 자칭自稱이고 타칭他稱이다. 그 이름이 본래 그의 이름이다. 그것이 신의 형상이고 아름다움이다.

사울과 바울은 같은 사람이지만, 바울은 사울의 세계관과 결별한 이후 주어진 후기 이름이다. 아브람이 전기라면 아브라함은 후기다. 모든 사상가도 마찬가지다. 비트겐슈타인의 전기 사상과 후기 사상이 다르다. 전기는 지붕을 오르고자 하는 사다리라면 후기는 지붕 위다. 하이데거의 전기와 후기는 현격히 다르다. 세계를 해석하는 방법이 다르고 바라보는 관점이 다르다. 모든 인생은 전기를 넘어서야 한다. 전기는 끝없는 전쟁과 투쟁의 시기다. 평안함이 없는 시기요, 다함이 없는 시기다. 소유에 집착하나 생명이 아니다. 텍스트를 바라보고 해석하는 관점도 전기와 후기가 확연하게 다르다. 세계를 해석하는 방식도 다르게 마련이다. 전기는 지식으로 분석하고 머리로 헤아리는 때다. 후기는 마음으로 바라보고 해석하기 때문이다.

도마복음과 성서의 텍스트를 바라보고 해석하는 관점도 전기와 후기가 확연히 다르다. 전기의 방식으로 대부분 인생을 송두리째 소진한다. 사울의 시각이 피 흘리기 전에는 탈 유대교, 탈 기독교가 불가능하다. 다메섹의 한 가운데서 사울은 바울이 된다. 큰 자의 시각에서 벗어나 작은 자의 눈으로 바뀐다. 비록 고난이어도 큰 자의 죽음을 맞이하고 나서야 작은 자 아담 아파르티끌 사람가 되어 생명에 눈뜨게 된다. 돌비에서 심비의 대전환이 이뤄진다.

전기가 죽어야 후기가 살아난다. 전기가 아까우면 후기는 없

다. 고난받은 자는 복이 있도다. 생명을 발견하게 될 터이고 그
것에 푹 젖어 Fall 살게 될 것이라고 말씀 58은 말한다.

오직 너희가 그리스도의 고난에 참예하는 것으로 즐거워하
라 이는 그의 영광을 나타내실 때에 너희로 즐거워하고 기
뻐하게 하려 함이라 너희가 그리스도의 이름으로 욕을 받으
면 복 있는 자로다 영광의 영 곧 하나님의 영이 너희 위에
계심이라(벧전 4:13-14)

말씀 59 산 자는 산 자를,
죽은 자는 죽은 자를 주목한다.

59 예수는 말씀하셨다. "너희가 살아있는 동안
살아있는 자를 주목하라. 그러지 않으면 너희가 죽을 것이다.
그때는 산 자를 him 보려고 해도 볼 수 없을 것이다."44)

태호흡을 지나 폐호흡을 시작하는 순간, 태어난 어린아이는
'아〻앙' 한다. 폐호흡의 첫 순간은 우렁찬 울음이 아니라 우렁찬
감격의 웃음이다. 태호흡을 떠나 나도 비로소 스스로 호흡한다.
첫소리가 '아! 앙' 이다. 히브리어 알레프 א 는 황소의 상형문자
다. 알레프는 자음과 모음을 동시에 나타낸다. 모음으로는 ㅏ 요
자음으로는 ㅇ이다. 유영모에 의하면 한글로는 아래아 가온찍기
· 가 하늘 소리다. 하늘과 땅이 사람의 마음 한 가운데서 만나
내는 생명의 소리가 하늘 소리다. 생명의 소리는 태호흡이 아니
라 폐호흡을 하며 내는 소리다. 물론 태호흡도 생명의 호흡이다.
태호흡이 없으면 폐호흡도 없다. 그러나 태호흡에 언제까지나 머

---

44) 59 ⲠⲈⲬⲈ Ⲓ̄Ⲥ̄ ⲬⲈ ϬⲰϢⲦ Ⲛ̄ⲤⲀ ⲠⲈⲦⲞⲚϨ ϨⲰⲤ ⲈⲦⲈⲦⲚ̄ⲞⲚϨ̄ ϨⲒⲚⲀ ⲬⲈ ⲚⲈⲦⲘ̄ⲘⲞⲨ Ⲁ
ⲨⲰ Ⲛ̄ⲦⲈⲦⲚ̄ϢⲒⲚⲈ ⲈⲚⲀⲨ ⲈⲢⲞϥ ⲀⲨⲰ ⲦⲈⲦⲚⲀϢϬⲘ̄ ϬⲞⲘ ⲀⲚ ⲈⲚⲀⲨ

물면 살아있다는 이름은 가졌으나 그는 죽은 자다. 태호흡은 한 시적인 호흡일 뿐이다.

우리 의식의 세계도 이런 원리가 그대로 나타난다. 육체의 태호흡과 다른 것은 태중의 기간이 한시적이지만 의식의 태호흡은 사람마다 다르다. 폐호흡 없이 태호흡으로 생을 마치는 경우가 허다하다. 스스로 자기 정신으로 살지 못한다는 말이다. 태호흡은 타자 의존이고 타인의 자궁 속에서, 타인의 궁궐에서 노예로 살아가는 것과 다를 바 없다. 타자 자아로 살아간다. 이때는 자기 소리를 내지 못한다. 바로의 궁전과 헤롯 궁궐에서 채찍에 맞으며 겨우 연명한다. 노예도덕 아래에서 노예로 살아간다.

부모를 미워하고 형제와 자매를 부정한다는 것은 탯줄을 잘라야 비로소 내가 산다는 의미다. 정신이 자립하고 정신이 독립하며 자기 생각으로 호흡하게 된다. 이른바 폐호흡이다. 이때 기본적으로 내는 하늘 소리가 의식의 끝없는 자각을 이루는 탄성의 소리, 그 첫 웃음소리가 '아하!' 다. '아∼앙!'이다. '아, 그렇구나!'를 반복한다. 누군가에게는 그것이 천둥소리로 들리고 우렁찬 울음소리로 들리기도 하나, 나도 이제 스스로 내 소리를 낸다는 우렁찬 웃음소리다. 동시에 감격의 울음소리다. 아래아(·)는, 알레프는 하늘 소리의 시작이다.   요드 '가 의식의 하늘에서 천둥과 번개가 치는 것이라면, 입을 통해 터져 나오는 소리가 알레프 ℵ요 아래아(·)다. 스스로 의식이 태호흡을 졸업하고 폐호흡을 하면서 내는 소리다. 거기서부터 제소리가 시작된다. 하늘소리다.

산 자는 산 자를 주목한다. 죽은 자는 죽은 자를 주목한다.

태호흡의 탯줄을 자르지 못한 상태를 성서는 죽은 자라고 한다. 비록 그가 타자의 인큐베이터에서 탯줄을 통해 태호흡을 하고 있어 스스로는 산 자라고 주장할지라도 그 정신은 결코 스스로 독립한 적이 없어 자기 존재로 존재하지 않는다. 죽은 자란, 자기 존재의 부재를 나타내는 용어다. 죽은 자란 육체가 죽었다는 이야기가 아니다. 죽은 자로 살다 육체의 죽음을 맞이하면 죽은 자가 죽은 자로 살다가 그냥 죽는 것이다.

산 자는 언제나 산 자를 주목한다. 죽은 자는 타자 의존을 벗어나지 못하고 약육강식의 밀림에서 생존만을 우선하며 큰 자가 되려는 것만을 주목한다. 베드로가 예수를 주목하되 세상 임금 예수로 주목한다. 베드로가 목숨을 바쳐 충성하며 주목하는 것은 이스라엘을 회복할 메시아, 가이사의 자리를 대신할 이스라엘의 왕 예수를 주목한다. 그때는 산 자 예수를 볼 수 있는 능력이 없었다. 죽은 자가 죽은 자를 주목하는 것이다.

그러나 예수는 산 자였다. 산 자 예수는 죽은 자 베드로를 주목하지 않는다. 죽은 자 베드로에 대해서는 강력하게 부정한다. 죽은 자를 주목하고 있는 베드로를 향하여 '사탄아 내 뒤로 물러가라.'고 꾸짖는다. 동시에 예수는 죽은 자 베드로를 주목하지 않고, 죽은 자 베드로 안에 있는 산 자 베드로를 주목한다. 따라서 산 자 예수가 산 자 베드로를 주목하여 바라보기에 죽은 자 베드로 안에서 산 자 베드로를 살려낸다. 그러므로 죽은 자 베드로가 주목하고 있는 죽은 자 세상 임금 예수를 십자가에 매달아 죽여 버린다. 이것이 산 자 예수가 죽은 자 베드로 안에 있는 산 자 베드로를 살려내는 방식이다. 베드로 안에 있는 죽은 자 '사탄'을 베어버리는 방식이다.

산 자와 죽은 자가 함께 동거한다. 산 자 속에 있는 죽은 자가 '가라지'다. 산 자는 죽은 자와 동거하고 있는 산 자를 주목한다. 말씀 59는 말씀 58의 맥락에서 읽어야 한다. 고난받은 자가 복이 있다고 했다. 왜냐하면, 그가 생명으로 살기 때문이라고 로기온 58에서 말하고 있다. 생명으로 사는 자가 산 자가 아닌가. 그러므로 '산 자는 산 자를 주목하라'가 자연스럽게 59에 언급된다. 도마복음은 로기온과 로기온이 서로서로 맥락을 이룬다는 점을 상기하자. 각각의 로기온은 각각 독립된 아포리즘이면서 동시에 아포리즘과 아포리즘 사이에는 상호 문맥의 흐름을 갖고 있다는 말이다.

만일 산 자가 죽은 자를 주목하면 그 순간 산 자는 죽은 자와 하나가 되어 죽은 자가 되어버린다. 죽은 자는 죽은 자가 장사지내게 해야 한다. 산 자는 죽은 자를 주목할 수 없다. 만일 산 자 예수가 죽은 자 베드로의 충성심을 덥석 받으면, 다시 말해 '주를 위해 목숨을 바치겠습니다'라는 죽은 자 베드로의 충성을 덥석 받아서, '베드로야 네 믿음이 참으로 아름답구나! 네 믿음이 너를 구할 것이다'라고 죽은 자의 믿음에 주목한다면 예수는 한 걸음도 앞으로 더 나갈 수 없을 것이다. 베드로는 바로 그 자리에 예수의 초막을 짓고 대대손손 그 자리를 고수할 것이다. 유대교가 그러하고 오늘 한국의 기독교 모습이 그러하다. 예수는 죽은 자의 충성 서약과 고백을 단칼에 거절한다. 죽은 자를 주목하지 않는다. 산 자가 죽은 자를 주목하게 되면 그에게서 산 자를 볼 수 있는 능력을 상실하게 된다. 베드로 안에 있는 생명의 씨앗을 살려낼 능력이 없어진다는 말이다.

산 자 예수는 죽은 자 베드로에게 눈길 한 번 주지 않는다. 오직 베드로 안에 숨어 있는 산 사람만을 살리기 위해 베드로가 인식하지 못하고 있는 베드로 안에 있는 산 사람만을 주목한다.

로기온 59는 생명의 숨결을 사는 사람의 위대한 원리가 그 안에 있다. 로기온 58이 그 이후 114번까지의 서론이라고 해석하는 것이 이 같은 맥락에서 보더라도 무의미하지 않다. 아니 그렇게 보인다.

그런 점에서 로기온 59는 생명의 원리로 서로서로 관계 맺어가야 함을 안내하는 숨이 멎을 만큼 아름다운 아포리즘이 아닌가.

말씀 60 먹거리의 두 규칙 –
죽여서 먹는 것과 살림_{맺음}으로 먹는 것

60.1 〈 예수께서 〉 유대로 들어가실 때 어린양을 짊어진 사마리아인을 보셨다. 60.2 제자들에게 말씀하셨다. "그가 어린양 곁에 있다." 60.3 그들이 그에게 말했습니다. "그가 그것을 죽여 먹으려고 합니다." 60.4 그가 그들에게 말씀하셨다. "살아있는 동안은 먹지 않는다. 그러나 그가 그것을 죽이면 시체가 될 것이다.'" 60.5 그들이 그에게 말했다. "그렇지 않으면 그는 할 수 없을 것이다." 60.6 그가 그들에게 말씀했다. "너희는 안식처 안에서 자리를 찾아라. 그러면 너희가 시체가 되어 먹히지 않을 것이다."[45]

목축할 수밖에 없는 유목민은 식량을 확보하기 위해 양을 기른다. 양은 유목경제의 매우 중요한 가축이다. 그러므로 양은 유목민들에게 재산이고 식량이고 아울러 가족처럼 밀착되어 있다.

---

45) 60.1 〈 ⲁⲩⲛⲁⲩ 〉 ⲁⲩⲥⲁⲙⲁⲣⲉⲓⲧⲏⲥ ⲉϥϥⲓ ⲛ̄ⲛⲟⲩϩⲓⲉⲓⲃ` ⲉϥⲃⲏⲕ` ⲉϩⲟⲩⲛ ⲉⲧⲟⲩⲁⲁⲓⲁ 60.2 ⲡⲉϫⲁϥ` ⲛ̄ⲛⲉϥ`ⲙⲁⲑⲏⲧⲏⲥ ϫⲉ ⲡⲏ ⲙ̄ⲡⲕⲱⲧⲉ ⲙ̄ⲡⲉϩⲓⲉⲓⲃ` 60.3 ⲡⲉϫⲁⲩ ⲛⲁϥ ϫⲉⲕⲁⲁⲥ ⲉϥⲛⲁⲙⲟⲟⲩⲧϥ` ⲛ̄ϥⲟⲩⲟⲙϥ` 60.4 ⲡⲉϫⲁϥ ⲛⲁⲩ ϩⲱⲥ ⲉϥⲟⲛϩ ϥⲛⲁⲟⲩⲟⲙ ⲉϥⲟⲩⲟⲙ ϥⲛⲁⲟⲩⲟⲙ ⲙⲟⲩ` ⲁⲛ ⲁⲗⲗⲁ ⲉϥϣⲁⲙⲟⲟⲩⲧϥ` ⲛ̄ϥϣⲱⲡⲉ ⲛ̄ⲟⲩⲡⲧⲱⲙⲁ 60.5 ⲡⲉϫⲁⲩ ϫⲉ ⲛ̄ⲕⲉⲥⲙⲟⲧ` ϥⲛⲁϣⲁⲥ ⲁⲛ 60.6 ⲡⲉϫⲁϥ ⲛⲁⲩ ϫⲉ ⲛ̄ⲧⲱⲧⲛ̄ ϩⲱⲧ`ⲧⲏⲩⲧⲛ̄ ϣⲓⲛⲉ ⲛ̄ⲥⲁ ⲟⲩⲧⲟⲡⲟⲥ ⲛⲏⲧⲛ̄ ⲉϩⲟⲩⲛ ⲉⲩⲁⲛⲁⲡⲁⲩⲥⲓⲥ ϫⲉⲕⲁⲁⲥ ⲛ̄ⲛⲉⲧⲛ̄ϣⲱⲡⲉ ⲙ̄ⲡⲧⲱⲙⲁ ⲛ̄ⲥⲉⲟⲩⲱⲙ` ⲧⲏⲩⲧⲛ̄

양을 잡아 고기를 먹거리로 삼을 때마다 종교적인 제례가 자연스럽게 발생한다. 허투루 양을 잡지 않는다는 말이고 그 나름의 숭고한 문화가 그곳에 있다. 양을 잡을 때는 피를 먼저 빼고 죽은 것을 확인한 후 가죽을 벗기고 고기를 분리한다.

로기온 60은 유목민의 식량 문화를 빗대어 터져 나온 엄혹하고 차가운 정신세계의 원리를 언급하는 예수의 어록이다. 유목민도 양이 살아있는 동안은 양을 먹지 않는다. 산 채로는 먹지 않는다. 양을 먹으려면 죽여서 먹는다. 죽어 시체가 된 후에야 그것을 먹거리로 삼는다.

너희를 먹거리로 삼으려는 사자들이 사방에서 우글거린다. 너희를 잡아먹으려면 그들은 먼저 너희를 죽이고자 한다. 죽이지 않고, 시체를 만들지 않고, 죽은 자로 만들지 않고 먹는 법은 없기 때문이다. 산 자는 먹이가 되지 않는다. 너희가 산 자라면, 시체가 되어 먹히지 않는다.

산 자, 살아있는 자, 생명으로 충만한 자는 어떤 특성이 있는가. 전쟁터에서 떠난 자다. 다툼과 갈등을 마무리한 자가 살아있는 자고 산 자다. 너희는 안식처 안에서 터를 잡아라. 그 안식처가 어디일까. 안식처는 그대 자신 안에 있는 지극히 거룩한 처소인 지성소의 빛에 머물게 될 때, 그는 비로소 살아있는 자요, 산 자여서 누군가에게 먹히는 시체죽은 자가 되지 않는다. 전쟁이 끝나면 무화과나무 아래에 있고 포도나무 아래에 있게 마련이다. 그곳이 안식의 자리다. 생명 나무 아래에서 달마다 맺히는 열두 과일을 농사짓는다. 안식의 터에서는 먹고 먹히지 않는다. 선악을 알게 하는 나무, 지식의 열매는 죽여서 먹는 양식이다. 타인을 죽여 자신의 먹거리로 삼는 게 선악 지식의 세계라면 생명의 세계는 자신의 선악의 세계를 죽여 생명의 열매를 맺음으로 자신과 타인을 살리는 양식이다.

생명 나무 아래에서 짓는 농사는 죽여서 먹는 양식이 아니다. 맺히면서 먹는 양식이다. 호크마와 비나와 케세드는 누군가를 죽여서 행복한 것이 아니다. 누군가를 살리면서 그 영혼이 풍성해진다. 살림이 곧 양식이다. 게부라와 티페레트와 네차와 호드는 누군가의 목에서 흘리는 피를 보며 기뻐하는 양식이 아니다. 그들의 영혼을 일으켜 세우고 그들의 정신의 성숙을 바라보며 양식으로 삼는 살리는 양식이다. 생명으로 사는 길이 있고 죽음으로 사는 두 갈래 길이 있다.

죽여서 시체를 먹거리로 삼는 것은 육체의 세계에 있는 먹거리 법칙이다. 그 정신이 사르크인 세계에도 같은 규칙이 적용된다. 상대를 죽인 다음 그의 기운을 뺏는다. 흡혈하여 자신의 정신의 갈증을 해소하려 한다. 기운으로 상대를 제압해 죽여놓은 다음 그 목에 빨대를 꽂아 그를 양식으로 삼는다. 상대를 죽이기 위한 날카로운 칼은 결국 지식이다. 영지주의는 바로 칼 중의 칼을 만들기 위해 숫돌에 영적 지식의 칼을 갈고 있는 게 영지주의다. 영지주의는 활인도活人道-刀가 아니고 살인도殺人道-刀다. 그러나 영지는 활인活人道-刀도다. 이 둘은 너무도 비슷하나 하나는 사망의 길을 걷는 것이고 하나는 생명의 길을 걷는 것이다. 예수는 죽어 시체가 되어 누군가의 먹이가 될 것인가. 아니면 산 자로 살 것인가를 로기온 60에서 분명히 한다.

"그게 아니고요~"라는 날카로운 칼을 들이대어 상대를 옴짝

달싹 못 하게 하는 것이 지식의 칼이다. 엘리트주의자들의 강력한 무기다. 이 칼을 갈고 닦으려 얼마나 많은 무인武人들이 도道刀를 닦는가. 대개는 도道를 닦는다고 하나 칼刀을 가는 것이다. 도인들의 가슴에는 날카로운 칼을 하나씩 품고 있다. 학문하는 까닭이 어디에 있을까. 한편으로는 상대를 제압할 날카로운 칼을 손에 쥐기 위함이다. 어느 때나 양을 잡아서 먹거리로 삼으려는 흉계를 갖고 있다. 그들의 미소는 자애의 눈빛이 아니다. 아직은 잡아먹을 때가 아니어서 유목민이 목축하듯, 자애로운 눈길로 양에게 먹이를 주며 기르고 있는 눈빛일 뿐이다. 그러므로 그들의 사랑은 사랑이 아니다. 마침내 시체를 만들어 죽이려는 흉계다. 그들의 자애로운 눈빛은 목에 들이대는 빨대일 뿐이다.

로기온 58과 59의 맥락 속에서 60의 의미가 분명하게 읽힌다.

58. 예수께서 말씀하셨다. '고난받은 사람은 복이 있나니 그는 생명을 발견했고 그것에 푹 젖어 있느니라'

59. 너희가 살아있는 동안에 살아있는 자를 보라ⲉⲱⲥ ⲉⲧⲉⲧⲛⲟⲛϩ; 참조 여기 ⲉⲱⲥ ⲉⲓⲟⲛϩ. 그렇지 않으면 너희가 죽고 말 것이다.

안식의 터에 자리를 잡는 것은 살아있는 동안 산 자를 주목해야 하고, 죽은 자를 바라보면 죽은 자가 된다는, 시체가 된다는, 그래서 사자의 먹이가 된다는 점을 매우 간결하게 짚어주고 있다.

말씀 61 죽은 자는 죽을 것이고 산 자는 살 것이고
한 사람은 살고 한 사람은 죽고

61.1 예수께서 말씀하셨다. "두 사람이 한 침대 _{ϭⲗⲟϭ, bed} 에 누워 있을 것이다. 한 사람은 죽고 다른 한 사람은 살 것이다."

61.2 살로메가 말했다. "오, 사람이여! 하나에서 나와 _{ϩⲱⲥ ⲉⲃⲟⲗ ϩⲛ̅ ⲟⲩⲁ} 내 침대에서 일어나고 내 식탁에서 먹는 당신은 누구인가?"

61.3 예수께서 그녀에게 말씀하셨다. "나는 같은 이에게서 나온 존재하는 그다. 나는 내 아버지께 속한 것을 받았다."

61.4 살로메가 말했다. "나는 당신의 제자입니다."

61.5 예수께서 말씀하셨다. "이런 이유로 나는 말한다. 그가 동등할 때 그는 빛으로 가득 찰 것이다. 그러나 그가 나뉘면 그는 어둠으로 가득 찰 것이다."[46]

61.1은 마태복음 24장 40절과 특히 누가복음 17장 34절을 방불한다. 마태복음은 침대가 아니라 밭에 있는 두 사람이고, 누

---

46) 61.1 ⲡⲉϫⲉ ⲓ̅ⲥ̅ ⲟⲩⲛ̅ ⲥⲛⲁⲩ ⲛⲁⲙ̅ⲧⲟⲛ` ⲙ̅ⲙⲁⲩ ϩⲓ ⲟⲩϭⲗⲟϭ ⲡⲟⲩⲁ ⲛⲁⲙⲟⲩ ⲡⲟⲩⲁ ⲛⲁⲱⲛϩ 61.2 ⲡⲉϫⲉ ⲥⲁⲗⲱⲙⲏ ⲛ̅ⲧⲁⲕ` ⲛⲓⲙ` ⲡⲣⲱⲙⲉ ϩⲱⲥ ⲉⲃⲟⲗ ϩⲛ̅ ⲟⲩⲁ ⲁⲕⲧⲉⲗⲟ ⲉϫⲙ̅ ⲡⲁϭⲗⲟϭ ⲁⲩⲱ ⲁⲕ`ⲟⲩⲱⲙ ⲉⲃⲟⲗ ϩⲛ̅ ⲧⲁⲧⲣⲁⲡⲉⲍⲁ 61.3 ⲡⲉϫⲉ ⲓ̅ⲥ̅ ⲛⲁⲥ ϫⲉ ⲁⲛⲟⲕ` ⲡⲉ ⲡⲉⲧϣⲟⲟⲡ` ⲉⲃⲟⲗ ϩⲙ̅ ⲡⲉⲧ`ϣⲏϣ ⲁⲩⲧ ⲛⲁⲉⲓ ⲉⲃⲟⲗ ϩⲛ̅ ⲛⲁ ⲡⲁⲉⲓⲱⲧ` 61.4 ⲁⲛⲟⲕ` ⲧⲉⲕ`ⲙⲁⲑⲏⲧⲏⲥ 61.5 ⲉⲧⲃⲉ ⲡⲁⲉⲓ ϯϫⲱ ⲙ̅ⲙⲟⲥ ϫⲉ ϩⲟⲧⲁⲛ ⲉϥϣⲁϣⲱ ⲡⲉ ⲉϥϣⲏ ⟨ ϣ ⟩` ϥⲛⲁⲙⲟⲩϩ ⲟⲩⲟⲉⲓⲛ ϩⲟⲧⲁⲛ ⲇⲉ ⲉϥϣⲁⲛϣⲱⲡⲉ ⲉϥⲡⲏϣ ϥⲛⲁⲙⲟⲩϩ ⲛ̅ⲕⲁⲕⲉ

가복음은 한 침대한 자리, ἐπὶ κλίνης μᾶς, one bed 에 두 남자가 있다가 하나는 데려감을 당하고 하나는 버려둠을 당한다고 한다. 이어서 맷돌을 갈고 있는 두 여자 이야기가 나온다. 역시 하나는 데려 감을 당하고 하나는 버려둠을 당한다고 묘사한다. 도마복음 61 은 한 침대의 두 사람인데 두 사람의 그림은 예수와 살로메다. 즉 남자와 여자 그림이다.

그러므로 이를 미뤄보건대, 두 사람은 어느 '경우든'이다. 그 것이 두 남자이든, 두 여자이든, 혹은 두 남녀든, 그리고 장소도 어느 '경우에나'다. 다만 같은 공간의 둘이다. 그 둘은 분열되어 있다. 비록 겉으로는 '같은' 일을 하고 있으나 결코 같지 않다. 앞서 58, 59, 60에서처럼 산 자와 죽은 자, 생명이 있는 자와 생명이 없는 자, 산 자를 주목하는 자와 죽은 자를 주목하는 자, 두 존재가 하나의 공간에서 같은 행위를 하고 있으나 결코 같은 행위를 하지 않는다. 둘이 밭에서 일하고 있다. 같은 일을 한다. 그런데 하나는 데려감을 당하고 하나는 버려둠을 당한단다. 같은 일이나 같은 일이 아니라는 얘기다. 두 여자가 맷돌을 가는 일 도 같은 일이나 같지 않다. 한 침대에서 자고 한 식탁에서 밥을 먹는다. 그런데 같은 일이지만 같은 일이 아니란다. 한 사람은 죽고 한 사람은 살 것이라고 한다. 한 침대에서 남녀가 사랑한 다. 두 몸이 사랑을 나누고 같은 식탁에서 같은 밥을 먹는다. 그 런데 하나는 데려감을 당하고 하나는 버려둠을 당한다고 한다. 무슨 뜻일까.

바울은 말한다. 날마다 죽는다고 고백한다. 날마다 죽는 나와 날마다 사는 나가 한집에 있다. 한 침대에 있고, 한 식탁에 있고, 한 맷돌을 돌린다. 한 밭에 있다. 한 곳에서 나와 서로 다른 곳을 바라보고 있다. 한 식탁에서 함께 밥을 먹고 있으나 둘은 마주 보며 등을 대고 있다. 형용모순이 아니다. 예수와 살로메 שלומית, ϹⲀⲗⲱⲙⲏ는 한 식탁에서 마주 보며 밥을 먹고 있다. 눈을 마주치며 같은 밥을 먹을지라도 서로는 등을 돌리고 있다. 한 침대에 누웠을지라도 서로는 따로따로이고 또 하나의 행동에 대한 그 의미가 각각 다르다. 동상이몽이다. 서로는 각자의 꿈을 꾸고 각자의 생각을 한다. 하나는 죽은 자요, 하나는 산 자로다. 육신의 생각과 영의 생각은 한 침대에서 뒹군다. 한 식탁에서 밥을 먹는다. 하나는 죽은 것을 취하고 하나는 산 것을 취한다.

살로메가 누구인지는 정확히 알 수 없다. 세베대의 아내 곧 야고보와 요한의 어미로 추측한다. 만일 그렇다면 예수의 이모인 셈이다. 그러니 한 침대에서 일어나고 한 식탁에서 밥을 먹을 수는 없지 않은가. 육신으로 헤아리면 그렇다. 그러므로 살로메는 동명이인으로 추측할 수도 있다. 그러나 그런 족보는 중요하지 않다. 성서는 육신의 이야기를 빌어 영의 세계를 드러내는 책이다. 도마복음도 영지의 이야기다. 헤로디아의 딸도 살로메라는 이름을 가졌다고 하나 도마복음의 살로메로 추측할 수는 없다.

신약에서 언급된 살로메는 단 한 명 뿐이다막 15.40; 16.1. 살로메에 대해 알려진 것은 그녀가 십자가 처형의 증인이었고, 예수의 사역을 지원한 여성 중 한 명막 15.41이었고, 부활절 아침에 무덤을 방문한 사람 중 한 명막 16.1-8이었다는 것 외에는 없다. 살로메라는 이름은 평화를 지향해 지어진 이름이다. 도마복음의 여

인이 세베대의 아내 야고보와 요한의 어머니 살로메라고 가정해
보자. 그가 지향하는 평화는 산 자의 평화가 아니라 죽은 자의
평화다.

> 멀리서 바라보는 여자들도 있는데 그 중에 막달라 마리아와
> 또 작은 야고보와 요세의 어머니 마리아와 또 살로메가 있
> 었으니 이들은 예수께서 갈릴리에 계실 때에 좇아 섬기던
> 자요 또 이 외에도 예수와 함께 예루살렘에 올라온 여자가
> 많이 있었더라(막 15:40)
> 안식일이 지나매 막달라 마리아와 야고보의 어머니 마리아
> 와 또 살로메가 가서 예수께 바르기 위하여 향품을 사다 두
> 었다가(막 16:1)

여기 살로메의 행적에서 미루어 보건대, 그가 지향하는 평화
는 세상 임금 예수에 대한 헌신과 충성심과 애틋함이다. 예수께
바르기 위하여 향품을 사두었다가 예수의 무덤을 찾아간다. 아직
은 세상 임금 예수의 향수에 그를 떠나보내지 못하는 장면이다.
그들이 좇은 예수는 산 예수가 아니라 죽은 예수다. 산 자의 예
수가 아니라 죽은 자, 세상 임금 예수를 좇았음이 여실하다. 그
가 주목한 예수는 세상 임금 예수였고, 그 예수는 죽은 예수다.
산 자는 산 자를 주목하고 죽은 자는 죽은 자를 주목한다. 그리
고 세상 임금 예수가 죽어서 무덤에 갇혀 있다. 그녀는 죽은 예
수를 위해 향품을 준비한다.
　마가복음의 이런 기사를 미뤄보면 도마복음의 기록이 있을
때의 대화가 충분히 짐작된다. 그녀의 아들 야고보와 요한이 예

수의 제자였던 것처럼, 그들의 어미인 자신도 예수의 말씀에 귀 기울이고 예수를 따르는 헌신적인 제자라고 자부할 수 있을 것이다. 어디 야고보와 요한만 당신의 제자일까. 나도 당신을 적극, 그리고 열렬히 지지한다. 당신이 메시아인 것을 의심치 않는다. 나도 당당히 당신의 제자다. 내가 비록 육신의 족보로 하면 이모가 되겠지만, 나는 조카 예수의 행보를 열렬히 지지한다. 그리고 사랑한다. 정신적으로는 속칭 예수의 '극성팬-빠'가 되어 있다.

예수의 가까운 거리에서 허물없이 식사도 하고 한 침상에 머물기도 했으리라. 그만큼 친밀감이 드러난다. 그럴지라도 산 자 예수와 죽은 자 살로메는 늘 동상이몽이다. 공관복음에 나오지 않는 도마복음 로기온 61의 살로메와의 대화는 많은 것을 시사한다.

> 그때 두 사람이 밭에 있으매 하나는 데려감을 당하고 하나는 버려둠을 당할 것이요 두 여자가 매를 갈고 있으매 하나는 데려감을 당하고 하나는 버려둠을 당할 것이니라(마 24:40-41)
>
> 내가 너희에게 이르노니 그 밤에 두 남자가 한자리에 누워 있으매 하나는 데려감을 당하고 하나는 버려둠을 당할 것이요 두 여자가 함께 매를 갈고 있으매 하나는 데려감을 당하고 하나는 버려둠을 당할 것이니라 (없음) 저희가 대답하여 가로되 주여 어디오니이까 가라사대 주검 있는 곳에는 독수리가 모이느니라 하시니라(눅 17:34-37)

‘생명’이라는 주제는 58, 59, 60.4^{59, 60절에서는 죽음과 대조에} 등장했다. 61.5의 대화는 생명^{61.5절에서 ‘동등함’과 ‘빛으로 가득 찬 것’과} 죽음^{61.5절에서 ‘나뉨’과 ‘어둠으로 가득 찬 것’}에 관한 것이다.

도마복음은 영지 복음이다. 남편과 아내가 나라고 하는 육체를 침대로 삼고, 혹은 식탁으로 삼고 함께 자며 함께 일어나고 함께 식사한다. 내 안에 두 존재가 있다.

육체의 남편과 아내가 몸이 사랑한다고 해서 정신도 하나일까. 그것은 희망 사항이다. 어느 부분은 하나로 존재한다. 그런데도 결코 하나가 아니라 따로따로다. 내 안의 두 존재조차 하나가 되지 못한다. 둘이 하나가 되는 것, 그것이 평화다. 곧 샬롬이다. 살로메가 지향하는 곳, 그런데도 둘이 하나가 될 수 없다. 살로메는 구호요, 이념이다. 자신을 속이는 평화다. 평화의 구호로는 평화에 도달할 수 없다. 그러나 인생은 평화의 구호조차, 살로메라는 이름조차 없을 수 없다. 살로메의 그림자를 로기온 61은 보여주고 싶은 것이다.

로기온 61에서 예수와 살로메를 배치하는 것. 그것이 그리려는 그림이 매우 절묘하다. 둘이 함께 밥을 먹는데, 먹는 양식이 다르다. 한 사람은 영이요 생명인 말씀을 양식으로 삼는다. 한 사람은 평화를 노래하지만, 평화에 이르지 못한다. 왜냐하면, 그녀는 끝없이 예수를 세상 임금으로 삼고 그를 통한 왕국이 평화의 나라라는 희망 속에 있기 때문이다. 이 도그마를 붙잡고 평화를 노래한다. 그가 먹는 양식은 돌비에 기록된 모세의 법을 취하기 때문이다. 예수를 통해 이루고 싶은 왕국은 열심과 헌신을 통해서이고, 야고보와 요한은 그의 나라에서 큰 자로 발탁될 것을 희망하고 예수를 좇기 때문이다. 예수와 동고동락을 하지만, 아니 예수와 동고동락하는 야고보와 요한의 뒷바라지를 위해 치맛바람을 몰고 다니지만 결국 살로메의 꿈은 그냥 꿈에 머물게 된다.

인생은 그 안에 두 존재가 있다. 하나는 정보와 지식에 민감하여 끝없이 정보를 사냥하는 사냥꾼이 있다. 그는 돌비에 정보를 기록한다. 새로운 지식을 기록한다. 새로운 지식을 생산한다. 큰 자가 되는 지름길이기 때문이다. 죽은 자는 죽은 자를 주목한다. 산 자는 산자를 주목한다. 죽은 자가 예수를 통해 이루고 싶은 평화는 그러므로 죽은 평화다. 예수를 세상 임금으로 좇는다. 따라서 그가 외치는 평화는 이름과 외피는 평화이나 죽음의 노래다. 돌비의 지식으로 양식을 취하는 이들은 정보사냥과 정보 우위를 권력으로 삼으려 한다.

그러나 또 다른 존재가 그대 안에 있다. 지식의 축적에 질식하고 지식과 돌비의 세계를 떠나서 영이요 생명인 세계를 갈망하는 또 다른 존재가 그대 안에 있다. 아버지(?)에게서 나온 자다. 이때의 아버지는 친자확인이 필요한 아버지다. 두 아버지가 있다. 아브라함의 하나님을 아버지라 주장하는 유대인에게, 그 아버지는 마귀라고 예수가 힐난하고 있다. 거기 그렇게 있는 하늘 어귀의 전지전능한 아버지는 단언하건대 '우상'이다. 살로메는 마음의 지극한 곳에서 나오지 않았다. 살로메의 아버지는 유대교적 하나님, 아브라함의 하나님이라고 부르지만 전지전능한 하나님이 그의 아버지다. 그에게 예수는 전지전능한 하나님의 아들이고 메시아이며 그리스도였다. 그의 생각을 지배하고 있는 예수는 세상 임금 예수였다.

　마음의 지극한 곳, 없으나 있는 곳, 그대 자신의 지극히 그러한 곳으로부터 비롯된 그대는 지식을 좇지 않는다. 영얼, 정신을 취한다. 결코, 지식을 좇지 않는다. 텍스트 속에 있는 작가의 얼과 마음을 읽으려 한다. 이야기꾼이나 발화자 혹은 강연자의 논평을 통해 전하려는 그의 정신과 얼을 양식으로 취한다. 영을 취하면 지식은 흡수된다. 지식을 취하면 영과 그 정신을 얻지 못한다. 교리주의자가 되고 만다. 한 침대를 쓰는 두 존재가 우리 안에 있다. 죽은 자와 산 자가 함께 동거하고 있다. 그대는 산 자와 하나가 될 것인가. 산 자로부터 난 산 자인가. 죽은 자로부터 난 죽은 자인가. 두 아버지 중 어느 아버지로부터 난 자인가.

　성경을 읽는 독자들의 두 유형이 있다. 하나는 성서에서 끝없이 지식을 구하고 지식을 취한다. 헬라어와 히브리어의 단어 의미와 뜻을 통해 더 큰 지식을 구하고 지식을 권력으로 삼으려 한다. 살로메의 유형이고 죽은 자의 유형이다. 누구나 그 속에 그러한 속성의 사람이 존재한다.

　지식을 좇는 것을 멈추고 얼과 생명, 그 정신을 좇는 또 다른 존재가 있다. 사람들은 큰 자이기를 희망하는 동안 또 다른 존재에 관해 관심을 기울이지 않는다. 그대 안에 또 다른 그가 지성소의 생명과 하나에서 난 자다. 그대가 외면하는 그가 곧 그대다. 죽은 존재와 산 존재가 밭에서 함께 일하고 함께 맷돌을 간다. 함께 침상에서 일어나고 함께 식탁에서 밥을 먹는다. 하나는 지식을 취하고 하나는 영을 취한다. 언제나 지식을 취하는 자가 앞선다. 이 둘이 분리되면 어둠에 떨어진다. 이 둘이 하나가 되면, 아니 죽은 자를 버려두고 산 자를 주목하는 것과 하나가 되면 그 안에 빛이 가득해진다. 이때 지식은 부산물로 따라온다. 왜냐하면, 생명을 담는 그릇이 필요하기 때문이다. 그러나 죽은 자를 주목하여 선악의 지식을 취하게 되면 그곳에는 생명이 담기지 않는다. 선과 악, 심판과 죽음이 담긴다. 하나는 데려감을 당한다. 하나는 남겨진다.

산 자는 살고 죽은 자는 죽는다. 이것이 생명의 원리다. 땅에 있는 예루살렘, 하갈의 자녀 이스마엘은 땅에 머물고 하늘에 있는 예루살렘, 자유자 이삭은 하나님 나라의 유업을 잇는다. 한때 이스마엘과 이삭이 한 침대와 한 식탁에 머물 때가 있을지라도 둘은 둘로 있다가, 하나가 땅에 머물고 하나는 하늘에 머문다.

살로메가 묻는다. 당신은 누구인가. 나는 그로부터 난 자다. 산 자로부터 난 산 자다. 지성소의 아버지로부터 난 자다. 전지하시고 전능하신 유일하신 하나님의 아들이라는 깔뱅의 예정론과 선택 교리속 모노게네스독생가 아니다. 없이 계신 하나님으로부터 난 자가 생명을 주목한다. 타인을 죽여 정신 승리하는 것을 양식으로 삼는 죽은 자의 삶을 청산하고 죽은 자 안에 있는 산 자를 주목하여 죽은 자 가운데서도 생명으로 사는 비결을 로기온 61은 보여 주고 있다.

말씀 62 은밀_{MYCTHPION} 무스테리온과 오른손 왼손

62.1 예수께서 말씀하셨다. "나는 내 은밀_{MYCTHPION} 무스테리온한 것을
그것에 합당한 자들에게 말한다.
62.2 오른손이 하는 일을 왼손이 모르게 하라."[47)

생명은 그것이 감춰진 이들에게 신비다. 선악은 생명을 알지 못한다. 옳고 그름만, 지식의 우월만 있을 뿐 생명의 신비를 모른다. 생명은 옳음과 그름의 범주에 있지 않다. 생명은 맞다 틀리다의 범주에서 헤아려지지 않는다. 신비는 감춰진 것, 숨어 있는 것이다. 왜 숨어 있을까. 원래 생명은 숨을 이유도 숨겨질 필요도 없다. 다만, 우리의 눈이 선악의 눈으로 밝아져 있어 선악을 아는 일에 눈빛이 고정되어 있으므로 생명의 세계에 대해 볼 수 없기 때문이다. 생명의 세계는 고차방정식이 아니다. 다만 감춰있을 뿐이다.

생명이 아닌 게 어디 있으랴. 삼라만상이 모두 생명이다. 우리는 매일 매일 음식을 섭취한다. 생명을 섭취하며 생명을 영위한다. 목숨이 생명이 아니고 무엇인가. 그러므로 생명이 감춰있

---

47) 62.1 ⲡⲉⲭⲉ ⲓ̄ⲥ̄ ⲭⲉ ⲉ̇ⲓ̇ⲭⲱ ⲛ̄ⲛⲁⲙⲩⲥⲧⲏⲣⲓⲟⲛ ⲛ̄ⲛⲉ[ⲧⲙ̄ⲡϣⲁ] ⲛ̄[ⲛⲁ]ⲙⲩⲥⲧⲏⲣⲓⲟⲛ
    62.2 ⲡⲉ[ⲧ]ⲉ ⲧⲉⲕ`ⲟⲩⲛⲁⲙ ⲛⲁⲁϥ ⲙⲛ̄ⲧⲣⲉ ⲧⲉⲕϩⲃⲟⲩⲣ` ⲉⲓⲙⲉ ⲭⲉ ⲉⲥⲣ ⲟⲩ

다고 할 때의 생명은 우리의 목숨에 관한 이야기도 아니고, 삼라만상의 생명 현상에 대해서도 아니다. 자연생태계의 모든 원리는 도도한 생명의 체계에 의해 흐른다. 사방이 생명의 생태계와 그 시스템에 의해 작동되고 흐르는데, 단 한 가지 생명의 흐름이 막혀 있는 곳이 있다.

생명이 숨어 있고 감춰진 곳이 있다. 사망이 지배하는 곳이 있다. 어디인가. 인간의 정신세계다. 생명의 신비가 말해지는 곳은 인간의 정신계에 대한 언급이다. 정신계의 생명은 온통 신비다. 숨어 있고 감춰있는 비밀이다. 무스테리온MYCTHPION이다. 왜냐하면, 우리의 정신을 선점하고 있는 원리는 생명을 빙자하고 있지만, 온통 약육강식의 원리가 지배하고 있고 정신승리로 자신의 존재를 증명하려고 하기 때문이다. 타인을 죽여 자신이 큰 자임을 존재 증명하려는 사망의 시스템이 작동하기 때문이다.

언제 어디서든 영혼은 비밀이다. 드러나는 것은 육체다. 영혼은 은폐되어 있고 또 은폐되어 있다. 하나님은 은밀한 존재다. 따라서 계시는 은밀한 세계에 대한 영혼의 눈뜸이다. 육체의 언어에는 하나님이 존재할 수 없다. 육체의 언어는 자신 안에육체의 언어 안에 하나님이 거하지 않음을 드러내 준다. 그런 면에서 육체의 언어는 간접계시이며 계시의 부정적 방편이다. 역설의 진리다. 육체의 언어는 이기심과 욕망의 집이다. 도리어 육체의 언어 배면에 숨어서 숨 쉬고 있는 것, 하나님은 은밀한 중에 계시다.

신은 은밀한 눈과 은밀한 것을 거절하는 사람에겐 결코 드러나고 나타나지 않는다. 인생은 드러난 것과 나타난 것에만 몰두하고 집중한다. 기도는 은밀한 중에 계신 이와의 만남이다. 은밀한 생명과의 밀어다. 은밀함이란 밀교 적이거나 숨어서 행하는 것을 의미하지 않는다. 은밀함이란 존재와 나타난 것 사이에 있는 비밀스러운 역동성이다. 육체의 언어는 생을 단절시킨 토막 난 시체 조각이다. 기도란 토막 난 시체 조각을 양식으로 먹는 삶을 거절하는 것, 도리어 나타난 것과 존재 사이를 산책하는 무한 여행이다.

은밀히 구제했다고 하자. 그것은 이미 은밀한 것이 아니다. 은밀함과는 전혀 상관없는 애기다. 왜냐하면, 타인은 알 수 없지만, 은밀히 행한 구제를 자신만은 알기 때문이다. 따라서 자신에게 들킨 구제는 구제가 아니다. 하나님은 선인이나 악인에게 햇빛을 비추고 비를 내리신다. 그러나 그것을 의식하지 않는다. 의식하고 있는 것은 은밀한 것이 아니다. '은밀'함이란 그러므로 의식의 너머에 관한 애기다.

의식하고 있는 것과 투명한 의식은 다른 문제다. 사랑은 사랑이 이루어질 때, 사랑이 거룩으로 나타날 때, 투명한 의식 가운데 행해진다. 감정이 동원되고 기쁨이 수반된다. 거룩의 모양, 의의 모양, 투명한 의식, 뜨거운 감성, 전인적인 삶이 동원되어 열정으로 흘러나오지만, 내 의식이 나의 삶을 포착하고 의식의 그물망에 그것을 매어두지 않는다. 인식이 붙잡고 있고, 혹은 붙잡혀 있으면 그것은 은밀한 중에 행한 것이 아니다. 자신에게 들킨 것이며 드러난 세계다. 진실은 드러난 세계를 규정하는 것에 있지 않다. 규정되면서 도리어 진실은 은폐된다. 진실은 언제나 숨어 버린다.

사람들은 늘 타인에 대해 삶의 나타난 부분을 놓고 칭찬하거나 비난한다. 사람의 인식 그물망에 잡히는 것이 어느 만큼의 진실을 담보하고 있는가. 삶은 인식의 그물망에 전체로 잡힐 수 없다. 인식의 그물망에 갇혀 행하는 모든 행위는 연기일 따름이다. 그것을 외식이라 한다. 타인이 나의 삶을 놓고 왈가왈부하는 것에 내가 영향을 받지 않는다. 수치스러워하거나 자랑스러워하지 않는다.

누군가의 삶의 한 자락을 놓고 사람들은 기억하고, 끊임없이 정보를 생성하고 덧붙인다. 정작 본인도 모르는 것을 놓고 타인들에 의해 무수한 이야기가 만들어지는 것들, 이런 것들은 은밀한 것이 아니라 나타난 것들이며 육체의 언어들이다. 오른손이 하는 것을 왼손이 모르게 한다는 말은 아무런 의식이 없이 다만 무의식중에 한다는 말이 아니다. 도리어 투명한 의식 가운데 행위가 이루어진다. 그러나 그 자리에 잡혀있거나 머물러 있지 않다. 하여 오른손이 하는 것을 왼손이 모르는 것이다.

아니 오른손은 왼손을 모른다. 산 자는 산 자를 주목할 뿐이기 때문이고 죽은 자는 죽은 자를 주목한다. 산 자의 소리를 죽은 자는 듣지 못한다. 산 자와 죽은 자는 한 밭에서 일하고 같이 맷돌을 돌린다. 한 침상에서 자고 일어난다. 한 식탁에서 밥을 먹는다. 그러나 산 자는 산 자요 죽은 자는 죽은 자다. 오른손은 오른손이요 왼손은 왼손이다. 오른손이 하는 것을 왼손이 안다고 하는 것은 그러므로 은밀의 세계가 아니다. 선악의 세계고 지식의 세계다. 생명과 상관없는 그저 말들의 세계다.

오른손이 하는 것을 왼손이 모르는 삶은 언어로 규정될 수 있거나 규명되는 세계가 아니다. 생명의 파도가 넘칠 따름이다.

말씀 63 돈_{ΧΡΗΜΑ 크레마, 재물, 보물}이란 무엇인가

63.1 예수께서 말씀하셨다. "돈_{ΧΡΗΜΑ, 크레마}이 많은 부자가 있었다.
63.2 그는 '나는 내 돈을 써서 심고, 거두고, 내 창고에 소출을
채워서 부족함이 없게 하겠다.'라고 말했다.
63.3 그는 이렇게 생각했지만, 바로 그날 밤 죽었다.
63.4 귀 있는 자는 들으라."48)

도마복음의 14가지 비유 중 여섯 번째다. 로기온 63은 누가
복음 12장 16-21절이 병행구절이다.

한 부자가 그 땅에 소출이 풍성하니 심중에 생각하되, 내가
곡식 쌓아 둘 곳이 없으니 어떻게 할까?" 이르되, 내가 이
렇게 하리라. 내 곳간을 헐고 더 크게 지어 거기에 내 곡식
과 물건을 쌓아 두리라. 또 내 영혼에게 이르되, 영혼아, 여
러 해 쓸 물건을 많이 쌓아 두었으니 평안히 쉬고 먹고 마

---

48) 63.1 ΠΕΧΕ ĪC ΧΕ ΝΕΥΝ ΟΥΡωΜΕ ΜΠΛΟΥCΙΟC ΕΥΝΤΑϤ ΜΜΑΥ ΝϨΑϨ ΝΧΡΗΜ
Α 63.2 ΠΕΧΑϤ ΧΕ ϯΝΑϷΧΡω ΝΝΑΧΡΗΜΑ ΧΕΚΑΑC ΕΕΙΝΑΧΟ ΝΤΑω〚Ϩ〛CϨ ΝΤ
ΑΤωϬΕ ΝΤΑ- ΜΟΥϨ ΝΝΑΕϨωΡ ΝΚΑΡ`ΠΟC ϢΙΝΑ ΧΕ ΝΙϷ ϬΡωϨ ΛΛΑΑΥ 63.3 Ν
ΑΕΙ ΝΕ ΝΕϤΜΕΕΥΕ ΕΡΟΟΥ ϨΜ ΠΕϤϨΗΤ` ΑΥω ϨΝ ΤΟΥϢΗ ΕΤΜΜΑΥ ΑϤΜΟΥ
63.4 ΠΕΤΕΥΜ ΜΑΧΕ ΜΜΟϤ` ΜΑΡΕϤ`CωΤΜ

시고 즐거워하라 하리라." 그러나 하나님께서 그에게 이르시되, 어리석은 자야! 오늘 밤에 네 영혼을 도로 찾으리니 네가 예비한 것이 누구의 것이 되겠느냐?" 자기를 위하여 재물을 쌓아 두고 하나님께 대하여 부요하지 못한 자는 이와 같으니라(눅 12:16-21)

돈ΧΡΗΜΑ 크레마, 재물, 보물이란 무엇인가. 돈, 재물, 보물의 개념이 오해되어 있어 주석과 해설들이 제각각이다. 성서의 이야기에서 돈과 재물은 비유다. 경제활동을 제약하라는 말이 아니다.

화폐는 유통수단이다. 두 종류의 돈이 있다. 가이사의 형상이 그려진 가이사의 화폐가 있고, 하나님의 형상이 그려진 하나님의 화폐가 있다. 가이사의 형상이 그려진 화폐도 사람을 말하는 것이고, 하나님의 형상이 그려진 하나님의 것도 사람을 일컫는다. 인생은 두 종류의 유통수단을 갖고 소통한다.

가이사의 형상은 돌비에 그려진다. 가이사 형상의 액면가를 높이기 위해 더 많은 가이사의 가치를 그려 넣는다. 더 많은 정보를 집적한다. 돌비에는 가이사의 형상, 힘과 권력의 상징인 선과 악, 옳음과 그름의 수많은 지식을 쌓아 놓고 저마다 자신의 화폐에 액면가를 높이려 한다.

비나와 케세드 곧 이해와 배려하는 마음은 조금도 없이 그저 더 큰 지식과 깨달음을 기쁨의 원천으로 삼는다. 재물이 쌓일 때마다 기쁨을 감추지 못한다. 재물은 어디에 쌓일까? 창고에 쌓인다. 땅 위에 있는 재물을 쌓는 창고는 그대 자신이고 표층에 있는 돌비가 창고다. 그대의 이기심을 가득 채워주는 마음의 창고에 재물지식을 쌓아 놓는다. 재물은 단지 지식만이 아니다. 그대가 소유하고 있는 것, 그대의 고집, 그대의 무의식 창고에 가득 채워진 것. 그 모두는 그대의 재물이다. 우월의식도 그대의 보물인가 하면 열등의식도 그대의 재물이다. 앞서 로기온 54 '가난에 이르는 길'에서 살펴보았듯, 탕진하고 싶지 않은 그 모든 것이 재물이다. 애굽의 재물은 광야에서 탕진한다. 가나안에 입성할 때 원주민으로 있던 가나안 칠족과의 전쟁은 무의식에 가득 쌓여 있던 아뢰아식, 장식에 쌓여 있는 재물을 탕진하는 과정이다. 천둥과 번개, 나팔이 불릴 때마다 쌓여 있던 재물의 실체가 드러나 심판을 받게 된다.

우리의 육체가 경제활동을 하게 되면 재물을 쌓는 곳은 통장이고 은행이다. 농부는 수확한 농산물을 각종 창고에 쌓아 둔다. 가이사의 재물이 쌓이는 곳은 은행이 아니다. 창고는 돌비요, 강퍅한 마음의 창고에 가득 쌓아 놓는다. 화폐는 유통수단이다. 지식을 유통수단으로 삼는다. 팔고 사는 것이다. 정말 강퍅한가. 겉으로 보기에는 강퍅하기는커녕 기쁨이 가득하다. 기쁨이 넘치는 것, 창고에 있는 재물을 바라보며 얼마나 흐뭇할까? 창세기부터 요한계시록까지 꿰뚫고 있고, 헬라어와 히브리어의 뜻풀이에 대한 해박한 지식이 창고에 가득 채워져 있다. 그 반대도 성립한다. 나는 아는 게 없다. 나는 무지하다. 무지하다는 것이 돌비에 기록되어 있다. 돌비에 가득 기록된 그것을 이들은 하나님의 재물로 여긴다. 하나님이 주신 축복의 결과물로 여긴다. 그들의 재물은 사람을 죽이는 칼로 사용된다.

산상수훈에서 예수는 "땅 위의 보물을 너희에게 쌓지 말고 하늘의 보물을 너희에게 쌓으라"고 권고한다. "보물을 하늘에 쌓고 땅에 쌓지 말라"는 번역은 지독한 오역이다.

솔로몬의 지혜가 하늘의 보화인가. 솔로몬이 지혜로 나라를 통치했으나 솔로몬의 지혜 아래에 있던 이들이 그의 사후 서로 왕권 다툼을 벌인다. 분열 왕국이 찾아오고 북방 민족의 포로가 된다. 솔로몬의 지혜는 하늘의 보물이 아니다. 땅 위에 있는 보물이라는 것이 분명하다. 실제로 에티오피아 시바 여왕이 솔로몬의 지혜를 얻고자 은금을 마차에 싣고 온다. 은금보다 솔로몬의 지혜가 더 큰 재물이었고 보물이었다. 솔로몬의 지혜는 땅 위의 보물이라는 것을 여실히 보여주는 것이 솔로몬의 이야기다.

하나님의 재물은 무엇일까? 하나님의 형상과 모양의 사람이다. 하나님의 형상과 모양의 사람은 그 마음의 땅에 하나님의 보물을 쌓아 둔다. 하늘에 있는 보물을 쌓아 둔다. 어디가 하늘인가. 하나님이 계신 곳이 하늘이다. 하나님은 어디 계신가. 흔히 하나님은 아니 계신 곳이 없다. 무소 부재하다고 호들갑을 떤다. 하나님은 하늘에 계신다. 하나님은 어디에나 계신 것이 아니라, 성전에만 계신다는 것이 성서의 한결같은 주장이다. 너희가 성전인 것을 알지 못하느냐고 예수는 강력하게 선언한다. 하나님은 너희 안에 있는 지성소에 계신다.

지성소의 하나님은 법궤로 상징한다. 법궤는 속죄소와 함께 감춘 만나와 아론의 싹난 지팡이와 증거 판으로 조금 더 구체적인 비유가 등장한다. 없이 계신 하나님의 '계신'은 감춘 만나와 아론의 싹 난 지팡이와 증거판_{로고스}으로 '있음'을 드러낸다. 존재를 드러낸다는 말이다.

하나님의 보물은 그렇게 맺히기 시작한다. 이것을 확장해서 개념화된 것이 있다. 하나님의 보물은 케테르와 호크마와 비나다. 하나님의 화폐, 하나님의 재물에 그려져 있는 하나님의 형상은 케세드와 게부라와 티페레트다. 하나님의 재물에는 네차와 호드와 예소드의 영롱한 보석이다. 하나님의 재물에는 말쿠트 곧 왕국, 메르카바의 전차로 우렁차게 굴러간다.<김창호, '카발라와 생명나무', 도서출판 예랑, 2023 참조>

로기온 63은 땅 위의 재물, 가이사의 형상을 쌓고 또 쌓고 그것을 빌어 창고를 가득 채우려는 인생들의 어리석음을 말한다. 지식은 덧없다. 지식을 자랑하려는 그대들이여! 그대의 창고에 가득한 보석! 내 창고에 소출을 채워서 부족함이 없게 하겠다고? 그것이 하나님의 말씀이고 보석이라고욧! 그저 땅 위의 보석을 그대에게 채우는 일을 멈추시라. 그러나 어디 인생이 그럴 수 있을까. 그럴 수 없다. 포도주에 취하고 무화과 술에 취하고, 북방에 포로로 잡혀가 보고 나서야 그것의 고달픔과 그것의 강퍅함과 그 모든 것이 들의 백합화보다 못한 허무임을 아는 법, 그러니 취하고 또 취하시라. 새 술이 찾아오기 전 그대의 포도주에 마음껏 취하시라. 그대의 재물과 창고에 가득한 재물에 흠뻑 취하시라. 하나님의 축복이러니 마음껏 취하시라. 그것도 때가 있는 법이니 ~ 때가 되면 그 모든 것이 가라지라는 걸 알게 된다. 절기로 하면 초막절이 찾아온다. 초막절은 수장절과 함께 오는 것이다. 그때 불태워진다. 쭉정이는 불타고 알곡은 남는다.

알곡은 이런 것이니, 케테르와 호크마와 비나와 케세드와 게부라와 티페레트와 네차와 호드와 예소드와 말쿠트이니 이 같은 것이 그의 왕국을 이룸이다.

말씀 64 장사꾼과 상인들

64 예수가 말했다. "어떤 사람이 손님들을 초대하였다. 그가 잔치를 준비하였을 때, 그는, 그의 종을 보내 그런 손님들을 불러오게 하였다. 그는 첫째 사람에게 가서 그에게 말했다. '나의 주인이 당신을 부르십니다.' 그가 대답하였다. '나는 상인들로부터 돈을 받아야 합니다. 그들은 오늘 밤 내게 옵니다. 나는 가서 그들에게 주문서를 주어야 합니다. 제발 나를 그 잔치에서 제외하여 주십시오.' 그 종은 다른 손님에게 가서 말했다. '나의 주인이 당신을 부르십니다.' 그는 종에게 말했다. '나는 집 한 채를 샀는데, 그것을 위해 종일 일해야 합니다. 나는 시간이 없을 것입니다.' 그는 다른 손님에게 가서 그에게 말했다. '나의 주인이 당신을 부릅니다.' 그가 그에게 대답하였다. '나의 친구가 결혼하려고 합니다. 나는 그의 결혼 잔치를 준비해야 합니다. 나는 갈 수 없을 것입니다. 제발 나를 그 잔치에서 제외하여 주십시오.' 그는 다른 사람에게 가서 '주인이 당신을 부르십니다.'라고 말했다. 그가 그에게 말했습니다. '저는 마을을 샀습니다. 소작료를 받으러 갑니다. 갈 수 없을 것 같습니다. 양해해 주십시오.' 그 종은 돌아가서 그의 주인에게 말했다. '당신이 잔치에 초대한 사람들이 제발 제외하여 달라고 말했습니다.' 주인은 그의 종에게 말했다. '거리로 나가서 만나는 사람마다 불러오라, 그들이 정찬을 들 수 있도록. 장사꾼들과 상인들은 나의 아버지의 처소에 들어가지 못할 것이다.'"49)

도마복음의 비유 중 일곱 번째며 도마복음에서 가장 긴 말씀이다. 부분적으로 우화이며, 병행구절눅 14:12-24; 마 22:1-14 참조도 마찬가지다. 로기온 64는 63번의 부자에 대한 다양한 버전이다. 비즈니스에서 버릴 수 없는 것, 탕진할 수 없는 것, 땅 위에 있는 보물로 인해 하늘의 보물은 거추장스럽기만 한 것을 잘 보여준다.

땅 위의 보물과 하늘에 있는 보물은 서로 양립할 수 없다. 말은 하늘의 보물과 하나님 나라로 포장하나 그 속은 땅 위의 보물에 혈안이 되어 있는 장사꾼의 다양한 모습을 64에서 읽어볼 수 있다. 여기서 장사꾼은 비유다. 육체의 경제활동을 하지 말라는 뜻이 결코 아니다. 밭에서 일하고 맷돌을 가는 일을 하면 안 된다는 것으로 오해하면 곤란하다. 오늘도 상인의 도를

---

49) 64.1 ΠΕΧΕ ĪC ΧΕ ΟΥΡⲰΜΕ ΝΕΥΝ̄ΤΑϤ Ⲥ̄Ν̄ϢΜ̄ΜΟ ΑΥⲰ Ν̄ΤΑΡΕϤCΟΒΤΕ Μ̄ΠΙΠ NON ΑϤ- ΧΟΟΥ Μ̄ΠΕϤϨΜ̄ϨΑⲖ ϢΙΝΑ ΕϤΝΑΤⲰϨΜ̄ Ν̄Ν̄ϢΜ̄ΜΟΕΙ 64.2 ΑϤΒⲰΚ` Μ̄ ΠϢΟΡΠ` ΠΕΧΑϤ ΝΑϤ` ΧΕ ΠΑΧΟΕΙC ΤⲰϨΜ̄ Μ̄ΜΟΚ` 64.3 ΠΕΧΑϤ ΧΕ ΟΥΝ̄ΤΑΕΙ Ϩ̄Ν̄ϨΟΜΤ` ΑϨΕΝΕΜΠΟΡΟC CΕΝ̄ΝΗΥ ϢΑΡΟΕΙ ΕΡΟΥϨΕ †ΝΑΒⲰΚ` Ν̄ΤΑΟΥΕϨ CΑϨ ΝΕ ΝΑΥ †Ρ̄ΠΑΡΑΙΤΕΙ Μ̄ΠΙΠΝΟΝ 64.4 ΑϤΒⲰΚ` ϢΑ ΚΕΟΥΑ ΠΕΧΑϤ ΝΑϤ` ΧΕ ΑΠΑΧΟΕΙC ΤⲰϨΜ̄ Μ̄ΜΟΚ` 64.5 ΠΕΧΑϤ ΝΑϤ ΧΕ ΑΕΙΤΟΟΥ ΟΥΗΕΙ ΑΥⲰ CΕⲢ̄ΑΙΤΕΙ Μ̄ΜΟΕΙ Ν̄ΟΥϨΜΕΡΑ †ΝΑCⲢ̄ϤΕ ΑΝ 64.6 Α- ϤΕΙ ϢΑ ΚΕΟΥΑ ΠΕΧΑϤ ΝΑϤ` ΧΕ ΠΑΧΟΕΙC ΤⲰϨΜ̄ Μ̄ΜΟΚ` 64.7 ΠΕΧΑϤ ΝΑϤ ΧΕ ΠΑϢ- ΒΗΡ ΝΑⲢ̄ ϢΕⲖΕΕΤ ΑΥⲰ ΑΝΟΚ` ΕΤΝΑⲢ̄ ΔΙΠΝΟΝ †ΝΑϢΙ ΑΝ †Ρ̄ΠΑΡΑΙΤΕΙ Μ̄ΠΔΙΠΝΟΝ` 64.8 ΑϤΒⲰΚ` ϢΑ ΚΕΟΥΑ ΠΕΧΑϤ ΝΑϤ ΧΕ ΠΑΧΟΕΙC ΤⲰϨΜ Μ̄ΜΟΚ` 64.9 ΠΕΧΑϤ ΝΑϤ` ΧΕ ΑΕΙΤ ΟΟΥ Ν̄ΟΥΚⲰΜΗ ΕΕΙΒΗΚ` ΑΧΙ Ν̄ϢⲰΜ †ΝΑϢΙ ΑΝ †Ρ̄ΠΑΡΑΙΤΕΙ 64.10 ΑϤΕΙ Ν̄ϬΙ ΠϨΜ̄ϨΑⲖ ΑϤΧΟΟC ΑΠΕϤΧΟΕΙC ΧΕ ΝΕΝΤΑΚ`ΤΑϨΜΟΥ ΑΠΔΙΠΝΟΝ ΑΥΠΑΡΑΙΤΕΙ 64.11 ΠΕΧΕ ΠΧΟΕΙC Μ̄ΠΕϤϨΜ̄ϨΑⲖ ΧΕ ΒⲰΚ` ΕΠCΑ ΝΒΟⲖ ΑΝϨΙΟΟΥΕ ΝΕΤΚΝΑϨ Ε ΕΡΟΟΥ Ε- ΝΙΟΥ ΧΕΚΑΑC ΕΥΝΑΡΔΙΠΝΕΙ 64.12 Ν̄ΡΕϤΤΟΟΥ ΜΝ̄ ΝΕϢΟΤ[Ε CΕ ΝΑΒ]ⲰΚ ΑΝ` ΕϨΟΥΝ` ΕΝΤΟΠΟC Μ̄ΠΑΪⲰΤ`

들고 오대양 육대주를 분주하게 다니는 이들은 결코 오해해서는 곤란하다. 장사의 속성을 비유로 의식의 세계에서 일어나는 부자가 무엇인지를 보여주는 것일 뿐이다. 이 비유로 인해 멀쩡한 비즈니스맨이 폄하되는 일은 없어야 한다.

한 침상에서 일어나고 한 식탁에서 밥을 먹을지라도 어떤 이는 장사꾼이다. 한 식탁에 참여한 또 다른 누군가는 셈하며 식사하지 않고 김을 매지 않는다. 맷돌을 돌리며 머리를 굴리지 않는다. 부자란 곡간을 넓히려 애쓰는 자들이다. 땅 위의 보물을 더 많이 쌓아 놓으려 수고를 마다하지 않는 이들이다. 곡간을 확장하는데 계산과 머리가 잘 돌아간다.

이 비유의 핵심은 ① 주인은 아버지이고, ② 연회의 자리는 왕국의 '자리'이며, ③ 오기를 거부하는 손님들은 왕국에 들어가기를 거부하는 사람들이고, ④ 초대받은 손님들의 변명은 저마다 자기 관심사^{자기 왕국}에 몰두하느라 아버지의 왕국을 거부한 사람들이다. 이는 비즈니스의 속성과 참된 제자도와는 양립할 수 없음을 선언하는 세 개의 비유^{말씀 63-65} 중 두 번째다. 손님들은 처음에는 연회에 참석할 의도였다. 모두가 입으로는 왕국을 말한다. 그러나 저마다 자기 관심사 때문에 참석할 수 없다. 청함을 받은 자는 많다. 왕국에 들어가는 자는 지극히 적다.

여기 주인이 벌인 잔치는 어떤 잔치일까? 이익을 얻으려는 장사꾼들의 잔치와는 전혀 다르다. 모든 것을 탕진하고 돌아오는 둘째 아들을 맞이하는 잔치다. 공^쏲놀이 잔치다. 쏲0 하나^{가락지}를 손가락에 끼워주는 잔치다. 누가 크냐를 비교하며 흐뭇해하는 당근과 채찍의 잔치가 아니다.

자기 소유를 확장하는 데 관심이 있는 이들의 잔치와는 전혀 다르다. 집을 산 사람들은 집을 소유한 기념으로 집들이 잔치를 벌인다. 시집가고 장가가는 이들이 벌이는 잔치는 신부와 신랑을 얻은 기념으로 잔치를 벌인다. 밭을 산 사람은 밭을 산 기쁨을 알리기 위해 사람들을 불러 저마다의 잔치를 벌인다. 자신의 비즈니스 확장과 곡간이 넓어질 때마다 하나님은 살아 계신다고 홍보 나팔을 불어댄다. 간증 집회를 연다. 자신의 잔치를 벌이느라 시간이 없어 정작 하나님의 잔치에는 참여할 수 없다.

아니 공^空놀이 잔치는 거추장스럽다. 풀은 마르고 꽃은 시든다. 들의 백합화보다 못한 솔로몬의 영광을 소유로 삼으려 한다. 하늘의 지혜에 목마르다며 은과 금을 가져다 바치면서 지혜를 구한다. 곡간을 넓히고 소유를 늘리는 데 혈안이 되어 있다. 자신의 정체성이 소유에 있는 이들에게 공놀이 잔치가 눈에 들어올 리 없다. 가인은 아벨을 죽이는 법이다. 소유에 혈안이 된 사람은 생명을 죽인다. 존재를 소유에 두고 있기 때문이다. 가인과 아벨은 한집 안에 있는 형제다. 가인은 땅으로 쫓겨나고 아벨은 죽었다가 셋으로 다시 살아난다.

아벨의 제사, 무슨 재미가 있단 말인가. 지극히 거룩한 곳의 하나님은 따지고 보면 거기 아무것도 없다. 무슨 신나는 잔치가 있을까. 맛이 없다. 무교병이기 때문이다. 무미의 맛이 맛인 사람들에게만 주인의 잔치는 유효하다. 거기 묘^妙가 있다. 무미의 맛 속에 있는 묘는 감추인 만나와 아론의 싹난 지팡이와 자기 언어를 획득한 자기 말, 로고스와 증거 판이 있다. 일러 신성이라 하고 일러 하나님이라고 한다. 오늘 현대의 언어로 존재라 환원할 수 있다. 존재 자아의 아름다움을 신화에서는 '야웨 엘로힘'이라 칭한다. 너보다 큰 것을 기쁨으로 삼고 자기 존재를 확인하려는 것을 잔치로 여기는 이들은 갈 수 없는 나라다. 사람들은 비즈니스에 바쁘다. 곳간을 넓히고 소유를 확장하는 기쁨을 잔치로 여긴다. 아무도 초대에 응하지 않는다.

도마복음 64는 매우 단호하다.

"장사꾼과 상인들은 내 아버지의 집에 들어가지 못할 것이다."

왕국은 가난한 자의 몫이다. 모두를 탕진하고 빈털터리가 된 둘째가 그 자리에 초대받아 가락지指環를 손가락에 끼운다. 왕국은 저는 자, 눈먼 자들의 몫이다. 본다고 하는 자들의 몫이 아니다. 실족게 하는 한눈을 빼어버린 외눈박이의 몫이며 환도 뼈가 부러져 절름발이가 된 이들의 몫이다. 오른손이 죄를 범하는 것을 보고 오른손을 베어버린 사람들의 몫이다. 곧은 목이 베어져 소반 위에 담기고 후에 다시 태어난 이들의 몫이다. 소 다섯 마리를 팔고 사는 일이 남아 있는 이들에게 왕국은 참여할 수 없다. 장사를 모두 끝내고 탕진한 후에나 가능한 곳이다.

말씀 65 소작인은 부자인가 가난한 자인가

65.1 그가 말했다. "어떤 사람이 포도원을 가지고 있었다. 그는 농부들에게 포도원을 빌려주어 농부들이 경작하게 하고, 농부들이 그에게서 소출을 받도록 했다. 65.2 그는 농부들이 포도원 소출을 그에게 주도록 종을 보냈다. 65.3 그들은 그의 종을 붙잡아 때려 거의 죽일 뻔했다. 종은 가서 주인에게 말했다. 65.4 주인이 말했다. 아마도 〈 그들이 〉 그를 알아보지 못했을 거야. 65.5 그는 다른 종을 보냈다. 농부들은 이 종도 때렸다. 65.6 그러자 주인들은 이 아들을 보고 말했다. '아마도 그들이 내 아들은 존중할 거야.' 65.7 그 농부들은 그가 포도원의 상속자라는 것을 알고 그를 붙잡아 죽였다. 65.8 귀 있는 자는 들으라."[50]

---

50) 65.1 ⲡⲉϫⲁϥ ϫⲉ ⲟⲩⲣⲱⲙⲉ ⲛ̄ⲭⲣⲏ[…]ⲥ ⲛⲉⲩⲛⲧ[ⲁϥ] ⲛ̄ⲟⲩⲙⲁ ⲛ̄ⲉⲗⲟⲟⲗⲉ ⲁϥⲧⲁⲁϥ ⲛ̄[ϩ]ⲛ̄ⲟⲩⲟⲉⲓⲉ ϣⲓⲛⲁ ⲉⲩⲛⲁⲣ̄ ϩⲱⲃ ⲉⲣⲟϥ ⲛ̄ϥϫⲓ [ⲙ̄]ⲡⲉϥⲕⲁⲣⲡⲟⲥ ⲛ̄ⲧⲟⲟⲧⲟⲩ 65.2 ⲁϥ- ϫⲟⲟⲩ ⲙ̄ⲡⲉϥϩⲙ̄ϩⲁⲗ ϫⲉⲕⲁⲁⲥ ⲉⲛⲟⲩⲟⲉⲓⲉ ⲛⲁϯ ⲛⲁϥ ⲙ̄ⲡⲕⲁⲣⲡⲟⲥ ⲙ̄ⲡⲙ ⲁ ⲛ̄ⲉⲗⲟⲟⲗⲉ 65.3 ⲁⲩⲉⲙⲁϩⲧⲉ ⲙ̄ⲡⲉϥϩⲙ̄ϩⲁⲗ ⲁⲩϩⲓⲟⲩⲉ ⲉⲣⲟϥ ⲛⲉ ⲕⲉⲕⲟⲩⲉⲓ ⲡⲉ ⲛ̄ ⲥⲉⲙⲟⲟⲩⲧϥ ⲁⲡϩⲙ̄ϩⲁⲗ ⲃⲱⲕ ⲁϥϫⲟⲟⲥ ⲉⲡⲉϥϫⲟⲉⲓⲥ 65.4 ⲡⲉϫⲉ ⲡⲉϥϫⲟⲉⲓⲥ ϫⲉ ⲙⲉϣⲁⲕ ⲙ̄ⲡ 〈 ⲟⲩ 〉 ⲥⲟⲩⲱⲛ 〈 ϥ 〉 65.5 ⲁϥϫⲟⲟⲩ ⲛ̄ⲕⲉϩⲙ̄ϩⲁⲗ ⲁⲛⲟⲩⲟⲉⲓⲉ ϩⲓⲟⲩⲉ ⲉⲡⲕⲉⲟⲩⲁ 65.6 ⲧⲟⲧⲉ ⲁⲡϫⲟⲉⲓⲥ ϫⲟⲟⲩ ⲙ̄ⲡⲉϥ- ϣⲏⲣⲉ ⲡⲉϫⲁϥ ϫⲉ ⲙⲉϣⲁⲕ ⲥⲉⲛ ⲁϣⲓⲡⲉ ϩⲏⲧϥ ⲙ̄ⲡⲁϣⲏⲣⲉ 65.7 ⲁⲛⲟⲩⲟⲉⲓⲉ ⲉⲧⲙ̄ⲙⲁⲩ ⲉⲡⲉⲓ ⲥⲉⲥⲟⲟⲩⲛ ϫⲉ ⲛ̄ⲧⲟϥ ⲡⲉ ⲡⲉⲕⲗⲏⲣⲟⲛⲟⲙⲟⲥ ⲙ̄ⲡⲙⲁ ⲛ̄ⲉⲗⲟⲟⲗⲉ ⲁⲩϭⲟⲡϥ ⲁⲩⲙⲟⲟⲩⲧϥ 65.8 ⲡⲉⲧⲉⲩⲙ ⲙ ⲁⲁϫⲉ ⲙ̄ⲙⲟϥ ⲙⲁⲣⲉϥⲥⲱⲧⲙ̄

로기온 65는 복음서의 병행구(눅 20:9-19, 마 21:33-46, 막 12:1-12)보다 간결하다. 도마복음 14개의 비유 중 여덟 번째다.

어떤 집주인이 포도원을 만들고 울타리를 치고 그 안에 포도즙 틀을 파고 망대를 세웠습니다. 그는 포도원을 소작인들에게 세주고 다른 나라로 갔습니다. 과일 철이 가까워지자 그는 소작인들에게 과일을 받아 오라고 종들을 보냈습니다. 소작인들은 그의 종들을 잡아 하나는 때리고 하나는 죽이고 하나는 돌로 쳤습니다. 그는 다시 처음보다 더 많은 종을 보냈습니다. 그러나 그들은 그들에게도 똑같이 했습니다. 그 후에 그는 아들을 보내며 말했습니다. 그들이 내 아들은 존중할 것이다. 그러나 소작인들은 아들을 보고 속으로 "이 사람은 상속자다. 자, 그를 죽이고 그의 유산을 차지하자" 하고 말했습니다. 그들은 그를 잡아 포도원 밖으로 내쫓아 죽였습니다. 그러면 "포도원 주인이 오면 그 소작인들을 어떻게 하겠느냐?" 그들이 그에게 말했습니다. "그 악한 자들은 처형하고 포도원은 제 때에 열매를 바칠 다른 소작인들에게 세를 줄 것입니다(마 21:33-41)

어떤 사람이 포도원을 만들어 소작인들에게 세주고 오랫동안 다른 나라로 갔습니다. 때가 되자 그는 소작인들에게 종을 보내 포도원 열매를 받아 오게 했습니다. 소작인들은 그 종을 때리고 빈손으로 돌려보냈습니다. 그러자 그는 다른 종을 보냈습니다. 그들은 그 종도 때리고 모욕하고 빈손으로 돌려보냈습니다. 그리고 그는 세 번째 종을 다시 보냈습니다. 그들은 이 종을 상처 입히고 내쫓았습니다. 그러자 포도원 주인이 말했습니다. 내가 어떻게 할까? 내 사랑하는 아들을 보내야겠다. 그들이 그를 존중할지 모른다.” 그러나 농부들은 그를 보고 속으로 말했습니다. 이 사람은 상속자다. 그를 죽여서 유산을 우리 것으로 만들자.” 그리고 그들은 그를 포도원 밖으로 내쫓아 죽였습니다. 그러면 포도원 주인이 그들에게 어떻게 할까? 그가 와서 그 농부들을 진멸하고 포도원을 다른 사람들에게 줄 것이다(눅 20:9-16)

이 비유는 매우 유심히 볼 필요가 있다. 소작인은 밭을 소유하지 못했다. 소출과 소작료를 요구받고 있다. 이사야 5장을 보면 극상품 포도나무를 맺지 못하고 들 포도가 맺혀 포도나무가 베임 받는 장면도 나온다. 소작인은 부자일까 가난한 자일까. 일견 포도밭 주인은 부자고 소작인은 가난한 자로 보인다. 여기 역설이 숨어 있다. 로기온 64에는 상인들이 나온다. 장사꾼이 나온다. 그들은 잔치에 초대받았다. 창고를 늘리고 창고에 가득 채우기 위해 그들은 잔치에 응할 수 없었다. 장사꾼의 잔치와 어떤 사람의 잔치는 전혀 다른 잔치다. 어떤 사람의 잔치는 공 놀이 잔치다. 가난한 자의 잔치다. 절름발이와 외눈박이들의 잔치였다. 두 주인을 섬기는 자들의 잔치가 아니다. 부자는 참여할 수 없는 모든 것을 탕진한 가난한 자들의 잔치다. 역설이다.

소작인은 부자일까. 가난한 자일까. 그들은 부유한 자여서 땅을 기업으로 받지 못한다. 온유한 자는 복이 있나니 땅을 기업으로 받는다고 하지 않던가. 땅은 가난한 자의 유업이다. 역설적이게도 소작인은 부유한 자다. 따라서 늘 소출에 관심을 둔다. 소작료를 요구받는다. 자기 땅을 가진 자들은 누구에게 소작료 요구를 받지 않는다. 소작인은 가난한 자들의 잔치에 참여할 수 없다.

포도원 주인은 부자일까. 가난한 자일까. 복음서 병행구에서 포도원 주인은 하나님으로 읽힌다. 두 종류의 하나님이 있다. 소작인들에게 포도원 주인은 엘샤다이 엘로힘, 전능하신 하나님, 부자 하나님으로 이해된다. 도마복음 65의 콥트어 텍스트는 모호한 활자로 인해 학자 간에 이견이 있는 단어가 하나 있다. 포도원 주인에 관한 정체성 논란이다.

그는 '친절한 사람'OYPωME ÑXPH[CTO]C, 우로메 엔크레스토스일까, 아니면 '고리대금업자'OYPωME ÑXPH[CTH]C, 우로메 엔크레스테스일까. 여러 가지 본문비평이 뒤따라야 하지만, 공교롭게도 두 가지 견해가 공존한다. 그에 따라 해석도 달라진다.

포도원 주인이 하나님을 비유한다고 할 때 엘샤다이 엘로힘전능하신 하나님이라면, 그는 고리대금업자에 상응한다. 끊임없이 소출과 소작료를 요구한다. 타국에 가 있으면서 종을 보내 소작료를 요구한다. 신구약 성서에는 그의 종들이 얼마나 많이 등장하는가. 그들의 이야기와 말씀을 읽으면서 소작농들은 끊임없이 소작료를 요구받고 있다. 그러다가 그들에게 소작료를 낼 수 없어 결국은 종들을 때리거나 죽여 버린다. 가인이 아벨을 죽이듯이, 이스마엘이 이삭을 꼬집듯, 에서가 야곱을 핍박하듯 끊임없이 종들을 때리고 내어쫓는다. 소작료를 낼 수 없기 때문이다.

여기서 다시 질문해보자. 소작인은 가난한 자일까 부자일까. 그대는 소작인인가 포도밭 주인으로 사는가. 주인을 고리대금업자XPHCTHC, 크레스테스로 만드는 자는 누구일까. 본래 주인은 소작료를 요구하지 않는 '친절한^{ΧΡΗΣΤΟΣ,} 크레스토스 사람'인데, 크레스토스를 크레스테스로 만드는 자는 누구일까. 단지 양피지의 모호한 활자 문제뿐일까. 그것은 맏아들이다.

장자는, 맏아들은 아버지를 고리대금업자로 만들어 버린다. 나는 아버지의 명을 어긴 적이 없거늘 내게는 염소 새끼 한 마리 잡아 준 적이 없다고 불평을 늘어놓는다. 아버지는 맏아들에게 내 것이 다 네 것이라고 한다. 아들은 아버지의 것을 자기 것으로 여기고 살아본 적이 없다. 염소 새끼는 아버지가 잡아주는 것이 아니다. 먹고 싶으면 스스로 잡아먹으면 된다.

언제 아버지가 맏아들에게 엄명을 내린 적이 있던가. 그러나 맏아들은 아버지를 고리대금 업자로 만들고 소작료를 요구받고 있다. 아버지는 한 번도 소작료를 요구한 적이 없거늘, 스스로 소작료를 요구받는다. 종들을 통해 전해지는 그 모든 말씀을 소작료 요구로 해석한다. 소작인에게 주인은 부자요 자신은 가난한 자다. 모든 게 아버지의 것이므로 제 것이 하나도 없다. 날마다 염소 새끼는 언제 잡아 줄 것이냐고 기도한다. 그의 기도는 불평의 다른 이름이다.

아버지는 포도밭을 소작인에게 맡기고 타국으로 떠나 있단다. 여기서 아버지는 타자가 심어놓고 타자가 주입한 전지전능하신 엘샤다이 엘로힘이다. 그는 포도밭을 맡겨놓고 멀리 타국으로 떠나 있다. 소작료를 요구받는 것은 자기 자신이다. 그는 가난한 자가 아니다. 그는 부유하여 가진 것이 많은 자여서 땅을 기업으로 받지 못한다. 맏아들은 아버지의 명을 어긴 적이 없다는 것을 소유하고 있다. 맏아들은 아버지를 주인으로 섬기고 스스로는 아들의 신분에서 노예의 신분으로 전락하고 있다. 소작인의 신분이 되어버렸다. 노예도덕 아래 스스로 갇혀 있고 언제나 불평이나 언제나 그에게는 '소유'가 있다. 그 소유로 주인아버지의 심부름꾼을 죽여 버린다. 가인이 아벨을 죽여 버리듯.

마침내 소작료를 받기 위해 아들을 보낸다. 소작료를 받기 위함일까. 그 아들마저 죽여 버린다. 아들이 죽는 이야기는 십자가의 사건을 생각하게 마련이다. 그러나 아들을 죽이는 사건은 십자가 사건이 아니다. 십자가 사건에 앞서 예수를 세상 임금으로 만들어 버리는 것, 부자 하나님으로 만들어 버리는 것, 주는 그리스도시요, 살아계신 하나님이라고 멋진 고백을 하면서 그를 세상 임금으로 삼는 것, 그것이 예수를 죽은 자로 만드는 것이다. 부자 예수로 만들고 부자 메시아로 만들고 부자 그리스도로 만들어 버리는 것, 그것이 하나님의 형상을 금수와 버러지 형상으로 만드는 살인이요, 살신殺神이다. 소작인이 아들을 죽이는 사건은 그렇게 이루어진다.

이 모두는 아버지를 오해했기 때문이다. 엘샤다이 엘로힘으로 오해했기 때문이다. 엘샤다이 예수로 오해했기 때문이다. 엘샤다이 메시아로 오해했기 때문이다. 엘샤다이 그리스도로 오해했기 때문이다. 십자가 사건은 엘샤다이 예수, 엘샤다이 엘로힘을 죽이고 야웨 엘로힘, 죽은 예수가 아니라 예수가 말하려는 예수, 세상 임금 그리스도가 아니라 예수가 말하려는 그리스도, 다윗왕국을 일으켜 세울 세상 임금 메시아가 아니라 예수가 그렇게 전달하려 했던 메시아가 살아나는 사건이다. 그리스도는 부활의 첫 열매다. 초실절 열매는 유월절을 지나 무교절에 맺히는 보리의 첫 수확이다. 단지 시작일 뿐이다.

포도밭 주인은 멀리 타국으로 떠나 있다. 인생은 마음의 땅을 타인에게 내어주고 타인에게 소작료를 받치며 살고 있다. 타자가 내 마음의 땅에 씨를 뿌리고, 주인 노릇을 하고 있다. 타국에 멀리 떠나 있는 엘샤다이 엘로힘이 지배하고 있다. 엘샤다이 엘로힘은 스스로 만든 가상세계다. 고리대금업자에게 시달리고 있다. 포도밭의 원래 주인은 '야웨 엘로힘'이다. 그는 친절한 하나님의 형상과 모양의 사람이고, 그는 포도밭의 주인이자 동시에 자기 자신이다. 자신의 밭을 빼앗기고 소작농을 하는 가난한 부자들의 이야기가 로기온 65의 숨어 있는 역설이다.

그러므로 로기온 63, 64, 65는 나란히 부자들의 여러 형태를 드러낸다. 창고를 늘리고 창고에 쌓아 놓고 먹고 마시자는 부자, 소를 팔고, 땅을 사고, 시집가고 장가가고 저마다 자기 보물을 늘리려는 장사꾼 이야기, 가난한 자로 등장하나 정작 부자여서 땅을 분배받지 못하고 있는 포도원의 소작인, 그는 스스로 소작료에 부대낀다. 들포도를 맺고 있다. 종들을 죽인다. 아들을 죽인다. 자기 자신을 죽인다. 가난한 자οἱ πτωχοὶ 호이 프토코이가 참여하는 잔치에는 초대받았으나 참여할 수가 없다.

복음서의 병행구는 농부에게 소작을 빼앗고 다른 사람에게 소작을 줄 것이라고 이야기를 맺고 있다. 소작은 소작을 낳는다. 소작인은 소작인을 제자로 삼는다. 소작으로 대를 잇는다. 도마복음에는 그러한 내용이 없다. 수많은 논의가 야기될 수 있다. 도마복음은 아들을 죽였다는 말과 함께 "들으려는 귀를 가진 자는 그에게 들으라"는 경구로 이야기가 끝난다.

말씀 66 건축자의 버린 돌은 무엇인가

예수께서 말씀하셨다. "건축자들이 버린 돌을 내게 보이라, 그것은 모퉁이 돌이다."51)

CTO ЄBOλ 스토 에볼, reject, return

도마복음 66은 시편 118편 22절에서 유래한 속담이다. "건축자가 버린 돌이 집 모퉁이의 머릿돌이 되었나니"

אבן מאסו הבונים היתה לראש פנה:

집 짓는 자들은 무엇을 선택하고 무엇을 버릴까. 부자들은 무엇을 선택하고 무엇을 버렸나. 앞서 로기온 63, 64, 65에 따르면 소 팔고 밭을 사기에 분주한 그들이 버린 것은 잔치의 초대를 거절CTO ЄBOλ 스토 에볼, reject, return 하고 버렸다. 자신의 잔치를 선택하고 그의 잔치를 포기했다. 장사꾼의 잔치는 이익을 도모하는 것, 창고를 넓히는 것에 있다.

소작 농부는 소작료 요구받느라 정작 포기한 것은 아버지의

---

51) ΠЄΧЄ ĪC ΧЄ ΜΑΤCЄΒΟЄΙ ЄΠΩΝЄ ΠΑЄΙ ΝΤΑΥCΤΟϤ ЄΒΟλ ΝϬΙ ΝЄΤΚΩΤ ΝΤ
οϤ ΠЄ ΠΩΩΝЄ ΝΚΩϨ

것이 다 내 것이라는 사실을 놓치고 있다. 종노릇 하느라 아들 노릇을 버리고 만다.

건축자가 버린 돌은 무엇일까. 그리고 건축자가 선택한 돌은 무엇인가. 모퉁이 돌은 예수를 상징하는 것이라고 제발 두루뭉술하게 말하지 말자. 그런 것을 일컬어 도그마라고 하고, 소위 타인이 주입해 놓은 교리적 지식이라고 한다.

베드로는 세상 임금 그리스도를 선택했다. 세상 임금 예수를 선택했다. 다윗의 왕국을 재건할 예수를 선택했다. 그리고 예수가 말하는 예수, 예수가 전해주고 싶은 그리스도, 예수가 알려주고자 하는 메시아를 버렸다. 그것을 버렸다는 인식조차 없이 버렸다. 아니 거절했다. 세상 임금 예수는 장로들과 제사장들에게 고난을 받고 죽게 될 것을 말하자 그럴 수 없다고 도리어 예수를 향해 분노했다에피티마오, 꾸짖었다. 사람들은 부자 예수를 선택하고 부자 메시아를 선택한다. 부자 그리스도를 선택한다. 가난한 예수는 필요 없다. 가난한 메시아는 꿈도 꿀 수 없다. 메시아는 다윗의 왕국을 재건하고 위엄을 선포해야 한다. 사람들은 엘샤다이 엘로힘을 선택하고 야웨 엘로힘을 버린다. 이름은 야웨 엘로힘이라고 라벨을 붙였지만, 내용은 엘샤다이 엘로힘이다.

그러므로 건축자가 버린 돌이 무작정 예수라고 말하면 참으로 대책 없는 해석이 되고 만다. 도그마가 형성된다. 다수의 주석과 해설서들이 그렇게 흐르고 만다. 참으로 안타까운 일이다.

건축자가 선택하고 버린 돌은 무엇일까. 세상 임금 예수를 선택하고 본래 예수를 버렸다. 건축자는 엘샤다이 엘로힘을 선택하고 야웨 엘로힘을 버렸다. 부자 하나님을 선택하고 가난한 하나님을 버렸다. 전능한 하나님을 선택하고 없이 계신 하나님을 버렸다. 큰 자 하나님을 선택하고 작은 자 하나님을 버렸다. 무소 부재하신 하나님을 선택하고 지성소에 계신 하나님을 버렸다. 향벽설위의 하나님을 선택하고 향아설위의 하나님을 버렸다. 이것은 그때 그 시절만의 이야기가 아니다. 어느 시대 누구에게나 일어나는 보편이다. 건축물에 비유하면 선택한 돌과 버린 돌에 해당한다.

로기온 66은 로기온 65와 연관해서 읽어야 한다. 소작인은 땅을 기업으로 받지 못한다. 그는 땅을 버리고 소작을 선택했다. 이미 자기 땅임에도 불구하고 자기 마음을 타자가 지배한다. 자신의 마음의 주인이 자신임에도 불구하고 타자가 점령하고 있다. 타인의 종이 되었다. 타자의 눈치를 보며 타자의 요구에 부응하느라 밤을 새우고 낮을 새운다. 사자들은 서로 자신을 복제하여 그를 지배하려 혈안이 되어 있다. 우는 사자처럼 으르렁거린다. 그 상위에는 엘샤다이 엘로힘을 명분으로 내 세운다. 하나님은 명분이요 타인의 마음을 자신이 점령하고 그를 지배하려 한다. 사자에게 점령당한 이는 자신이 사자의 형상을 하고 또 누군가를 지배하려 한다. 연쇄 고리가 형성된다. 소작인은 소작인을 낳는다. 빚을 독촉하는 사람들은 끊임없이 빚을 독촉한다. 소작료를 끊임없이 요구하고 또 요구당한다. "너 왜 그러니? 너는 틀렸어 내가 옳아! 그게 아니야 내 말 대로 해." 이런 폭력적인 언어가 난무한다. 소작료를 요구하고 또 요구당한다. 생명을 거절하고 사망을 선택한다.

온유한 자가 땅을 기업으로 받는다. 땅을 거절하고 소작인이 될 수밖에 없는 기가 막힌 현실이다. 이것은 언제나 리얼이다. 땅을 버렸다는 말이 무슨 뜻일까. 온유한 자란 광야에서 애굽의 모든 기운이 죽어버린 사람을 일컫는다. 무교병을 먹으며 바리새 인의 누룩, 종교적 선동이 가득한 빵을 먹지 않는 사람이다. 헤 롯의 누룩이 있는 빵을 먹지 않는 사람이다. 사두개인의 누룩 있는 빵을 거절한 사람이다. 사람들은 무교병을 거절하고 유교병 을 좋아한다. 누룩 있는 빵을 좋아한다. 바리새인의 누룩이 들어 가야 맛을 느낀다. 헤롯의 누룩 있는 빵에 흥분하고 열광한다. 사두개인의 누룩 있는 빵을 먹으며 마치 정의의 사도가 된 듯하 다. 자신만이 애국열사가 된 듯 보람에 젖어서 행복하다. 그들은 무교병을 거절하고 유교병을 선택한다.

건축가는 무엇을 선택하고 무엇을 거절하는가. 그러므로 건축 가가 버린 돌은 예수를 의미한다고 해석하고 주석한다면 참으로 어이없는 주석이 되고 만다. 예수를 또 다른 우상으로 세우려는 술수다. 그리고 심각한 종교의 올무에 빠지게 된다.

건축가의 버린 돌은 곧 그대와 내가 끊임없이 선택하고 버리 는 것에서 찾아야 한다. 부자와 거지 나사로의 비유를 생각해도 아브라함은 부자의 아버지가 아니다. 거지 나사로의 아버지였다.

그러므로 버린 돌이란 건축가가 선택한 돌, 우리가 선택한 것이 부정되어야 비로소 버린 것이 보인다. 대개는 무엇을 버렸 고 무엇을 거절했는지조차 모른다. 내가 선택한 것이 어떻게 부 정될 수 있을까. 세상 임금 예수를 베드로는 부정할 수 없다. 그 럴 능력이 없었다. 베드로가 버린 예수는 베드로가 선택한 세상 임금 예수가 십자가에서 부정되고서야 비로소 드러난다. 버린 예수가 살아난다. 버린 예수가 모퉁이 돌이 되어 베드로의 새로운 정체성의 토대가 된다. 선택한 예수가 아니라 베드로가 외면했던 예수가, 선택한 예수가 죽은 다음 무덤에서조차 보이지 않을 때 조금씩 버린 예수가 살아나고 보이기 시작한다. 사순절이 지나면서 선택한 예수는 점차 없어지고페이드 아웃 버린 예수가 조금씩 선명하게 보이기페이드 인 시작한다. 오순절에 이르러서는 세상 임금 예수는 완전히 떠난다. 구름에 가려서 보이지 않게 되고 그가 버렸던 예수의 정신이 오순절 마가의 다락방에서 베드로 안에서 온전히 살아난다. 거룩한 영으로 살아난다. 비로소 버려진 돌이 모퉁이 돌이 되어 그것을 토대로 해서 베드로의 집이 다시 세워진다. 우리가 외면하고 버렸던 작은 자의 집이 새로 세워진다.

그대가 선택한 부자 엘로힘, 엘샤다이 엘로힘이 부정되어야 그대가 버렸던 야웨 엘로힘이 모퉁이 돌이 된다. 그대가 선택한 부자 그리스도, 엘샤다이 그리스도가 부정되어야 예수가 말한 그리스도가 모퉁이 돌이 되어 그것을 토대로 새로운 집이 지어진다. 카발라에서는 건축자가 선택한 돌을 부정하는 사건을 일컬어 아인, 아인소프, 아인소프 오르라 한다. 아인소프 오르가 찾아오고 나서야 버려진 돌이 모퉁이 돌이 되어 그것을 토대로 그대의 새로운 베이트집가 건축된다. 로기온 66은 앞서 63-65와 서로 무관하지 않다. 63-65에서 버린 것, 거절한 것이 무엇인지, 외면하고 버린 돌이 무엇인지 분명하게 드러나지 않는가.

너희는 이 성경을 읽어 보지 못하였느냐? 건축자들이 버린 돌이 모퉁이의 머릿돌이 되었느니라(막 12:10)

예수께서 그들에게 이르시되 너희는 성경에서 ‘건축자들이 버린 돌이 모퉁이의 머릿돌이 되었느니라’는 말씀을 읽어 본 적이 없느냐?(마 21:42)

예수께서 그들을 보시며 이르시되 그러면 기록된바 ‘건축자들이 버린 돌이 모퉁이의 머릿돌이 되었느니라’는 말씀은 무슨 뜻이냐?(눅 20:17)

이 돌은 너희 건축자들이 버린 돌이지만 모퉁이의 머릿돌이 되었느니라(행 4:11)

그러므로 믿는 너희에게는 보배로우나 믿지 아니하는 자들에게는 건축자들이 버린 그 돌이 모퉁이의 머릿돌이 되었느니라(벧전 2:7)

건축자들이 버린 그 돌이 모퉁이의 머릿돌이 되었다(시 118:22)

말씀 67 모든 것을 알고 하나를 모른다면

67. 예수께서 말씀하셨다. "모든 것을 알면서도_{COOYN} 한 가지가 부족한 자는 완전히 부족한 자다."[52]

3-2 만일 너희가 너희 자신을 안다_{COOYN}면 알려질 것이고, 너희가 살아계신 아버지의 아들이라는 것을 알 것이다. 그러나 만일 너희가 너희 자신을 알지 못한다면, 너희는 결핍 &HKE 속에 있고, 너희 자신이 결핍 &HKE 이다."

로기온 67에 대해 도올 김용옥은 "누군가 모든 것을 안다 해도, 자기를 모르면, 모든 것을 모르는 것이다"로 의역했다. 로기온 3-2, 3을 참고하면 이 같은 의역이 일리가 있다고 판단한다. 본문을 직역하면 "누군가 모든 것을 알면서도 한 가지_{OYA,one}가 부족한 자는 완전히 부족한 자다"로 할 수 있다. 우아 아프르_{OYA ⲀϤⲢ}를 '그 자신 himself'으로 번역할 수도 있다. 그렇게 이해하면 "모든 것을 아는 자도 '자기 자신'himself을 모르면 아무것도 모르는 자다."로 번역할 수도 있다.

---

52) ⲠⲈⲬⲈ Ⲓ̅C̅ ⲬⲈ ⲠⲈⲦⲤⲞⲞⲨⲚ Ⲙ̄ⲠⲦⲎⲢϤ ⲈϤⲢ̄ ϬⲢⲰϩ ⲞⲨⲀ ⲀϤⲢ̄ ϬⲢⲰϩ Ⲙ̄ⲠⲘⲀ ⲦⲎⲢϤ

도마복음의 큰 기둥은 너희 자신을 알라는 것이고, 너희 자신을 알 때, 그것이 곧 왕국이라는 것, 왕국은 하늘이나 바다에 있는 것이 아니라, 너희 안에 있고 네 눈에 있다는 게 로기온 3에서 강조하는 바였다. 로기온 67에서 갑자기 너희 자신을 모른다면 아무것도 모른다는 이야기가 다시 튀어나온다. 어떤 맥락이기에 그럴까. 다시 말해 '모든 것을 안다 해도'에서 '모든 것을 안다'는 말은 무엇이고 하나_{자기 자신}를 모른다는 말은 무슨 뜻인가.

67의 앞을 상기하면, 그들이 아는 것, 그들이 알고 있는 모든 것은, 시집가고 장가가는 일이다. 밭을 사고 소를 파는 일이다. 그들이 알고 있는 모든 것은 창고를 늘리는 일이고 창고에 가득 채우는 일들이다. 그들이 아는 것은 먹고 마시는 일이며 누구나 몰두하고 집중하는 일들이다. 그들이 아는 것은 어떻게 하면 큰 자가 될 것인가에 몰두하는 일이다. 여느 부자 청년과 같이 "네가 계명을 아나니 살인하지 말라, 간음하지 말라, 도적질하지 말라, 거짓 증거하지 말라, 속여 취하지 말라, 네 부모를 공경하라 하였느니라 여쭙되 선생님이여 이것은 내가 어려서부터 다 지키었나이다"와 같이 계명을 지키는 일이다.

그들은 무엇을 선택해야 할지를 안다. 그들은 세상 임금 예수를 선택한다. 그것은 누가 가르쳐주지 않아도 너무나 잘 안다. 그들은 전지전능한 하나님을 선택한다. 비록 이름은 각기 달리해도 모든 인생이 추구하는 것은 비록 서로 다른 이름과 명찰을 달고 있어도, 그들이 선택하는 것은 전지전능한 신에게 줄을 선다. 자기가 달아준 명찰이 참된 하나님이라고 주장할 뿐이지, 그들 모두는 자신의 욕망을 좇아 저마다의 신을 창조하고 신을 좇는다. 태초에 하나님은 천지를 창조하고 인간을 창조했다지만, 태초에 인간은 신을 창조하고 또 저마다의 욕망을 좇아 수많은 신을 낳고 저마다의 신에게 이름을 부여하며 작명한다. 본능을 따라 그렇게 하는 것을 안다. 전능하신 하나님이 무엇을 좋아하는지를 알아 그것을 실천한다. 살인하지 말라, 간음하지 말라, 도적질하지 말라, 거짓 증거하지 말라, 속여서 취하지 말라, 부모를 공경하라는 계명들을 힘껏 지키고 또 지킨다. 향벽설위의 제사법을 좇아서 사는 법을 안다.

그것이 가상이거나 허위일지라도 자신의 영달과 큰 자의 길을 도모하는 데 도움이 되는 길이라면 아무래도 상관이 없다. 자신에게 최면을 걸어 더 큰 모험을 감행할 힘을 얻게 되고 그러다 보면 얻어걸리는 경우가 얼마나 많으랴. 모두가 주님의 은혜라고 하지 않더냐. 저마다 큰 자의 길을 향해 가는 법을 안다. 큰 성 니느웨와 큰 성 바빌론을 향해 가는 길을 안다. 유교병의 맛을 안다. 바리새인의 누룩 맛을 안다. 헤롯의 누룩 맛을 안다. 사두개인의 누룩이 듬뿍 담긴 빵 맛을 안다. 모든 것을 알기 때문에 저마다 자기 길을 가느라, 초대받은 잔치에 응할 수 없었다. 주인의 잔치는 모든 것을 아는 사람들의 잔치와 다르기 때문이다.

부자 청년은 계명을 '알고' '모두' 지켰지만, 여전히 '한 가지 부족한 것이 있다.'막 10:19-25 눅 18:20-22.

네가 계명을 아나니 살인하지 말라, 간음하지 말라, 도적질하지 말라, 거짓 증거하지 말라, 속여 취하지 말라, 네 부모

를 공경하라 하였느니라 여짜오되 선생님이여 이것은 내가
어려서부터 다 지키었나이다 예수께서 그를 보시고 사랑하
사 가라사대 네게 오히려 한 가지 부족한 것이 있으니 가서
네 있는 것을 다 팔아 가난한 자들을 주라 그리하면 하늘에
서 보화가 네게 있으리라 그리고 와서 나를 좇으라 하시니
그 사람은 재물이 많은 고로 이 말씀을 인하여 슬픈 기색을
띠고 근심하며 가니라 예수께서 둘러 보시고 제자들에게 이
르시되 재물이 있는 자는 하나님의 나라에 들어가기가 심히
어렵도다 하시니 제자들이 그 말씀에 놀라는지라 예수께서
다시 대답하여 가라사대 얘들아 하나님의 나라에 들어가기
가 어떻게 어려운지 약대가 바늘귀로 나가는 것이 부자가
하나님의 나라에 들어가는 것보다 쉬우니라 하신대(막
10:19-25)

있는 것, 그것을 다 팔아 ^{병진} 가난한 자들에게 주라. 하늘에서
보화가 네게 있으리라. 그러나 팔 수 없다. 가진 것은 그것뿐인
데 어찌 팔 수 있을까. 부자로 있고 싶다. 모든 것을 팔아 가난
한 자가 될 수 없다. 차라리 약대를 바늘귀로 들어가게 하는 것
이 나을 판이다.

로기온 67은 다시 한번 강조한다. 모든 것을 안다 해도 한
가지를 모르면 모든 것을 모른다. 모든 것을 안다 해도 자기 자
신을 모르면 모든 것을 모른다. 그 모든 것은 아는 것이 아니라
안다고 생각하는 것일 뿐, 자기 자신을 세우는 길이 아니라는
선언이다. 왕국은 너 자신을 아는 것이고 왕국은 하늘에 있거나
바다에 있거나 그 어느 곳에나 있는 것이 아니다.

왕국은 네 안에 있고, 그것은 너 자신을 아는 것이다. 왕국은 너 자신 안에 있을 뿐만 아니라 네 눈^{ßαλ, eye}에 있다는 것, 이 한 가지가 없으면 그대는 아무것도 모르는 것이다. 안다고 여길 뿐 아는 것이 아니다. 그러므로 모든 것을 안다는 것은 결국 한 가지, 자기 자신을 알게 될 때 그 모든 것은 비로소 모든 것의 가치가 있게 된다. 내게 펼쳐지고 있는 모든 사태는, 내 앞의 그 모든 도구는 존재의 나를 드러내기 위함이다. 내 앞에 있는 인터넷 망에 연결된 노트북과 자판기는 그 자신을 위해 있지 않다. 존재의 나와 연관이 있고, 마침내 존재의 나를 드러내는 데 고유한 역할을 하게 된다. 노트북은 나의 존재를 드러내는 존재 연관에서 노트북의 도구적 가치가 드러난다. 내게 전개되고 펼쳐지는 예기치 못한 모든 사태도 마침내 '존재의 나'를 드러내는 것과 연관하여 그것이 파악될 때, 그것은 하나님의 일이요, 하나님의 영광을 드러내기 위함이라는 텍스트의 의미가 성립한다.

로기온 67에 이르러서 다시 한번 로기온 3을 되짚는 까닭이 무엇일까. 도마복음의 큰 기둥 줄거리요, 로기온의 배열을 따라 다시 한번 환기의 시점이고 호흡을 가다듬는 시점이어서 그런 것은 아닐까. 하늘에 있거나 바다에 있거나 아니 계신 곳이 없다는 왕국을 다 팔아 가난한 자에게 줘버리고^{탕진하고 나서야} 하늘의 보화를 얻게 된다. 하늘의 보화, 그것은 부자가 가진 것과 전혀 다른 보화다. 가난한 자가 얻을 왕국이고, 온유한 자가 얻을 땅이다.

소크라테스가 인용해서 유명해진 그리스 델피 신전에 기록된 그노티 세아우톤^{γνῶθι σεαυτόν}의 도마복음 버전이다.

말씀 68 박해한 곳에서 박해할 곳을 찾지 못한다

68.1 예수께서 말씀하셨다. "사람들이 너희를 미워하고 박해할 때에는 너희에게 복이 있나니 68.2 그러나 그들이 너희를 박해한 곳에서는 너희를 박해할 곳을 찾지 못하리라. 거기에는 어떤 자리도 발견되지 않을 것이다."53)

68.1은 복음서에 나오는 병행구를 통해 비교해 볼 수 있다. 68.2는 복음서에서 볼 수 없는 생소한 문장이다. 도마복음에 나오는 독특한 표현이다. 다음의 병행구를 살펴보자.

의를 인하여 ἕνεκεν δικαιοσύνης, 헤네켄 디카이오쉬네스 박해를 받는 자는 복이 있나니 천국이 그들의 것임이요 나 때문에 ἕνεκεν ἐμοῦ, 헤네켄 에무 사람들이 너희를 욕하고 박해하고 거짓으로 너희를 거슬러 모든 악한 말을 할 때는 너희에게 복이 있나니 (마 5:10-11)

사람들이 너희를 미워하고, 너희를 쫓아내고, 욕하고, 인자

---

53) 68.1 ⲡⲉϫⲉ ⲓ̅ⲥ̅ ϫⲉ ⲛ̅ⲧⲱⲧⲛ̅ ϩⲙ̅ⲙⲁⲕⲁⲣⲓⲟⲥ ϩⲟⲧⲁ(ⲛ) ⲉⲩϣⲁⲛⲙⲉⲥⲧⲉ ⲧⲏⲩⲧⲛ̅ ⲛ̅ⲥⲉⲡ̅ ⲇⲓⲱⲕⲉ ⲙ̅ⲙⲱⲧⲛ̅ 68.2 ⲁⲩⲱ ⲥⲉⲛⲁϩⲉ ⲁⲛ ⲉⲧⲟⲡⲟⲥ ϩⲙ̅ ⲡⲙⲁ ⲉⲛⲧⲁⲩⲇⲓⲱⲕⲉ ⲙ̅ⲙⲱⲧⲛ̅ ϩⲣⲁⲓ̈ ⲛ̅ϩⲏⲧϥ̅

때문에 너희 이름을 악하다 하여 버릴 때는 너희에게 복이
있나니(눅 6:22)
또 너희가 내 이름 때문에 모든 사람에게 미움을 받을 것이
다(마 10:22)
그러나 의를 인해 고난을 받는다고 해도 복이 있을 것이다
(벧전 3:14)

복음서의 번역서들은 대개 '의를 위하여'로 번역하나, 이는
바로 잡아야 할 번역이다. 의를 위하여 핍박을 받거나 박해를
받는 게 아니다. 그냥 의로 인하여 혹은 의 때문에 핍박을 받는
것이다. 전치사 헤네켄 ἕνεκεν 은 이유와 원인을 주로 나타낼 때 사
용되는 단어다.

또 가라사대 어떤 사람이 두 아들이 있는데 그 둘째가 아비
에게 말하되 아버지여 재산 중에서 내게 돌아올 분깃을 내
게 주소서 하는지라 아비가 그 살림을 각각 나눠 주었더니
그 후 며칠이 못 되어 둘째 아들이 재물을 다 모아서 먼 나
라에 가 거기서 허랑방탕하여 그 재산을 허비하더니 다 없
이한 후 그 나라에 크게 흉년이 들어 저가 비로소 궁핍한지
라 가서 그 나라 백성 중 하나에게 붙여 사니 그가 저를 들
로 보내어 돼지를 치게 하였는데 저가 돼지 먹는 쥐엄 열매
로 배를 채우고자 하되 주는 자가 없는지라 이에 스스로 돌
이켜 가로되 내 아버지에게는 양식이 풍족한 품군이 얼마나
많은고 나는 여기서 주려 죽는구나 내가 일어나 아버지께
가서 이르기를 아버지여 내가 하늘과 아버지께 죄를 얻었사
오니 지금부터는 아버지의 아들이라 일컬음을 감당치 못하

겠나이다 나를 품군의 하나로 보소서 하리라 하고 이에 일
어나서 아버지께로 돌아가니라 아직도 상거가 먼데 아버지
가 저를 보고 측은히 여겨 달려가 목을 안고 입을 맞추니
아들이 가로되 아버지여 내가 하늘과 아버지께 죄를 얻었사
오니 지금부터는 아버지의 아들이라 일컬음을 감당치 못하
겠나이다 하나 아버지는 종들에게 이르되 제일 좋은 옷을
내어다가 입히고 손에 가락지를 끼우고 발에 신을 신기라
그리고 살진 송아지를 끌어다가 잡으라 우리가 먹고 즐기자
이 내 아들은 죽었다가 다시 살아났으며 내가 잃었다가 다
시 얻었노라 하니 저희가 즐거워하더라 맏아들은 밭에 있다
가 돌아와 집에 가까왔을 때에 풍류와 춤추는 소리를 듣고
한 종을 불러 이 무슨 일인가 물은대 대답하되 당신의 동생
이 돌아왔으매 당신의 아버지가 그의 건강한 몸을 다시 맞
아 들이게 됨을 인하여 살진 송아지를 잡았나이다 하니 저
가 노하여 들어가기를 즐겨 아니하거늘 아버지가 나와서 권
한대 아버지께 대답하여 가로되 내가 여러 해 아버지를 섬
겨 명을 어김이 없거늘 내게는 염소 새끼라도 주어 나와 내
벗으로 즐기게 하신 일이 없더니 아버지의 살림을 창기와
함께 먹어버린 이 아들이 돌아오매 이를 위하여 살진 송아
지를 잡으셨나이다 아버지가 이르되 얘 너는 항상 나와 함
께 있으니 내 것이 다 네 것이로되 이 네 동생은 죽었다가
살았으며 내가 잃었다가 얻었기로 우리가 즐거워하고 기뻐
하는 것이 마땅하다 하니라(눅 15:11-32)

누가 누구를 핍박하고 박해할까. 부자가 가난한 자를 핍박하고
박해한다. 부자란 엘샤다이 엘로힘을 아버지로 두고 있는 사람들이
다. 전지전능하신 하나님을 아버지라 부르는 이들, 천지를 창조하신

하나님을 아버지라 부르는 이들이 부자 아니고 누구란 말인가. 그런데 대단한 역설이 거기 숨어 있다. 창조주를 아버지라 부르는 이들의 역설, "내게는 어찌 염소 새끼 한 마리 잡아 주어 나와 내 벗으로 즐기게 하신 일이 없느냐?"고 항의한다. 부자의 항변이다. 맏아들은 분명 부자다. 부자가 그의 아버지이기 때문이다.

아버지가 이르되 '애야 너는 항상 나와 함께 있으니 내 것이 다 네 것이 아니냐'고 말한다. 부자 아들은 아버지의 것이 다 내 것이라고 말하면서 늘 불평한다. 내게는 염소 한 마리 잡아 주신 적이 없다는 것 아닌가. 그러므로 그 순간 그가 의식하고 있던 의식하지 못하던 그에게 아버지는 불의하다. 옳지 못하다. 불공평하다. 공의롭지 못하다. 아버지의 것을 탕진한 둘째 아들에게 송아지를 잡고 가락지를 끼워주고 잔치를 벌이는 아버지는 결코 공의롭지도 정의롭지도 못하다.

맏아들은 둘째 아들의 잔치에 참여하지 못한다. 맏아들의 정의와는 정반대인 아버지의 불의에 대해 맏아들은 분노한다.

결국, 그는 아버지를 심판하고 동시에 죽었다가 살아 돌아온 둘째를 핍박한다. 그의 잔치에 참여하는 것을 마땅치 않게 생각한다. 누가 누구를 핍박하는가. 맏아들은 엘샤다이 엘로힘을 아버지로 두고 산다. 엘샤다이 엘로힘을 아버지라 부른다. 부자 아들이면 당연히 부자이거늘, 아버지의 것을 제 것으로 여기며 살아본 적이 없다. 이름만 부자다. 그리고 그의 의식意識이 부자다. 나는 아버지의 명을 어긴 적이 없다는 자부심을 소유하고 있다. 그러면서 불평과 불만으로 가득하다. 한 집안에서 벌어지는 형제 다툼에 대한 누가복음 버전이다.

선하신 하나님 sumum bonum 이 의롭지 못하고 공평치 못한 것은 웬 말인가. 어찌 악인탕자에게 은혜를 베풀고 선인을 홀대하는가. 시편 기자들의 항변이며, 욥기의 주제와도 맞닿아 있다. 엘샤다이 엘로힘을 아버지로 부르는 맏아들은 결국 그의 아버지를 불의하다고 말하게 된다. 아울러 둘째를 향해, 죽었다가 살아온 둘째를 향해, 모든 것을 탕진한 후 가난한 자가 된 둘째를 향해 아버지의 살림을 창기와 함께 먹어버린 자 곧 '악한 자'로 규정한다. 자신은 옳은 자, 의로운 자로 규정한다. '내가 여러 해 아버지를 섬겨 명을 어김이 없거늘~' 나는 옳은 자요. 그 외의 경우는 불의한 자가 된다. 그에게는 오로지 불평과 불만이 가득하다. 부자의 참상이다. 오늘날 기독교인의 참상이고 모든 근본주의 종교의 참상이다. 중동에서 벌어지고 있는 전쟁의 기저에 깔려있는 참상이다. 모름지기 피스 메이커를 부르짖는 종교가 트러블 메이커의 중심에 있다.

오늘도 여전히 기독교인들은 부자 하나님을 아버지로 부른다. 그러면서 언제나 염소 새끼 타령을 한다. 직장에서 승급을 기도한다. 더 많은 재산을 불려달라고 기도한다. 머리가 될지언정 꼬리가 되지 않게 해달라고 그의 부자 아버지에게 기도하고 또 기도한다. 위에 있을지언정 아래에 있지 않게 해달라고 애걸복걸한다. 부자인데 종과 노예로 산다. 아들로 사는 게 아니라, 노예로 산다. 뿐만일까. 둘째 아들을 부정한다. 맏아들의 기도는 그러므로 불평의 다른 이름이다.

핍박박해을 받은 자는 복이 있다. 둘째는 모든 것을 다 탕진했다. 재산을 다 허비했다. 그의 소유로 있던 것 그 모두가 무너져 내렸다. 아버지에게 분깃으로 받은 그 모든 것을 허비하고 품꾼의 하나라도 좋다고 하며 아버지에게 다시 돌아왔다. 이때 둘째에게 아버지는 부자 아버지가 아니다. 가난한 자죽었다가 살아난 자의 아버지다. 엘샤다이 엘로힘이 아니라 야웨 엘로힘으로 다가간다. 그에게 아버지는 이제 엘샤다이 엘로힘이 아니다. 야웨 엘로힘이다.출 6:2-3 참조

로기온 68.2에는 다음과 같은 언급을 한다.

68.2 "그러나 그들이 너희를 박해한 곳에서는 너희를 박해할 곳을 찾지 못하리라."거기에는 어떤 자리도 발견되지 않을 것이다

낯설고 어색한 문장이다. 해설이 필요하다. 맏아들이 박해하는 곳, 그 자리에 둘째는 없다. 이미 가난한 자의 자리에 있기 때문이다. 맏아들의 자리에 둘째는 없다. 부자의 자리에 둘째는 없다. 엘샤다이 엘로힘을 아버지로 부르는 자리에 둘째는 없다. 그는 벌써 야웨 엘로힘을 아버지로 부르는 자리로 옮겨 왔기 때문이다. 그러므로 맏아들의 핍박이 그에게는 핍박이 되지 않는다. 비록 불의한 자요, 아버지의 살림을 창기와 함께 먹어버린 자라고 비난할지라도, 그 자리에 둘째는 머물러 있지 않다. 벌써 지나간 자리다. 그러므로 맏아들의 비난이 둘째에게는 비난이 되지 않는다. 사실이기 때문이어서가 아니다. 옳고 그름을 재산으로 삼던 삶을 다 허비했기 때문이다. 이제는 옳고 그름의 프레임에 서 있지 않기 때문에 형의 비난이 비난이 되지 않고 그의 핍박이 핍박이 되지 않는다. 형의 자리에 동생은 없기 때문이다. 두 여인이 맷돌을 갈지만 한 사람은 그 자리에 있고 다른 한 사람은 그 자리에 없다. 같은 자리에 있는데 같은 자리에 없다. 두 사람이 한 침대에 있는데, 같은 자리에 있는데 한 사람은 그 자

리에 있고 한 사람은 그 자리에 없다. 핍박을 받은 자리에 핍박의 자리가 없다.

선과 악의 세계를 청산했고 떠나 버린 것이다. 그에게 아버지는 선하신 분이거나 악한 분이 아니다. 옳은 분이거나 그른 분이 아니다. 그에게 아버지는 선으로 가득하고 악이 있을 수 없다는 도그마의 아버지가 아니다. 선악의 하나님이 아니라는 말이다. 선악의 하나님은 누구일까. 엘샤다이 엘로힘전능하신 하나님, 부자이신 하나님은 에덴의 이야기에 의하면 뱀이다. 옛 뱀이요 용이다. 비록 하나님이라는 이름으로 불리더라도, 엘샤다이 엘로힘으로 불리더라도, 맏아들이 '아버지!'라고 부르더라도 그는 옛 뱀이고 거짓말쟁이며 불의한 신이고 공평치 못한 신이며 하늘의 용이다. 하늘의 용이란 여자가 낳고 기른 신이라는 뜻이다. 오방색으로 치장한 서낭당 신학이다. 서구신학은 각종 신학적 장치를 동원해 하늘의 용을 '하나님'으로 치장한다.

둘째 아들은 서구신학의 틀에 서 있지 않다. 서구신학의 프레임에 갇히지 않는다. 따라서 박해받는 자리에 그가 없다는 말이다. 둘째는 의탕진과 허비를 인해 형에게 핍박을 받고 있다. 의를 인해 핍박받는 자가 복이 있다고 한 것처럼 그에게 임한 복은 아버지의 잔치에 참여하는 것이다. 살진 송아지를 잡고 가락지를 끼우고 풍악 소리가 나는 잔치의 주인공이 된다. 부자가 참여할 수 없는 가난한 자의 잔치에 참여하고 있다. 그 자리에 형은 참여할 수 없다. 그러므로 핍박이 있으나 핍박이 없다. 핍박이 아니라 잔치가 있는 게 아닌가. '너희를 박해한 곳에서는 박해할 곳을 찾을 수 없다.'는 로기온 68.2를 이해하는 방식이다.

말씀 69 마음에서 박해받는 자

69.1 예수께서 말씀하셨다. "마음ϩΗΤ 헤트에서 박해ⲆⲓⲰⲔⲈ 디오케받는
자들은 복이 있나니ⲘⲀⲔⲀⲢⲒⲞⲤ 마카리오스,
그들은 아버지를 참으로 아는 자들이다.
69.2 원하는 자의 배를 채우려고 주리는 자들은 복이 있나니."[54]

여호와께서 애굽 왕 바로의 마음을 강퍅케 하셨으므로 그가
이스라엘 자손의 뒤를 따르니 רדף 라다프, κατεδίωξεν 이스라엘 자
손이 담대히 나갔음이라(출 14:8)

박해란 무엇인가. 바울에 의하면 강퍅하게 할 자를 강퍅하게
하고 긍휼히 여길 자를 긍휼히 여긴다고 한다. 애굽의 바로가
강퍅케 하는 인물의 대표 선수로 언급된다. 앞서 로기온 68 해
설에서 인용한 누가복음 16장의 맏아들 또한 강퍅한 마음을 드
러낸다. 강퍅한 자가 박해를 한다. 박해란 콥트어로 디오케ⲆⲓⲰⲔⲈ지
만, 이는 헬라어 디오코διώκω에서 가져온 단어다. 히브리어로 라

---

54) 69.1 ⲡⲉϫⲉ Ⲓ̅Ⲥ̅ ϨⲘ̅ⲘⲀⲔⲀⲢⲒⲞⲤ ⲚⲈ ⲚⲀⲈⲒ Ⲛ̅ⲧⲀⲨⲆⲒⲰⲔⲈ Ⲙ̅ⲘⲞⲞⲨ ϨⲢⲀⲓ̈ ϨⲘ̅ ⲠⲞⲨϨⲎⲦ
` ⲚⲈ- ⲧⲘ̅ⲘⲀⲨ` ⲚⲈⲚⲧⲀϨⲤⲞⲨⲰⲚ ⲠⲈⲒⲰⲦ` ϨⲚ̅ ⲞⲨⲘⲈ 69.2 ϨⲘ̅ⲘⲀⲔⲀⲢⲒⲞⲤ ⲚⲈⲦϨⲔⲀ
ⲈⲒⲦ` ϢⲓⲚⲀ ⲈⲨⲚⲀⲦⲤⲒⲞ Ⲛ̅ⲞϨⲎ Ⲙ̅ⲠⲈⲦⲞⲨⲰϢ

다프 ㅠㅠ다. 라다프를 70인 역에서는 앞에 카타 전치사를 접두시켜 카테디오크센 $\kappa\alpha\tau\epsilon\delta\iota\omega\xi\epsilon\nu$ 으로 번역하고 있다. 강조 어법이다. 뒤쫓아가 죽이려는 것 그것이 박해요, 핍박이다. 살려둘 수 없어 죽이려고 달려드는 것, 박해다.

박해 혹은 핍박이란 흔히 강한 자가 약한 자를 정복하거나 복속시키거나 말살시키려 할 때 이뤄지는 것으로 이해한다. 혹은 그 시대의 주류 정신에 반하는 경우 박해가 일어난다. 성리학을 중심으로 유학을 건국과 통치 이념으로 삼았던 조선 시대에 불교나 도교 그리고 서학은 주류 사회를 위협할 정도로 세력을 과시하게 되면 반드시 박해를 받는다. 각종 사화士禍가 발생하게 되는 원인이다. 그러고 보면 권력 다툼에서 나타나는 사회현상이다. 주류와 비주류 사이에 일어나는 충돌이고 목숨을 담보로 한 권력의지의 갈등이다. 피해자로서는 이를 박해 혹은 사화로 표현한다. 수많은 사람의 목숨을 잃는 일이니 박해라고 할 수 있겠다. 조선 후기 천주교 신자들의 박해사건을 들 수 있겠다. 1801년순조 1 신유년에 일어난 천주교도 박해사건이 대표적이다. 천주교로서 핍박이고 박해사건이다.

도마복음이 기록될 당시 한 공동체가 다른 공동체에 의해 박해받는 사건이 어찌 없을 수 있을까.

그런데, 과연 문화나 혹은 문명의 충돌에서 발생하는 갈등과 전쟁을 박해라고 할 수 있을까. 종교 간의 갈등에서 발생하는 수많은 사건을 박해라고 말할 수 있을까. 피해자 관점에서 박해라는 말을 사용할 수 있겠으나, 도마복음이나 사복음서 소위 경전에서 말하는 "박해핍박받는 자는 복이 있나니"에 상응할 수 있는 것인가. 오늘도 중근동에서는 전쟁의 포화로 서로 죽이고 죽임당한다. 그러면 누가 박해를 받는 것이고 또 복이 있는 자인가. 이스라엘의 포탄에 맞아 죽어가는 팔레스타인 난민들을 향해 "박해받는 자는 복이 있나니 천국이 저희 것임이라"라는 말을 할 수 있는가. 터무니없는 소리다. 그렇게 말하는 종교는 비정할 뿐만 아니라, 종교의 존재 이유가 없다. 차라리 사라져야 한다.

다시 묻는다. 박해란 무엇인가. 피해자 시늉하면서 박해 운운하는 것은 경박하고 이기적이다. 아내의 종교 생활을 반대하는 남편은 아내를 박해하는 것인가. 그런 것을 박해라 말하지 말자. 그것은 서로 다른 가치의 충돌일 뿐이다. 남편 처지에서 보면 아내의 종교적인 고집으로 인해 피해 보는 것은 자신이라고 생각한다. 그럴 때 남편은 아내에게 박해받는 것 아닌가. 둘 다 "의를 인하여 핍박을 받은 자는 복이 있나니 천국이 저희 것이니라."라는 경전의 말을 가져다가 쓸 수 없다. 그런 경우 박해 혹은 핍박이라는 말을 쓸 수 없다는 말이다.

다수의 도마복음 해설가들이 로기온 68은 외부 ἔξωθεν 에서 증오, 시기, 탐욕, 또는 악마의 작용으로 신자들을 공격하는 박해를 일컫는 것이고, 69의 박해는 내적인 ἔνδοθεν 박해로 영혼이 불경건하여 정욕, 다양한 쾌락, 저속한 희망, 파괴적인 꿈에 시달리면서 비롯되는 박해라고 주석한다.55) 이렇게 구분하는 게 적절한 것인가. 그리고 박해는 그런 범주에서 이해하는 것이 온당한가.

---

55) Gathercole S. - The Gospel of Thomas. Introduction and Commentary. P. 472

68을 외부로부터 찾아오는 박해라고 규정하는 것은 다분히 자기 공동체 중심의 이기적인 해석 아닐까. 바울이 하나님은 "강퍅할 자를 강퍅케 하시고 긍휼히 여길 자를 긍휼히 여긴다."라고 할 때 언급하는 애굽의 파라오는 이야기 속의 상징이고 비유다. 이야기에서는 외부의 핍박처럼 이야기가 구성된다. 바울은 그것을 달리 해석한다. 출애굽 하여 약속의 땅 가나안을 향하는 이스라엘은 긍휼히 여길 자의 표상이고 상징이다. 이때 바로는 핍박하는 자다. 이스라엘은 핍박을 당하는 자다. 핍박을 당하고, 쫓김을 당한 결국이 약속의 땅 가나안에 당도할 때 비로소 '마카리오스ΜΑΚΑΡΙΟC 복이 있도다'에 상응한다. 돌아온 탕자가 아버지의 잔치에 참여할 때 비로소 핍박을 받은 자가 받는 '복이 있다'는 것에 상응한다. 초대받은 자리, 가난한 자의 잔치에 참여하지 못하는 자는 '마카리오스ΜΑΚΑΡΙΟC'와 상관없다.

그러므로 외부적인 것은 핍박의 원형이 아니다. 그냥 문명의 충돌이고 문화의 충돌이고 차이에 의해 발생하는 갈등일 뿐이다. 바울이 사울일 적에 유대교와 다른 이단 사상인 예수의 도를 핍박했다. 스데반이 죽는다. 사울일 때의 바울은 유대교의 교리에 충실했다. 강퍅하다. 큰 자를 지향하는 이는, 선악의 지식을 좇는 이는 자기 기준을 중심으로 모든 것을 판단하고 그 고집을 버리지 않기 때문에 기본적으로 강퍅하다. 말썽꾼이다.

사울일 때의 바울은 핍박하는 자였지 핍박을 받은 자가 아니다.

사울아 사울아 어찌하여 네가 나를 핍박하느냐?καὶ πεσὼν ἐπὶ τὴν γῆν ἤκουσεν φωνὴν λέγουσαν αὐτῷ Σαοὺλ Σαούλ, τί με διώκεις; 행 9:4

사울은 언제 핍박을 받은 걸까. 핍박받은 자의 복이 그에게 임한 걸까. 사십에 하나 감한 채찍에 맞았을 때 그가 핍박을 받은 걸까? 박힌 가시로 인해 고통을 당할 때 그는 핍박을 받은 것일까. 그러한 핍박을 받을 결과 그에게 잔치에 참여하는 복이 임한 것일까. 물론 그것을 핍박이 아니라고는 할 수 없다. 그러나 성서를 그렇게 읽으면 거꾸로 읽는 거다. 핍박을 외부의 사건으로 읽으려 할 때 그렇게 읽게 된다.

사울은 결정적으로 다메섹에서 대전환을 이루게 되고 변화를 겪는다. 그때도 여전히 예수의 도를 핍박하기 위해 가던 길이다. 사울은 핍박을 받은 적이 없다. 다시 말해 외부의 핍박을 받은 결과로 복마카리오스이 임한 것이 아니다. 그에게 결정적인 핍박의 사건은 다메섹에서다. 그가 스데반을 핍박하는 일에 앞장서면서도 내적인 갈등이 멈추지 않았을 것이다. 유대교에 열심을 내는 동안에도 갈등이 해소되지 않았을 개연성은 지극히 높다. 외부의 일로는 핍박하는 자였지만, 안에서는 갈등이 그치지를 않는다. 다시 말해 핍박을 받는 자였다. 그것이 결정적으로 다메섹에서 나타났다. 사십에 하나 감한 채찍질 당하는 핍박 받기 이전의 핍박 받음이다.

자신의 옳음이, 유대교의 교리적 가치가, 유일신 하나님을 향한 충성심이 도리어 하나님과는 정반대의 길인 것이 드러나기 시작한다. 예수의 도를 박멸하는 것이 유대교의 가치를 지키는 것이고 신의 뜻에 부합하는 것이라는 사실이 거짓으로 드러나는 계기가 다메섹 사건이다. 가치의 전도가 일어난 것이다. 이때 그는 핍박을 받은 자가 된다. 유대교의 신에 대해 눈이 멀게 된다.

내적인 핍박이 일어난 것이다. 예수의 도에 대해서는 아직 눈뜨기 전이다. 그러나 그는 이전의 가치가 죽어버렸다. 눈이 보이지 않는다. 이것이 내적인 핍박이다. 바울 안에서 일어나는 사건이다. 다메섹 사건에 대한 주석은 아마도 로마서 7장이 아주 잘 묘사하고 있다고 여긴다. 두 남편이 바울 안에서, 우리 안에서 싸우는 사건이다. 바울에 의하면 율법과 그리스도다. 사망의 법과 생명의 법이 안에서 싸우는 사건이다.

나는 이를 바울의 지독한 무병巫病이라고 생각한다. 무병은 이유가 없다. 외부의 핍박으로 생긴 병이 아니다. 내 안에서, 그것도 우리 정신의 내부에서 발병한 지독한 병이다. 치료 약이 없다. 내 안에서 치유가 이뤄지기 전에 그것이 치료되는 법은 없다. 얼마나 지독한 갈등인가. 한국의 무속에서는 신내림을 받아야 치유된다고 한다. 바울은 생명의 성령의 법, 기름 부음으로 치유된다. 로마서 8장에서 환희의 노래를 부른다. 거룩한 영으로 치유가 이뤄진다. 내적인 핍박의 과정이다.

이럴 때 '핍박을 받은 자는 복이 있다MAKAPIOC'는 말이 어울린다. 경전에 나오는 어법을 나는 그렇게 이해한다. 파라오의 강팍이 자신을 지배할 때가 있지 않더냐. 큰 자가 되라는 변형 유대교기독교의 가르침을 좇아 살 때, 큰 자를 향한 기쁨은 그저 잠시 몇 년이고 그것을 지향해 서 있는 동안 해소되지 않는 내적인 갈등과 방황을 겪어보지 않고서야 어찌 그것을 넘어설 수 있으며 핍박을 받은 자의 자리에 있을까.

핍박을 받은 자들이 복이 있는데, "그들이 아버지를 참으로 아는 자들이다."

다수 주석가가 해석하는 대로 로기온 68은 외부의 핍박이고 69는 마음ⲘⲎⲦ 헤트, heart 콥트어와 영어 발음이 비슷하다.에서 일어나는 핍박이라고 구분하여 규정하는 것은 과연 합당한가. 나는 68, 69 모두 마음에서 일어나는 것으로 이해한다. 단지 68은 핍박에 대해 포괄적으로 언급하는 아포리즘이다. 69는 조금 더 구체적이고 선명하게 안에서 일어나는 것에 대해 말하고 있다. 69는 68의 심화 버전이다. 물론 이것은 나의 지극히 개인적인 견해일 뿐이다.

<blockquote>

69.2 "원하는 자의 배를 채우려고 주리는 자들은 복이 있나니."도마복음 아홉 번째 마카리오스

</blockquote>

69.2 는 병행구, 마 5:6 "의에 주리고 목마른 자는 복이 있나니 저희가 배부를 것임이요"와 현격한 차이가 있다. 대개의 번역서는 콥트어 텍스트를 병행구와 일치시켜 번역하고 있으나 유사한 구조의 문장이지만 같지 않다.

"원하는 자의 배를 채우려고 주리는 자들은 복이 있나니."

한국의 기독교가 밥을 지을 때마다 쌀 한 숟가락을 모아 교회에 가져가는 성미聖米의 아름다운 전통이 있다. 마치 가난한 자의 배를 채우기 위해 벌이는 성미 운동 유형을 일컫는 것일까. 원하는 자의 배를 채우려고 주리는 자들은 복이 있다는 것을 사회 운동으로 이해하는 것은 도마복음의 영지를 무시하는 해석이다. 목마름과 줄임 곧 헤코ⲈⲔⲞ, be hungry 는 마치 무병巫病 환자의 그것처럼 좀처럼 갈증이 해소되지 않는다. 무엇으로도 배고픔이 해결되지 않는다. 이것이 결핍에 시달리는 정신의 특성 중 하나

다. 그렇다면 "원하는 자의 배를 채우려고 주리는 자들은 복이 있다"라는 말이 무슨 뜻일까.

성서는 산 자가 있고, 산 자는 마침내 살려주는 자의 자리에 나아가게 된다. 살려주는 자는, 원하는 자에게 산 자가 되게 하는 것에 주려 있고 목마른 법이다. 의에 주리고 목마른 것처럼, 원하는 자의 배를 채워주지 못해서 주리고 목말라 있다. 그것이 산 자가 사는 법이고 살리는 자가 사는 법이다. 그러므로 원하는 자의 배를 채워주는 것에 주려 있고 목마른 자는 원하는 자의 배를 채워주는 것이 목마름을 해소하는 것이고 배부른 것이다. 그러므로 원하는 자의 배를 채워주는 것은, 원하는 자를 위함일 뿐 아니라 자기 자신을 위함이다.

젖을 먹이는 엄마는 아이에게 젖을 먹이지 못하면 몸살을 앓는다. 아이에게 젖을 먹이는 일이 아이를 살리는 길일뿐만 아니라 자신도 사는 길이다. 젖몸살을 앓아본 엄마들은 너무나 잘 아는 진실이다. 너를 위해 내가 네게 젖을 먹였다고 말하는 그런 엄마는 없다. 다만 그것이 함께 사는 원리일 뿐이다.

가난한 자의 잔치에 참여하는 자들은 누군가에게 소작료를 요구하지 않는다. 빚진 자를 사하여주고 빚을 요구하지 않는다. 원하는 자에게 빚을 요구하는 삶에서 벗어나게 하는 것, 소작료의 세계를 떠나도록 하는 것, 그것에 주리고 목말라 하는 이들은 복이 있도다.

말씀 70 네 안에 있는 존재를 낳으면

70.1 예수께서 말씀하셨다. "네 안에 있는 것을 드러낼 때, 네 안에 있는 것이 너를 구원할 것이다. 70.2 네 안에 그것이 없으면, 네 안에 없는 것이 너를 죽일 것이다."[56] -다수의 번역

로기온 70은 다음과 같이 직역할 수도 있다.

예수가 말씀하셨다. "네 안에 있는 것ПН을 낳으면ⲭⲡⲟ, 지포 give birth 그가 너를 온전하게ⲧⲟⲩⲭⲟ, 토우조, make whole, make safe 하리라" 그러나 네 안에 있는 이것ⲡⲁⲓ, this, 존재의 사람을 낳으면 그가 너를 죽일 것이다.

예수께서 말씀하실 때 한 바리새인이 자기와 함께 점심 잡수시기를 청하므로 들어가 앉으셨더니 잡수시기 전에 손 씻지 아니하심을 이 바리새인이 보고 이상히 여기는지라 주께서 이르시되 너희 바리새인은 지금 잔과 대접의 겉은 깨끗이 하나 너희 속인즉 탐욕과 악독함이 가득하도다. 어리석

---

56) 70.1 ⲡⲉⲭⲉ ⲓ̄ⲥ̄ ϩⲟⲧⲁⲛ ⲉⲧⲉⲧⲛ̄ϣⲁⲭⲡⲉ ⲡⲏ ϩⲛ̄ ⲑⲏⲩⲧⲛ̄ ⲡⲁⲓ ⲉⲧⲉⲩⲛ̄ⲧⲏⲧⲛ̄ϥ ϥⲛⲁⲧⲟ ⲩⲭⲉ ⲑⲏⲩⲧⲛ̄ 70.2 ⲉϣⲱⲡⲉ ⲙⲛ̄ⲑⲏⲧⲛ̄ ⲡⲏ ϩⲛ̄ ⲧ[ⲏⲩⲧ]ⲛ̄ ⲡⲁⲉⲓ ⲉⲧⲉ ⲙⲛ̄ⲑⲏⲧⲛ̄ϥ ϩⲛ̄ ⲑⲏⲛⲉ ϥ[ⲛⲁⲙ]ⲟⲩⲧ` ⲑⲏⲛⲉ

은 자들아! 밖을 ἔξωθεν, outside 만드신 이가 속도 ἔσωθεν, inside 만들지 아니하셨느냐 오직 그 안에 있는 것 ἐνόντα, ἔνειμι, what is within 으로 구제하라 ἐλεημοσύνην 그리하면 모든 것이 너희에게 깨끗하리라 καθαρὰ 눅 11:37-41

'안에 있는 것으로 구제하라.'라고 한다. 바울에 의하면 핍박을 받은 결국은 생명의 성령의 법이 그 안에서 사망의 법을 이기고 극복한다. 마음의 법에는 두 가지가 있었다. 사망의 법과 생명의 법이다. 안에는 두 가지가 있다. 죽음의 법이 드러나면 그것이 그대를 죽일 것이다. 그러나 죽음의 법이 존재의 생명을 죽이는 것인데 반해 네 안에 있는 존재를 낳으면 사망의 법으로 사는 먼저 된 자를 죽인다고 해석할 수 있다.

안에 무엇이 있을까. 선한 이는 그 쌓은 선에서 선을 내고 악한 이는 그 쌓은 악에서 악한 것을 낸다고 했다. 땅 위의 보물을 쌓지 말고 하늘의 보물을 네게 쌓으라고 했다. 땅 위의 보물은 큰 자, 부자로 사는 것, 부자의 관심사다. 하늘의 보물은 무엇일까. 애굽의 재화, 가이사의 재화를 배설물로 여기고 하나님의 형상과 모양의 사람이 되는 것, 하늘의 보화다. 그런데 하늘의 보화에 대한 이해를 대개는 매우 추상적으로 한다. 하늘의 보화를 사후 세계와 연관 짓거나 종말론과 연계하려 한다. 내일의 사건으로 미루려 한다. 종교인들의 전형적인 자기기만의 행태다.

하늘의 보화는 '없이 있음'이다. 타자 자아의 모든 것을 쫓아내고, 선악의 사람이 고난을 받아 죽은 자리에 '없음으로 있는 것’이 하늘의 보화다. 이 무슨 뭐 씻나락 까먹는 소리인가. 하늘의 보화는 ‘없음’이다. 없는데, 안에 있는 것으로 구제하고 안에 있는 것으로 내어놓으라고 한다. 안에 있는 것은 엔온타 ἐνόντα 다. 안에 존재하는 것이다. 안에 소유하는 것이 아니라, 안에 존재하는 것 ἔνειμι, 엔 에이미, 그것을 내어 보이고 그것으로 구제하고 그것이 너를 구원한다는 것 아닌가. ‘그것이 너를 깨끗게 한다.’고 한다.

겉을 깨끗게 하려는 것은 위선이고 외식이며 타인을 위한 노예 생활이다. 타인에게 잘 보이기 위해 대접의 겉을 깨끗게 하려는 것이다. 위선이라도 좋다. 깨끗게 하는 게 무슨 잘못인가. 차라리 위선이라도 좋으니 내놓고 악을 행하지 말자는 캠페인이라도 벌여야 할 만큼 악한 사회가 되었다. 그것은 사회 운동에서 이야기다.

근원적으로는 안에 있는 것이 밖을 깨끗게 한다. ‘없음으로 존재하는 것’이 대접의 겉도 깨끗게 한다. 안에 있는 것 없음으로 존재하는 것이 자신을 구원한다. 정신의 세계에서 ‘없음’은 만물의 터요. 창조의 어미이며 근원적인 힘이다. 구제로 번역된 ‘엘레모쉬네 ἐλεημοσύνη’는 긍휼히 여기는 마음이다. 없음의 자리에서 나오는 묘妙다. 이해를 수반하고 긍휼을 수반하고 그의 존재를 존중하려는 마음은 오직 ‘없음의 있음’에서만 흘러나오는 강이다. 안에 있는 것으로 구제하라는 뜻이고, 로기온 70, “네 안에 있는 것을 드러낼 때, 네 안에 있는 것이 너를 구원할 것이다. 70.2 네 안에 그것이 없으면, 네 안에 없는 것이 너를 죽일 것이다.”에서 말하려는 바다. 나는 그렇게 이해하고 해석한다.

없음으로 존재하는 것 ένεμμ, what is within 은 상징적인 언어를 동원하면 법궤요, 법궤 안에 있는 아론의 싹난 지팡이고 감춘 만나요, 흰 돌 판이다. 없는데, 없는 곳에서 있는 것 그것은 거룩한 것이다. 무엇인가 소유하고 있는 것을 꺼내면 그의 소유가 드러난다. 소유하고 있는 것, 창고에서 꺼내는 것은 부자들의 몸짓이고 부자들은 언제나 그들의 몫대로 자기 것으로 구제하려 한다. 그래서 부자들의 구제는 언제나 폭력적이다.

가난한 자는 창고에서 소유물을 꺼내지 않는다. 가진 것이 없다. 가난한 자다. 가난한 자의 잔치는 하나님의 형상과 모양이 있는 야웨의 나라로도 묘사된다. 없는 데 있는 것은 묘유妙有다. 오온五蘊으로 쌓여 있던 것을 베어 버리고 아무것도 없는 공에서 나오는 모든 것이 묘법妙法이다. 그러므로 반야심경에서는 이를 일러 공즉시색空卽是色이라 한다. 만물이 공의 바탕에서 흘러나오는 것이다. 그것은 색의 집착을 떠나고 나서, 모든 색은 공이라는 것이 찾아오고 나서야 비로소 공즉시색이 찾아온다. 색즉시공色卽是空이 먼저고 공즉시색空卽是色이 나중이다. 둘은 동의어거나 동어반복이 아니다.

아론의 싹난 지팡이이니, 존재 곧 생명의 싹이 그곳에서 피어난다. 아무것도 없는 곳에서 나오는 것이니 이미 있었던 지식을 꺼내오지 않는다. 지식의 옷을 입고 나오더라도 지식은 단지 만나를 담는 그릇일 뿐, 그 정신의 풍성한 먹거리가 그곳에서 나온다. 그것은 온전히 자신의 존재를 드러내는 존재의 언어로고스로 드러나고 나타난다. 그래서 흰 돌판이고 증거 판이다. 곧 로고스다. 흰 돌의 상징은 무색무취요, 누룩이 섞여 있지 않다는 의미도 담겨 있다. 오로지 자신의 캐릭터를 타고 그 자신의 언어로 안에 있는 것이 흘러나온다. 그것이 그를 깨끗하게 한다. 자신을 구원한다. 자신의 존재를 세운다는 말이다.

없는 곳에서 존재로 드러나는 것은 케테르왕관와 코크마지혜와 비나야웨다. 번개와 지혜와 이해를 안에 있는 존재의 꽃으로 드러낸다. 없는 데서 나타나는 생명의 불꽃이다.

이해의 토대 아래 케세드자비, 인자와 게부라힘, 이때의 힘은 권력이 아니라 생명이 분출하는 창조의 힘와 티페레트아름다움, 美, 예술의 가슴이 형성된다. 없는 곳에서 흘러나오고 조성되고 창조되는 왕국이다.

균형 잡힌 야웨의 형상을 안에서 가져온다. 안에 있는 것으로 구제한다는 것은 굳이 언어로 표현하면 위와 같다. 어찌 그뿐일까. 안에 있는 것은 네차오래 참음, 기다림와 호드영광스러움와 예소드근원적인 토대, 뿌리 내림, 씨알의 맺힘, 성긺다. 안에 있는 것은 말쿠트왕국, 나라, 너 자신의 존재와 앎이니 왕국이고 나라고 생명의 수레바퀴가 무한으로 굴러가는 메르카바의 웅장한 전차다.

안에 있는 것이 자신의 존재를 형성해간다. 존재의 아름다운 집, 위에 있는 예루살렘이 조성되고 창조되고 '아사' 곧 만들어져 간다. 집을 지어간다. 존재의 집, 야웨의 집, 그 성전이 건축된다는 말이다. 성전 건축은 그 안에서 하나님의 형상과 모양의 집으로 지어져 가는 것을 일컫는다. 안에 있는 것이 밖을 만들어간다. 안에 있는 것이 자신을 구원한다.

안에 없음의 존재가 없으면(?), 그것이 그를 부자의 세계, 애굽의 바로와 가이사의 세계를 향하게 한다. 땅 위의 보물로 인해 자신의 집을 강팍과 채찍과 사망이 지배하게 한다. 동물의 왕국에서 벗어나지 못하게 한다.

"네 안에 그것이 없으면, 네 안에 없는 것이 너를 죽일 것이다." 다수의 번역이 이렇게 하고 있다. 이를 따른다면 위와 같이 해석할 수 있다.

그러나 앞서 언급한 것처럼 "그러나 네 안에 있는 이것Παι, this, 사람을 낳으면 그가 너를 죽일 것이다."의 의미로 번역할 수도 있다. 도리어 콥트어 원문의 의미에 부합한다.

만일 "그러나 네 안에 있는 이것Παι, this, 사람을 낳으면 그가 너를 죽일 것이다."는 번역을 좇아서 해석한다면, 결국 생명의 성령의 법을 좇으면 육신의 법을 따르고자 하는 육신의 법, 사망의 법을 좇아 사는 '그'를 죽이게 된다. 큰 자, 부자의 길을 가고자 하는 맏아들의 세계관이 그 안에서 죽는다. 나의 첫 번째 정체성의 사람이 죽게 된다.

닭이 먼저일까. 달걀이 먼저일까. 결국, 없이 있는 존재의 나, 무아無我의 유아唯我가 유아有我를 죽인다. 유아有我를 죽여야 무아無我가 살아난다. 그런데 유아有我를 죽일 방법이 없다. 죽이려 하면 할수록 도리어 더 살아나서 기승을 부린다. 내가 날마다 죽어야 생명이 날마다 산다. 그러나 죽으려는 것으로는 날마다 죽지 않는다. 생명이 살아나야 결국 사망의 법을 좇아서 살려는 내가 죽는다. 그것은 앞서거나 뒤서거나인 셈이다. 네 안에 있는 그것이 살아나면 그것이 죽인다. 아니 맏아들의 소유가 다 죽어야 아버지의 잔치에 참여할 수 있다. 부자는 가난한 자의 잔치에 참여할 수 없기 때문이다.

초막절에서 모세와 엘리야와 예수의 초막집, 육신의 장막을 불태워야 알곡을 거둬 곡간에 들이는 수장절이 찾아온다.

로기온 70은 다소 표현은 다르지만, 그래서 해설이 필요하지만 다음을 참고할 수 있다.

있는 자는 받을 것이요 없는 자는 그 있는 것까지 빼앗기리라.막 4:25; 마 13:12; 25:29; 눅 8:18 이것은 존재를 기반으로 설명하느냐 소유를 기반으로 설명하느냐에 따라 그 이해를 달리할 수 있다. 여기서 '있는 자'는 소유를 말하는 것이 아니다. 자기 존재존재 자 아로 있느냐를 말한다. 무아無我가 유아唯我다. 없음의 존재가 자신을 구제하고 타인을 살린다.

유사한 사상은 다른 곳에서도 발견된다. 유다 복음에는 "너희 중에 강한 사람은 온전한 사람을 낳아 내 앞에 서라"유다복음 35절. 마리아 복음서에서 레위는 "온전한 사람을 입어 우리 자신을 위해 그를 낳자"라고 말하는데, 도마처럼 '낳다'라는 동사 χπο지 포를 사용한다마리아 복음 18,15 - 17; 8,18 - 19의 "너희 안에 있는" 인자the Son of Man 참조.

참고문헌

김창호, 「예수의 믿음」 열린서원. 2018.

---------, 「에덴의 뮈토스와 로고스」 도서출판 예랑. 2021.

---------. 「유대신비주의 카발라와 생명나무」 도서출판 예랑. 2023

---------. 「성서 그리고 도마복음(말씀 1-28)」 도서출판 예랑. 2024

박형용(헬), 윤영탁(히) 「완벽성경성구대전」 히, 헬-한글사전 편,
    아가페출판사, 1988

D. DeConick, The original gospel of thomas in translation-With a
    Commentary and new english translation of the Complete gospel-T&T
    Clark International A Continuum imprint. 2006.

Gregory A. Lint; Ralph W. Harris; Thoralf Gilbrant, Greek-English Dictionary,
    The Complete Biblical Library. Springfield, Missouri, U.S.A.1990

Henry George Liddell. Robert Scott. A Greek-English Lexicon. revised and
    augmented throughout by. Sir Henry Stuart Jones. with the assistance of.
    Roderick McKenzie. Oxford. Clarendon Press. 1940.

James Strong, The Strong's Exhaustive Concordance with Hebrew and Greek
    Lexicons. Baker Book House.1979

Lambdin T.O. - Introduction to Sahidic Coptic, Mercer University press, 1983.

Martijn Linssen, The true words of Thomas, Interactive Coptic-English
    translation. MA Version 1.9.5. 2020.

Michael W . Grondin. Grondin`s Interlinear Coptic/English Translation of The
    Gospel of Thomas, Revised November 22, 2002.

S.J. Gathercole, The Gospel of Thomas Introduction and Commentary,(Brill,
    Leiden)2014

W.E. Crum, 'Coptic Anecdota (II. Severus and the Heretics)', JTS 44 (1943)

TLA lemma no. C5731 (ϣo), in: Coptic Dictionary Online, ed. by the
    Koptische/Coptic Electronic Language and Literature International Alliance
    (KELLIA)

Oxyrhynchus Papri, P.Oxy.

Bible Program / https://biblehub.com/

신국판 320쪽, 2024. 정가 22,000원, E-book 으로도 출간